Franz Klöfer, Erfolgreich durch interne Kommunikation

Franz Klöfer

Erfolgreich durch interne Kommunikation

Mitarbeiter informieren, motivieren und aktivieren

Mit 20 Praxisbeispielen

Die Autoren:
Behrenroth, Hans-Rainer, Lurgi AG
Bredemeier, Heinz, Melitta GmbH
Dudel, Harald, Schering AG
Eichmeier, Jens Peter, Robert Bosch GmbH
Fey, Jens-Georg, BASF AG
Fielstette, Jürgen, PfalzMetall
Franz, Manfred, Amtsgericht Groß-Gerau
Klöfer, Franz, AIK
Knappe, Manfred, DaimlerChrysler Aerospace
Krooß, Cordelia, BASF AG
Mertins, Petra, Hüls AG
Nies, Ulrich, BASF AG
Rieser, Klaus-Peter, BASF Coatings AG
Rochow, Detlef, Siemens Nixdorf AG
Schmidt, Robert G., Schmidt Consult GmbH
Sturm, Claudia, Siemens Nixdorf AG

Luchterhand

Die Deutsche Bibliothek – CIP-Einheitsaufnahme

Erfolgreich durch interne Kommunikation:
Mitarbeiter informieren, motivieren und aktivieren / Franz Klöfer
(Hrsg.). [Die Autoren: Behrenroth, Hans-Rainer...]. – Neuwied ;
Kriftel : Luchterhand, 1999
   ISBN 3-472-03598-6

Umschlaggestaltung und Layout: Barbara Reiser Grafik Design, Wies-
baden
Lektorat: Thomas Hoch
Satz: Hümmer, Waldbüttelbrunn
Druck: betz-druck, Darmstadt
Printed in Germany, Dezember 1998

Gedruckt auf säurefreiem, alterungsbeständigem und chlorfreiem
Papier

Vorwort

In der deutschen Wirtschaft herrscht Aufbruchstimmung. Im Zeichen des Euro und der weltweiten Globalisierung gibt es Veränderungen, die den einzelnen Mitarbeiter unmittelbar betreffen und die für ihre erfolgreiche Umsetzung auf sein überzeugtes Mitwirken angewiesen sind. Zusammenschlüsse, Firmenverkäufe, geräuschlose und feindliche Übernahmen müssen von den betroffenen Mitarbeitern nicht nur ertragen und erduldet, sondern aktiv mitgestaltet werden. Auch Stilllegungen und Entlassungen sollten Mitarbeiter nicht unvorbereitet treffen.

Der einzelne Mitarbeiter braucht in der neuen Rolle als aktiv Beteiligter, als Erfolgsfaktor für all das Neue, Unterstützung durch seinen Beschäftigungsbetrieb. Dabei müssen die Unternehmen den Gedanken einer beteiligenden Mitarbeiterführung zielstrebig umsetzen. Sie müssen Mitarbeiter und Führungskräfte kommunikativ unterstützen, damit diese die in sie gesetzten Erwartungen erfüllen können. Bisher war die Funktion der innerbetrieblichen Kommunikation oft recht eng ausgelegt, etwa als Herausgabe einer vier- oder sechsmal jährlich erscheinenden Mitarbeiterzeitschrift. Der Kommunikationsfachmann neuer Prägung muß sehr viel mehr leisten, nämlich zusätzlich die Führung des Hauses und die Führungskräfte beraten und Kommunikationsmaßnahmen managen helfen, kurzum den Wandel begleiten und aktiv fördern. Die Gesprächsrunde des Mainzer Arbeitskreises für innerbetriebliche Kommunikation machte sich auch Gedanken, ob die Führungskräfte und die Kommunikationsfachleute für die neuen Rollen hinreichend vorbereitet sind. Offenbar gibt es auf beiden Seiten erheblichen Bedarf an Überzeugungsarbeit und an fachlicher Schulung. Vor allem der Kommunikateur braucht ein neues Profil als Berater und Manager. Vorab müssen aber diese Überlegungen auf breiter Ebene kommuniziert werden.

Mit Unterstützung des Arbeitskreises habe ich die Aufgabe übernommen, unmittelbar nach meiner Pensionierung die vorliegende Veröffentlichung zu koordinieren. Der erste Hauptteil aus meiner Feder widmet sich der Standortbestimmung einer Mitarbeiterkommunikation, der zweite Teil bringt 20 betriebliche Praxisbeispiele zu diesem Thema. Dabei sollte der erste, recht umfangreiche Beitrag aus dem Hause Siemens Nixdorf einen Überblick über Konzeption und Bandbreite der Alltagsarbeit in einem konkreten Unternehmen bieten. Die 19 weiteren Artikel sind Einzelproblemen gewidmet, wie sie sich in dem betreffenden Unternehmen stellen. Dabei konnte es nicht darum gehen, daß diese Ausführungen den im ersten Teil dargestellten grundsätzlichen Überlegungen in allen Teilen voll entsprechen, zumal ja in den einzelnen Unternehmen die Mitarbeiterkommunikation ganz speziell auf die individuellen Bedingungen abgestellt ist. So kommen dann die Autoren bei ähnlichen Problemen durchaus zu unterschiedlichen Lösungen. Alle Beispiele scheinen mir geeignet, Impulse und Anregungen für grundsätzliche Überlegungen und für die praktische Arbeit zu geben.

An dieser Stelle habe ich nicht zuletzt zu danken: Vorab meinen Mitautoren, engagierten Kommunikationsfachleuten, die mitten im Alltagsgeschäft stecken und trotzdem bereit waren, für ein paar Überlegungen innezuhalten und ihre Gedanken zu dieser Veröffentlichung beizusteuern. Ganz besonders habe ich da Ulrich Nies, Leiter der Mitarbeiterkommunikation der BASF AG, für die vielen Gespräche, für die aktive Unterstützung und für die gelegentlich nötige Aufmunterung zu danken. 21 unterschiedliche Manuskripte mit einigen Veranschaulichungen für ein einziges Buch sind heute auch ein DV-Problem, das mir dankenswerterweise Andi Klöfer gelöst hat.

Nun wünsche ich unserem Buch interessierte Leser, eine gute Aufnahme in der Fachöffentlichkeit. Möge es ein hilfreicher Beitrag zur Weiterentwicklung der Mitarbeiterkommunikation werden!

Mainz, den 8. Oktober 1998 Prof. Franz Klöfer

Inhaltsverzeichnis

**Grundlagen: Mitarbeiter-
führung durch
Kommunikation**
Von Franz Klöfer

A

1.

1.1 Mitarbeiterkommunikation als Grundlage der Mitarbeiterführung

»Der gelungene Dialog zwischen Führungskräften und Mitarbeitern garantiert .... die menschengerechte Leistungsfähigkeit aller Organisationsmitglieder« (Gutmark 1994, S. 29). Im Betriebsalltag ist das Kommunikationsgeschehen wesentlicher Bestandteil der Mitarbeiterführung. Führen geschieht über Kommunizieren. Führungsstil und Kommunikationsstil sind zwei Seiten einer Medaille. Sie entscheiden gemeinsam über Erfolg oder Mißerfolg von Führungsmaßnahmen und damit über den Unternehmenserfolg.

Mitarbeiterkommunikation unterscheidet sich qualitativ von Mitarbeiterinformation. Letztere wird in dem von Gutmark beschriebenen Sinne nur dann Erfolg haben, wenn sie als Grundlage oder als Initialzündung zur Kommunikation verstanden und eingesetzt wird. Kommunikation verläuft von der Führungskraft zum Mitarbeiter, aber im nächsten und entscheidenden Schritt auch in umgekehrter Richtung. Dabei wird Führung als ein Prozeß gegenseitiger Beeinflussung gesehen. Selbstverständlich ist hier noch die Kommunikation quer durch das Unternehmen und zwischen den Mitarbeitern auch ohne Beteiligung einer Führungskraft zu bedenken. Mitarbeiter, die sich selbst als Teilnehmer in einem solchen Kommunikationsprozeß erkennen, bringen sich und ihre Ideen in die Entscheidungsfindung der Organisation ein. Sie übernehmen so in letzter Konsequenz Mitverantwortung für ihr Unternehmen. Deshalb ist Kommunikation in einem Unternehmen nicht nur im Rahmen der offiziellen Organisation zu sehen, also bei Über- und Unterordnungsbeziehungen. Jedes Mitglied des Unternehmens muß nämlich die Chance haben, seine Fragen und Mitteilungen auch auf nicht vorgegebenen Wegen los zu werden und so einen informellen Prozeß in Gang zu setzen und zu nutzen.

Mitarbeiter übernehmen Mitverantwortung

Bei einer unterentwickelten formalen Kommunikationsstruktur und -kultur gedeiht dann die informelle Kommunikation bis hin zu Gerüchten, bei denen mangels Wissen aus offiziellen Kanälen meist Vermutungen, Ängste und Befürchtungen weitergegeben werden.

Führungskräfte in aktiver Rolle

So betrachtet ist Mitarbeiterkommunikation ein Vorgang, der im Führungsprozeß in erster Linie die Vorgesetzten angeht. Sie spielen im Organisationsgefüge, in das jeder Mitarbeiter eingebunden ist, und im Netz der betrieblichen Informations- und Kommunikationsbeziehungen die entscheidende Rolle. Zu ihrer Unterstützung gibt es vor allem in größeren Organisationen Fachleute für die tägliche Kommunikationsarbeit, meist in Verbindung mit der Redaktion einer Zeitschrift für die Mitarbeiter.

1.2 Den Wandel begleiten: Vom Werksredakteur zum Kommunikationsfachmann

neue Aufgaben, neues Bewußtsein

Das Selbstverständnis der innerbetrieblichen Kommunikationsfachleute war über Jahrzehnte hinweg von der Arbeit an einer »Werkzeitschrift« geprägt, sie nannten sich dementsprechend »Werkredakteure«. Ihr überregionaler Zusammenschluß war die »Arbeitsgemeinschaft der Deutschen Werkredakteure«. Noch 1985 formuliert eine offizielle Veröffentlichung: »Die Werkzeitschrift/-zeitung ist das umfassendste und am weitesten verbreitete Medium der innerbetrieblichen Publizistik.« (Paris 1985, S. 156). Mit der Ausweitung der innerbetrieblichen Medien, z. B. im elektronischen Bereich, und dem steigenden Bewußtsein, daß Kommunikationsarbeit sehr entscheidend von Person zu Person in Gesprächen, Konferenzen, Versammlungen u. ä. geleistet wird, mußten sich auch Aufgabenstellung und Selbstverständnis der dafür verantwortlichen Person ändern. Sie kann nicht an allen Fronten gleichzeitig tätig werden und übernimmt deshalb zunehmend beratende und unterstützende Funktionen für die Führungskräfte, die ihrerseits die wichtigste Kommunikationsarbeit zu leisten haben. Zu ihren wesentlichen Aufgaben gehört die Kommunikation mit ihren Mitarbeitern. Kommunikationsziele sind mindestens so wichtig wie

Umsatz- oder Ergebnisziele. Nur erfolgreich kommunizierende Führungskräfte können ihre wirtschaftlichen Ziele erreichen.

In diese Richtung zeigen noch zwei weitere Entwicklungen: Zum einen kann man nicht einem Mitarbeiter hochwertige Maschinen oder komplexe wirtschaftliche Prozesse anvertrauen und ihn gleichzeitig vom innerbetrieblichen Kommunikationsgeschehen ausschließen. Er muß informiert und über einen stetigen Meinungsaustausch mit seinen Vorgesetzten motiviert sein, um jeweils vor Ort überzeugt und verantwortlich Entscheidungen treffen zu können. Zum anderen vollzieht sich in einem modernen Produktions- oder Dienstleistungsbetrieb bereits die Alltagsarbeit unter sich stets ändernden Bedingungen, der permanente Wandel prägt und verändert damit die Arbeitsbedingungen. Dazu bedarf der Mitarbeiter einer kommunikativen Unterstützung. Er braucht stetig neue Informationen, Hilfen zum Verstehen und zum Einverstandensein. Diese Hilfen bekommt er über eine Kommunikation mit den über und neben ihm stehenden Verantwortlichen. Mit ihnen kann er sich über seine eigenen Ideen dazu und über seine Erwartungen und Befürchtungen austauschen. Nur der überzeugte Mitarbeiter kann den Wandel mit tragen oder sogar den Wandel, die Veränderung, durch eigene Impulse fördern. In sein Pflichtenheft gehört die Verpflichtung zur Kommunikation, sein Vorgesetzter hat gar nicht alle Informationen, die dem einzelnen Mitarbeiter in der Alltagsarbeit automatisch zufallen. Deshalb müssen beide miteinander sprechen, Informationen austauschen und begründen. Dann ist Mitarbeiterkommunikation Begleitung und Förderung des Wandels, des Fortschritts, im Unternehmen.

kommunikative Unterstützung der Mitarbeiter

So gesehen ist der Kommunikationsfachmann allein oder bereits in etwas größeren Einheiten mit mehreren Kollegen gemeinsam ein entscheidender Produktionsfaktor, der hilft, Mehrwert für das Unternehmen zu schaffen. Er ist für seinen Betrieb ein unverzichtbarer Leistungsträger. Das Schreiben und Redigieren ist dann nur ein wesentlicher Teil der Funktion Mitarbeiterkommunikation, die unter den genannten Prämissen künftig wohl personell

Mitarbeiterkommunikation schafft Mehrwert

verstärkt werden muß. Bei einer interpersonellen Arbeitsteilung im Team der Mitarbeiterkommunikation ist dann das Schreiben und Redigieren durchaus einmal Hauptinhalt der Stellenbeschreibung eines bestimmten Mitarbeiters. Bei den Funktionen beraten, managen und selbst machen im Sinne von recherchieren, schreiben, redigieren und gestalten bleibt auch künftig die letztgenannte Funktion der Teil der Mitarbeiterkommunikation, der am ehesten wahrgenommen wird. Von außen her wird vor allem das Druckerzeugnis gesehen. Die übrigen Funktionen werden besonders dann sichtbar, wenn es Pannen gibt, wenn man bedauernd feststellt, ja wenn...

Fazit: Wir brauchen nach wie vor den im Betrieb tätigen Journalisten im bisherigen Sinne als Redakteur, aber wir brauchen zusätzlich und künftig vermehrt den Berater und Manager in Sachen Mitarbeiterkommunikation.

1.3 Kommunikation fördern und managen; Führung beraten

nicht nur Sache der Führungskräfte Nun könnte man sich auf den Standpunkt stellen, Mitarbeiterkommunikation sei im Rahmen der Führungsaufgabe ausschließlich Sache der Führungskräfte, es komme nur darauf an, sie dafür ausreichend zu sensibilisieren und zu schulen. Das Sensibilisieren, Schulen und Motivieren der Führungskräfte ist zwar wichtig, reicht aber noch nicht aus. Die hauptamtlichen Kommunikationsfachleute behalten ihren Stellenwert, ja sie werden im Sinne einer wirkungsvollen Mitarbeiterführung sogar noch wichtiger als bisher. In der Vergangenheit haben sie vor allem eine Mitarbeiterzeitschrift redigiert und je nach Struktur des Unternehmens auch andere für die Mitarbeiter bestimmte Publikationen bearbeitet. Sie werden oft gerufen, um einen für die Belegschaft bestimmten Text zu formulieren, etwa in dem Sinne »Wir, die Geschäftsleitung, haben beschlossen..., nun machen Sie dazu bitte einen passenden Beitrag für einen Info-Text.« Hier wäre der Kommunikationsfachmann schon früher gefordert gewesen, bereits im Stadium der Beschlußfassung für eine Maßnahme, die das Personal betrifft.

Dazu ein Beispiel aus der Umsetzung der neuen gesetzlichen Regelungen zur Lohnfortzahlung im Krankheitsfalle. Ein Handeln der Geschäftsführung im oben beschriebenen Sinne ließ sich in fast allen Unternehmen nicht ohne erheblichen Widerspruch der Betroffenen durchsetzen. Was kann da im Entscheidungsstadium ein Kommunikationsfachmann zur Sache beitragen? Nun, das eigentliche Ziel der Leitung war nicht unbedingt die Einschränkung der Lohnfortzahlung, sondern letztlich »nur« eine Kürzung von Geldleistungen an die Belegschaft. Wenn vorauszusehen ist, daß dabei die Leute draußen im Betrieb besonders sensibel reagieren, ist diese Reaktion bereits bei den anstehenden Beschlüssen zu bedenken. Gibt es keine Alternative, die für den Betrieb zum gleichen finanziellen Ergebnis führt, ohne den geharnischten Widerspruch der Belegschaft hervorzurufen? Überall dort, wo in deutschen Unternehmen nachträglich über eine Alternative diskutiert wurde, kam man nach unschönen Auseinandersetzungen zu Ergebnissen, die auch ohne vorherigen Streit denkbar gewesen wären, etwa Kürzungen bei jährlichen Sonderzahlungen wie z. B. Erfolgsbeteiligung oder Weihnachtsgeld.

Beispiel Lohnfortzahlung

Dieses Ergebnis wäre in vielen Unternehmen vorab möglich gewesen, wenn man rechtzeitig die Arbeitnehmer und ihre gewählten Vertreter in die Überlegungen einbezogen hätte, wenn man mit ihnen offen kommuniziert hätte. Solche Impulse kann der Kommunikationsfachmann bei anstehenden Entscheidungen geben, weil er ja nicht vordergründig an der Sachentscheidung beteiligt ist und deshalb die Aufmerksamkeit der Entscheidungsträger auf mögliche Widerstände und auch auf das Wie der Umsetzung von Beschlüssen lenken kann. Hier ist der Sachverstand und das Gespür eines Menschen gefragt, der sich mit dem Problem der Weitergabe und der Akzeptanz von Sachinhalten hauptamtlich beschäftigt. Er muß die Entscheidungsträger schon im Frühstadium beraten.

Entscheidungsträger beraten

Diese Beratung und Unterstützung der Geschäftsleitung und der Führungskräfte geht noch viel weiter. Gelegentlich wird ein gut gestaltetes Kommunikationsmanagement erforderlich, wenn es um entscheidende Verände-

Kommunikation managen

rungen geht. Soll man sofort das ganze Ausmaß der Probleme offenlegen oder darf man auf das noch nicht vorhandene Endergebnis warten? Soll und darf man scheibchenweise informieren? Wie lange läßt sich die Sache noch unter Verschluß halten? Gibt es bei den Beteiligten undichte Stellen und wo werden fundamentale Interessen der Betroffenen berührt? Zur Veranschaulichung dieses Themas eignen sich das oben skizzierte Beispiel von der Lohnfortzahlung im Krankheitsfalle und das Praxisbeispiel B7.

Die Verlagerung oder Schließung von Betriebsteilen oder gar ganzer Werke bedarf eines sehr sorgfältig nach Inhalt und Termin abgestimmten Kommunikationsmanagements im Sinne einer »Formalisierung von organisatorischen Strukturen und Abläufen« (Staehle 1980, S. 9). Der objektiv gesehen beste Sozialplan ist ein schlechter Sozialplan, wenn durch unsensibles Taktieren mit Halbwahrheiten die Belegschaft aufgebracht und zu unüberlegten Handlungen verleitet ist, bevor sie überhaupt das Problem und die von der Geschäftsleitung angebotenen Lösungsmöglichkeiten zur Kenntnis nehmen konnte.

Konzepte für die Umsetzung von Entscheidungen

Hier ist der Kommunikationsfachmann hilfreich, wenn er bereits im Frühstadium mit den Problemen vertraut ist und sich darauf konzentrieren kann, was, wann, wie und mit wem zu kommunizieren ist und dabei organisatorische Strukturen und Abläufe der Kommunikation formalisiert. Er plant und gestaltet gemeinsam mit der Leitung den Kommunikationsprozeß, um dessen Erfolg systematisch herbeizuführen und abzusichern. Er übernimmt dabei keine Entscheidungsaufgaben in der Sache, er berät aber die Verantwortlichen und erstellt ein tragfähiges Konzept zur Umsetzung der getroffenen Entscheidungen. Vielleicht müssen der Belegschaft bisher nicht vorgesehene Hintergrundinformationen und Gespräche angeboten werden, um die Problematik möglichst für alle nachvollziehbar zu machen. Damit vermindert er Reibungsverluste draußen bei den Mitarbeitern, im günstigsten Falle vermeidet er sie sogar.

Die Beratungsfunktion erstreckt sich auch ganz wesentlich auf den Medieneinsatz zu dem jeweiligen Thema. Dabei hatte der Kommunikationsfachmann schon in der Vergangenheit seine Fachkompetenz einbringen können. Hier geht es allerdings nicht nur um Printmedien wie Mitarbeiterzeitschrift, bestimmte Informationsdienste, Sonderblätter u. ä., sondern auch um Einzel- und Gruppengespräche, Konferenzen und Versammlungen. Dabei ist die Ausarbeitung eines Zeitplans unter Berücksichtigung rechtlicher Vorgaben (Betriebsverfassungsrecht!) von immenser Bedeutung, auch vor dem Hintergrund interner Erfordernisse und in Abstimmung mit den Gesetzmäßigkeiten der externen Kommunikation (siehe auch B5).

2. Mitarbeiterkommunikation

2.1 Information als erste Stufe des Prozesses

Kommunikation ist mehr als Information In der betriebswirtschaftlichen Literatur werden die Begriffe Information, Informationsübermittlung und Kommunikation »meist synonym verwendet«. Man muß dabei allerdings »betonen, daß Information ja erst vorliegt, wenn der Empfänger die Nachricht gebrauchen kann. Im allgemeinen Sprachgebrauch wird Kommunikation eher als Prozeß verstanden« (Hahner 1997, S. 33). Hier sollen aus praktischen Gründen die Begriffe der Information und der Kommunikation abgegrenzt werden. Information betrachten wir als die erste, aber nie alleinige Stufe des Kommunikationsprozesses. Sie hat vor allem die Aufgabe, Aufmerksamkeit zu erwecken, den Prozeß einzuleiten und »ein für bestimmte Personen zweckorientiertes und/oder neuartiges Wissen« (Hill 1989, S. 137) zu vermitteln. Der Informant überlegt, was, wann, wie und wo er dem Empfänger eine Botschaft übermitteln will. Er geht dabei adressatenbezogen vor. Diese erste Phase muß wohl überlegt und geplant werden, weil im Zeichen einer Reizüberflutung aus ungezählten Informationskanälen die einzelne Information mit zahllosen anderen Botschaften in Konkurrenz um die Aufmerksamkeit des Empfängers steht; denn ohne Aufmerksamkeit kommt die Information nicht an.

Adressaten erreichen Solche Probleme weiß ein Journalist zu meistern, selbstverständlich auch ein Betriebsjournalist. Das einschlägige Wissen und Können gehört zu seinem Handwerkszeug, das er beherrscht. Er hat es sich in seiner Ausbildung für die unterschiedlichsten Medien angeeignet und setzt im konkreten Falle alle ihm zur Verfügung stehenden Medien in den jeweils geeigneten Darstellungsformen und Stilmitteln ein, um bei seinen Adressaten anzukommen. Er will und soll seine Adressaten, z. B. die Mitarbeiter eines Unternehmens, erreichen. Das ist seine Aufgabe und für seinen beruflichen Erfolg ein wesentliches Beurteilungsmerkmal. Es gehört gerade im Betrieb ein hohes Maß an journalistischem Können dazu, das Interesse des Lesers, des Mitarbeiters, zu wecken, der ja oft glaubt, das Thema oder zumindest einen Teilaspekt davon bereits aus eigener Anschauung im Arbeitsalltag zu kennen. Mitarbeiterkommunikation möchte darüber hinaus noch mehr erreichen, nämlich beim Adressaten eine positive, betrieblich relevante Wirkung erzielen. Das kann morgens bereits am Werkstor beginnen, wenn Botschaften von Plakaten, von der Überschrift eines Extrablatts oder der Mitarbeiterzeitschrift mit aktuellem betrieblichem Bezug auf ein Thema einstimmen und Gespräche dazu anregen. Dieser Vorgang vollzieht sich durchaus in Konkurrenz mit Werbebotschaften von draußen, mit Themen aus dem Rundfunk oder der Zeitung, z. B. der auf dem Weg zur Arbeit gekauften und z. T. schon gelesenen Bildzeitung.

2.2 Kommunikation als Prozeß der Verhaltensänderung

Kommunikation als Teil von Führung will mehr als nur informieren. Zerfaß unterscheidet beim Kommunikationsprozeß primäre und sekundäre Absichten derart, »daß man mit Mitteilungshandlungen in den Lauf der Welt eingreift, um jemandem etwas zu verstehen zu geben (sekundäre Absicht), wodurch wiederum die Intention oder Situation des Gegenübers beeinflußt werden soll (primäre Absicht)« (Zerfaß 1996, S. 231). Diese primäre Absicht kann in der Form der »persuasiven, argumentativen oder informativen Einflußnahme« (Zerfaß) verfolgt werden. Kommunikation ist eine »allgemeine und umfassende Bezeichnung für Prozesse, die einen Sender, Empfänger (Rezipient), einen Kommunikationsmodus oder -kanal (z. B. Sprache), eine (inhaltlich bestimmbare) Botschaft oder Nachricht (message) und eine auf Empfang erfolgende Verhaltensänderung oder allgemein einen Effekt gleich welcher Art als analytische Einheiten aufweisen« (Fröhlich 1987). Wenn wir mit Hans Jürgen Drumm unter Führung, Personalführung, »die zielorientierte Beeinflussung des Mitarbeiterverhaltens durch den Vorgesetzten« (Drumm 1989, S. 271) verstehen, dann gehört dieser

Kommunikation ist Führung

11

Wille zur Beeinflussung zu allen Aspekten und Erscheinungsformen von Führung, z. B. bei der Mitarbeiterkommunikation.

auf die Mitarbeiter eingehen Weil Führung einen wechselseitigen Beeinflussungsprozeß von oben nach unten und von unten nach oben darstellt, wird das Führungsgeschehen nicht nur vom Vorgesetzten geprägt, der bei seinen Mitarbeitern positive, neutrale und negative Reaktionen einbeziehen muß. Im positiven Falle erlebt die Führungsmaßnahme beim Adressaten eine Verstärkung, im negativen Falle hat der Adressat zu der konkreten Anweisung mancherlei andere, wie er glaubt bessere Ideen, er hat Bedenken und Befürchtungen, die ihn daran hindern, im gewünschten Sinne zu handeln. Der Führende ist deshalb darauf angewiesen, mit seinem Mitarbeiter zu sprechen, auf seine Ideen einzugehen, um Einwände und Befürchtungen abzubauen und ihn möglichst zu überzeugen. Wenn im Unternehmen Druck und Drohung von oben als Führungsmaßnahme nicht akzeptiert werden, kann Führung nur im kommunikativen Prozeß mit den Beteiligten geschehen. Zu der Information tritt zwingend die Kommunikation. Selbst bei einem neutralen Verhalten der angesprochenen Mitarbeiter erscheint eine Kommunikation mit der Führung angebracht, um vielleicht von der neutralen zu einer positiven Einstellung zu kommen.

informelle Beziehungen berücksichtigen Bisher haben wir nur die offiziellen Beziehungen von oben nach unten und von unten nach oben, wie sie im Organigramm ablesbar sind, berücksichtigt. Darüber hinaus steht der einzelne Betriebsangehörige in vielerlei Beziehungen zu Kollegen, mit deren Meinung und Einfluß er ebenfalls konfrontiert ist. Man spricht hier von informellen Beziehungen, für unser Thema von informellen Kommunikationswegen. So erscheint es angebracht, daß der Führende darauf Rücksicht nimmt, diese Beziehungen beachtet und seine Kommunikationsbemühungen, wenn auch mit geringerer Intensität, selbst auf solche Personen ausdehnt, die ihm nicht untergeordnet sind. Nur so können gezielte und zufällige Störungen im Führungs- und Kommunikationsprozeß abgemildert oder sogar vermieden werden. In einer Organisation, in einem erwerbswirtschaftlichen Unternehmen etwa, vollzieht sich Kommunikation zwischen Menschen in vertikalen und in horizontalen Richtungen und sogar quer über alle formalen Ebenen hinweg.

2.3 Teilhabe am Unternehmens- und Betriebs- geschehen

Mitarbeiterkommunikation dient, wie oben dargelegt, zunächst dem Betriebszweck, wenn sie als eine Führungsmaßnahme den Mitarbeiter beeinflußt, sein Handeln an den Betriebs- und Unternehmenszielen auszurichten. Diese Aussage gilt für alle Wirtschafts- und Gesellschaftsordnungen, etwa so wie das wirtschaftliche Prinzip, nach dem selbst gemeinnützige Organisationen handeln. Darüber hinaus befriedigt Mitarbeiterkommunikation auch Bedürfnisse, die der einzelne als Glied einer zumindest grundsätzlich demokratisch verfaßten Gesellschaftsordnung empfindet. Das Individuum möchte über seinen unmittelbaren Arbeitsplatz hinaus in das Betriebs- und Unternehmensgeschehen einbezogen werden. In der Vergangenheit stand das Betriebsgeschehen vordergründig im Interesse der Mitarbeiter, denen es auf die Arbeit an sich und auf die Arbeitsorganisation ankam. Im Zeichen steigender Arbeitslosenraten interessiert jetzt stärker die Situation des Unternehmens ganz allgemein, dessen Situation am Markt, dessen Forschungs- und Entwicklungsaktivitäten und dessen Zukunftschancen.

Mitarbeiter- kommunikation befriedigt Bedürfnisse

Dazu einige Beispiele aus Leserbefragungen, die der Verfasser in deutschen Unternehmen durchgeführt hat. Selbstverständlich interessiert immer der Bereich, in dem der jeweils Befragte tätig ist. Es überrascht aber bei der letzten Untersuchung in einem großen Medienkonzern mit einem hohen Anteil gewerblicher Mitarbeiter, daß 63% der Befragten mehr als bisher über Planungen und Entscheidungen der Unternehmensleitung erfahren möchten, weitere 60% möchten mehr als bisher über die gegenwärtige wirtschaftliche Situation des Unternehmens erfahren. In einer Bank mit Mitarbeitern, die fast alle betriebswirtschaftlich vorgebildet sind, lag das Interesse

Mitarbeiter wollen mehr über ihr Unternehmen wissen

13

an mehr Informationen über Planungen und Entscheidungen der Unternehmensleitung mit 78% noch höher, gefolgt von Informationen über Entwicklungsmaßnahmen. Die Reihe mit ähnlichen Ergebnissen ließe sich noch fortsetzen.

Interesse an Hintergrundinformationen Es bleibt festzuhalten, daß sich gerade in der gesamtwirtschaftlichen Situation in Deutschland gegen Ende des zweiten Jahrtausends die Mitarbeiter, mündige Wirtschaftsbürger, sehr wohl für die wirtschaftlichen Hintergründe und Entwicklungschancen ihres Betriebs und ihres Unternehmens interessieren, sie wollen daran teilhaben. Dazu ist mehr als bisher Kommunikation erforderlich, sonst kämen Wünsche nach mehr Information nicht in der gezeigten Häufung. Informationen etwa nach dem Muster der Berichtspflicht nach § 110 Betriebsverfassungsgesetz genügen dafür nicht, weil erst durch Rückfragen und Gespräche das Informationsdefizit abgebaut werden kann, das wegen einer immer noch wenig ausgeprägten wirtschaftlichen Grundbildung vieler Mitarbeiter zusätzlich belastet ist. Wenn sich in einem Gespräch herausstellt, daß interessante betriebliche Informationen bei Mitarbeitern nicht ankommen, muß der Vorgesetzte nachfassen und erst einmal die gedanklichen Grundlagen für die Informationsaufnahme verbessern.

Kommunikation als Daseinsbewältigung Für den einzelnen Mitarbeiter erscheint eine Kommunikation über betriebswirtschaftliche Fragen am Beispiel des eigenen Unternehmens unabdingbar als ein Stück Daseinsbewältigung. Der Betriebsrat, vor allem über seine Beteiligung am Wirtschaftsausschuß, ist zwar stellvertretend für die Belegschaft in viele wirtschaftliche Entscheidungen des Unternehmens eingebunden, doch der einzelne Mitarbeiter selbst braucht die skizzierte unmittelbare Teilhabe am Geschehen. Er will sich selbst ein Bild machen, wie es um sein Unternehmen steht, vielleicht noch im Vergleich innerhalb der eigenen Branche, und es interessiert ihn, wie es weitergeht, wie er die Sicherheit und die Beschaffenheit samt den qualitativen Anforderungen seines Arbeitsplatzes für die Zukunft einschätzen kann.

2.4 Die Persönlichkeit des Mitarbeiters im Kommunikationsgeschehen

Es gibt einen Kausalzusammenhang zwischen Führungsverhalten und Mitarbeiterverhalten. Deshalb muß »von dem Grundsachverhalt ausgegangen werden, daß Mitarbeiter sich selbst verhaltende, autonome Personen sind. ... eine Führungskraft hat keinen unmittelbaren Zugriff auf ihr Verhalten wie etwa ein Puppenspieler auf seine Marionetten. Ihr Einfluß kann immer nur indirekter Art sein, und zwar indem sie Bedingungen schafft, unter denen sich Mitarbeiter aus eigener Dynamik heraus so verhalten, wie es mit dem Führungshandeln beabsichtigt ist« (Flügge 1994, S. 230). Noch in den 50er Jahren erschien in einer deutschen Wirtschaftszeitung eine Karikatur von einem Werkstor, in Gestaltung und Aufschrift dem Übergang zum sowjetisch besetzten Sektor Berlins nachempfunden: »Sie verlassen den demokratischen Sektor der Bundesrepublik Deutschland«. Eine solche Darstellung ist heute – hoffentlich – überholt.

Führungsverhalten und Mitarbeiterverhalten

In den meisten Unternehmen und Betrieben nimmt man inzwischen den Mitarbeiter als »autonome Person« ernst und pflegt demokratische Umgangsformen, der einstmals Untergebene ist Mitarbeiter mit Pflichten und Rechten, er darf sich im Produktionsprozeß, an seinem Arbeitsplatz, als Bürger fühlen. Das will er auch, das trägt zu seinem Wohlbefinden bei, das fördert seine Lebens- und Arbeitsfreude und damit seine Arbeitsleistung, vor allem seine Initiative, seine Kreativität und sein Engagement.

der Untergebene wurde Mitarbeiter

Wenn ein Unternehmen sich an der Forderung nach einer Lean-Production orientiert, dann ist in diesen Überlegungen gedanklich ein ganz bestimmter Typ Mitarbeiter einbezogen, der längst über die Rolle des Befehlsempfängers hinausgewachsen ist. Dieser Mitarbeiter muß in der Lage sein, die wesentlichen wirtschaftlichen Parameter seines Unternehmens zu überblicken, sich in eine Richtung zu entwickeln, wie sie in seinem Arbeitsumfeld künftig wichtig sein wird, unternehmerische Entscheidungen nachzuvollziehen und im Rahmen seiner Aufgaben und sogar darüber hinaus wirtschaftlich zu denken und zu handeln.

über die Rolle des Befehlsempfängers hinausgewachsen

Dazu bedarf er ausreichender Informationen, die ihm ohne sein Zutun angeboten werden und die er sich zusätzlich beschaffen kann. Er braucht ferner den Gedankenaustausch mit denen, die mehr als er mit unternehmerischen Aufgaben betraut sind. So betrachtet, hat dann die beteiligende Informations- und Kommunikationspolitik für den Mitarbeiter einen emanzipatorischen Effekt, er entwickelt sich weiter, er wird in seinem Urteil sicherer, in seiner Qualifikation insgesamt besser und kann dann anspruchsvollere betriebliche Aufgaben übernehmen.

3. Ziele der Mitarbeiterkommunikation

3.1 Führen, Begleiten und Bewältigen des Wandels

»Zur Steigerung von Umsatz und Gewinn ist ein reibungsloser Informationsfluß notwendig. Kommunikationsblockaden ... erschweren, ja sabotieren oft den Erfolg eines Unternehmens« (Krähe 1996, S. 125). Kommunizieren im Betrieb ist gleichbedeutend mit Führen, auf den Mitarbeiter im Sinne des Unternehmens Einfluß nehmen. Damit ist das wichtigste Ziel der Mitarbeiterkommunikation aus der Sicht des Unternehmens beschrieben. Zunächst müssen »Mitarbeiter wissen, was im Arbeitszusammenhang und speziell auch vom Vorgesetzten in einer konkreten Situation von ihnen erwartet wird« (Flügge 1994, S. 230). Die Führungskräfte versuchen, ihre Mitarbeiter zu beeinflussen, zu lenken, zu motivieren, zu aktivieren. Nach der oben getroffenen Feststellung, daß Führung auch ein gegenseitiger Beeinflussungsprozeß sei, kommt es zusätzlich auf die Art der Führung, auf den Stil an. Denn »auch Mitarbeiter haben eine Machtgrundlage im Umgang mit ihren Vorgesetzten: ihr Expertenwissen« (Diergarten 1994, S. 213). Und dieses Expertenwissen sollten sie nicht für sich behalten, sondern in ihren Arbeitsalltag einbringen.

Kommunikationsblockaden sabotieren Erfolg

Die Führung muß deshalb so vonstatten gehen, daß seitens der zu Führenden nicht nur kein Widerstand kommt, sondern sogar noch ein freiwilliges und engagiertes Mitmachen. Das wäre ein kooperativer, ein beteiligender Stil, bei dem es keine strikte interpersonale Trennung zwischen Entscheiden, Ausführen und Kontrollieren gibt. Der Untergebene hat hier ein Recht auf Information, auf Mitwirkung und sogar Mitbestimmung. Der beteiligende Stil setzt ein hohes Maß an Information und an Kommunikation zwischen oben und unten voraus. Eckardstein/Schnellinger fordern dazu ausdrücklich sowohl »Informationen über den eigenen Arbeitsbereich einschließlich der unmittelbaren Nachbargebiete als auch Informationen,

beteiligender Führungsstil gefragt

17

die sich auf die Betriebswirtschaft als Ganzes beziehen.« (Eckardstein/Schnellinger 1978, S. 136). Für die weiteren Überlegungen wird ein kooperativer, beteiligender Führungsstil vorausgesetzt, bei dem sich Engagement, Motivation und Kreativität der Mitarbeiter im Dienste der Unternehmensziele entfalten können.

kontinuierlicher Prozeß, nicht nur Krisenmanagement

Die Teilhabe der Mitarbeiter an der offenen Information über vordergründige Probleme und über Hintergrundwissen und die uneingeschränkte Kommunikation darüber ist noch aus einem anderen Grunde zwingend notwendig. Die Rahmenbedingungen bei der Produktion und Vermarktung von Gütern und Dienstleistungen ändern sich bei den weltweiten Vernetzungen in unserer Situation um die Jahrtausendwende so schnell, daß alle Mitarbeiter, nicht nur die Führungsspitze, diese Veränderungen wahrnehmen und darauf unverzüglich und angemessen reagieren müssen. Wir dürfen fast sagen, das eigentliche Ziel, die Aufgabe der Mitarbeiterkommunikation, sei es, die Mitarbeiter so zu fördern, daß sie den stetigen Wandel weniger als Bedrohung, sondern eher als Chance erkennen. Heute sind es nicht einmalige Ereignisse, Störungen und Krisen, die für unsere Unternehmen Problemfelder darstellen, sondern der im stetigen Fluß befindliche Alltag. Er stellt die herausragenden Anforderungen an die Betriebswirtschaft ganz allgemein und an die Kommunikation mit den Mitarbeitern im besonderen. Deshalb ist auch hier Kommunikation ein kontinuierlicher Prozeß, also viel mehr als nur ein gelegentliches Krisenmanagement, das allerdings im Rahmen dieses Prozesses seinen Stellenwert behält.

Kommunikation als Erfolgsfaktor

Herausragende Beispiele von Wandel sind die immer häufiger werdenden Fusionen von Unternehmen. Auch hier kommt es darauf an, wie die Mitarbeiter darauf vorbereitet sind, um all die Veränderungen eines Unternehmenszusammenschlusses zu bewältigen. Bei einer Untersuchung über Risiken und Nebenwirkungen von Fusionen kommt das managermagazin zu dem Schluß, daß es nur eine Handvoll Faktoren seien, die über Erfolg oder Mißerfolg entscheiden, nämlich »eine klare Führung, Schnelligkeit, umfassende Kommunikation und die Bereitschaft zur Ver-

änderung« (Risiken und Nebenwirkungen, in managermagazin, 6/1998, S. 126). Mit anderen Worten: Bei einer
Unternehmensfusion entscheidet in erheblichem Umfange die Mitarbeiterkommunikation über Erfolg oder
Mißerfolg. Dazu bringt der Beitrag von Ulrich Nies »Ein
Merger – eine Integration, keine Akquisition« ein an-
schauliches Beispiel (B12).

3.2 Grundsätze der Mitarbeiterkommunikation

Bei einem stetigen Wandel in den Unternehmen ist für die
Mitarbeiterkommunikation zunächst einmal Kontinuität
als erster Grundsatz gefordert. Es geht nicht an, nur spo-
radisch zu kommunizieren, wenn man gerade ein besonderes Problem zu erkennen glaubt. Die Kommunikationsplattform muß längst bewährt und anerkannt sein, bevor
sie für einen Sonderfall taugt, zumal, wie bereits dargelegt,
dieser vermeintliche Sonderfall, die Veränderung, eher
die Regel im täglichen Betriebsablauf darstellt.

Nach der Kontinuität sind die Ehrlichkeit, die Redlichkeit **Ehrlichkeit und**
und die Offenheit besonders wichtig. Bei meist längeren **Redlichkeit**
Einarbeitungs- und Anlernprozessen sind Unternehmer
bestrebt, ihre Mitarbeiter länger als nur für ein paar Tage
oder Wochen zu beschäftigen. Diese Menschen sind
i. d. R. qualifiziert, selbstbewußt und kritisch. Sie nehmen
deshalb eine unehrliche Verschleierungspolitik nicht
klaglos hin, zumal sie ja durch Augenschein und eigenes
Erleben eine ganze Reihe von Informationen aufnehmen
und daraus Einschätzungen ableiten, die mit der offiziellen Lesart seitens des Unternehmens zumindest grundsätzlich übereinstimmen müssen. Im Grunde genommen
hilft hier bei den Informanten nur eine positiv kritische
Distanz zu dem betriebswirtschaftlichen Geschehen und
seinen Hintergründen, um bei der Belegschaft akzeptiert
zu werden.

Information und Kommunikation müssen ferner umfas- **Halbwahrheiten**
send gestaltet sein. Halbe Wahrheiten dienen eher der Ge- **fördern Gerüchte**
rüchteküche als dem Beteiligungsbegehren der Mitarbei-
ter. Ein Mitarbeiter kann und darf zwar nicht erwarten,
daß er bei allen Angelegenheiten umfassend beteiligt

wird, zumal gelegentlich eine gewisse Vertraulichkeit angebracht ist. Doch sollte man Mitarbeiter nicht unterschätzen. Ist es angemessen, daß sie aus offiziellen Quellen weniger erfahren als Mitbewerber, Banken und findige Journalisten durch stetiges Recherchieren längst herausgefunden haben? In das Kommunikationsgeschehen integrierte Mitarbeiter sind ja bei den darauf antwortenden Problemlösungen ebenfalls beteiligt. Sie müssen deshalb stets vorab angemessen informiert und einbezogen sein.

auf Veränderungen vorbereitet sein
Gleich nach dem Grundsatz »umfassend« ist der Grundsatz »aktuell« zu nennen. Wer interessiert sich schon für Nachrichten von gestern? Welcher Mitarbeiter findet es gut, wenn er das Neueste aus seinem Unternehmen jeweils zuerst von allgemein zugänglichen Medien wie Zeitung, Rundfunk, Fernsehen u. ä. erfährt? Gerade in einer von wirtschaftlichen Problemen geprägten Zeit sind betriebliche Themen allgemein interessante Themen, denen außenstehende Journalisten nachgehen, um daraus gut verkäufliche Nachrichten oder Hintergrundberichte zu formulieren. Bei plötzlich auftretenden Ereignissen muß das Unternehmen seinen Mitarbeitern gegenüber sehr schnell reagieren, im übrigen bedeutet hier »aktuell« ein kontinuierliches Einbeziehen und Vorbereiten der Mitarbeiter auf längerfristig sich abzeichnende Veränderungen.

Professionalität ist gefragt
Der Grundsatz der Professionalität der Mitarbeiterkommunikation führt über die genannten Gesichtspunkte hinaus: Der Fachmann für innerbetriebliche Kommunikation muß bei der Auswahl, der Gestaltung und beim Einsatz seiner Medien als betrieblicher Profi arbeiten. Gut gemeinte Amateurleistungen sind hier ungenügend. Die Konkurrenz mit allen anderen Medien der allgemeinen Publizistik in Presse, Rundfunk, Fernsehen und in elektronischen Medien, ja selbst in der Werbung, setzt hier Maßstäbe, die zu beachten sind. Der betriebliche Mitarbeiter, der Adressat und Teilhaber bei der innerbetrieblichen Kommunikation, ist an Qualität gewöhnt, die ihm täglich und stündlich geboten wird. Darauf will er nicht verzichten, darauf muß der Sender betrieblicher Botschaften achten, will er ankommen. Diese Feststellung bedeutet allerdings nicht höchste technische Professionalität um jeden

Preis. In Sonderfällen, wenn die Botschaft an sich brand-aktuell und wichtig erscheint, wirkt der Inhalt vor der oben geforderten äußeren Form. Das gilt auch bei Organisationen, bei Unternehmen, die von ihrer Struktur und ihrer Größenordnung her für ihre Botschaften nicht immer eine besonders attraktive Verpackung liefern können, aber wegen des interessanten Inhalts dann doch ihr Ziel erreichen. Zur Kommunikationsarbeit in solchen kleineren Organisationen sei hier auf die Beiträge »Mitarbeiterkommunikation in einer kleinen Behörde« (B17) und »Der Maulwurf kommt dreimal« (B16) verwiesen.

Wer die oben aufgestellten Grundsätze für die Mitarbeiterkommunikation wie kontinuierlich, ehrlich, offen, umfassend, aktuell und professionell beachtet, darf erwarten, daß er damit den Bedürfnissen seiner Belegschaft entgegenkommt, die sich ernst genommen fühlt und dann bei anstehenden Problemlösungen auch motiviert und engagiert mitmacht.

3.3 Betriebliche Kommunikationsrichtlinien und -konzepte

Deutsche Unternehmen haben üblicherweise geschriebene oder ungeschriebene Unternehmens- und Führungsgrundsätze. Bei einer Befragung von Unternehmen mit mehr als 500 Mitarbeitern hatten nur 8,4% der Unternehmen keine solchen Leitsätze. Aber lediglich bei 47,8% der Befragten enthielten sie auch Passagen zur Mitarbeiterkommunikation (Klöfer 1996, S. 76). Dieser Themenbereich hat hier noch Nachholbedarf. Betriebliche Richtlinien zur Mitarbeiterkommunikation können die Kommunikationsstruktur und das Kommunikationsgeschehen wesentlich prägen, etwa durch eine ausdrücklich formulierte Verpflichtung der Beteiligten zur Kommunikation, und zwar aktiv und passiv, als Bringschuld und als Holschuld: Jeder, der eine für andere wichtige oder zumindest interessante Information besitzt, ist verpflichtet, darüber zu kommunizieren. Auf der anderen Seite ist derjenige, der eine Information braucht, berechtigt, sich an den zu wenden, der sie hat.

aktive und passive Kommunikation

Rechte und Pflichten festlegen

Betriebliche Kommunikationsgrundsätze müssen vor allem die hier genannten Rechte und Pflichten festlegen. Solche Regelungen dienen sowohl dem Unternehmen bei der Gestaltung des Produktionsprozesses als auch den Mitarbeitern, die sich weiterentwickeln und fortbilden wollen und, wenn es ihnen möglich ist, zu ihren Arbeitsaufgaben auch das Warum und Wozu erfahren möchten, einschließlich wünschenswerter Hintergrundinformationen. Bei der personalen Zuordnung von Kommunikationsaufgaben sind sowohl Vorgesetzte als auch die offiziellen Kommunikationsfachleute und die Mitarbeiter ohne Führungsaufgaben mit Rechten und Pflichten zu bedenken. Hier können die oben dargestellten Grundsätze festgeschrieben werden. Solange die Mitarbeiterkommunikation noch nicht immer und überall den angemessenen Stellenwert besitzt, können die Richtlinien und Grundsätze auch helfen, die geforderten Verhaltensweisen im Rahmen von Führungsaufgaben zu begründen.

Beispiel für Kommunikationsrichtlinien

Ein europäisches Unternehmen hatte vor Jahren ein Zehn-Punkte-Programm als verbindliche Grundwerte der Kommunikation wie folgt festgeschrieben und auf einem Faltblatt abgedruckt. Wir bringen diesen Text als ein mögliches Beispiel, welche Gesichtspunkte ein Unternehmen in seine Richtlinien aufnehmen kann:

- Zuhören als Grundvoraussetzung für erfolgreiche Kommunikation.
- Offenheit als wesentliches Element echter Kommunikation.
- Innovation, Kreativität und Risikobereitschaft als Spiegel unserer Unternehmenskultur.
- Dialog als bevorzugte Form der Kommunikation.
- Persönliche Verantwortung für Inhalt und Rechtzeitigkeit jeglicher Informationen.
- Verschiedene Meinungen suchen und respektieren.
- Berücksichtigung kultureller Unterschiede.
- Grenzen der Kommunikation erklären, wenn vollständige Berichterstattung nicht möglich ist.
- Respekt vor dem Individuum, auch im Falle unterschiedlicher Anschauungen und Standpunkte.

– Entscheidungskonflikte ausloten und mit bestmögli-
  chem und zeitgemäßem Kommunikationsverhalten
  aufzeigen.

Doch solche Grundsätze allein schaffen noch keinen **Grundsätze**
dementsprechenden Kommunikationsalltag. Sie müssen **umsetzen**
durch Vorbilder der obersten Führungsebene und durch
systematische Schulungen aller Beteiligten bewußt gemacht werden bis hin zu einer Selbstverständlichkeit der
Umsetzung im Betriebsalltag. Jeder Beteiligte muß auch
das Recht haben, bei Bedarf eine Information und ein Gespräch dazu einzufordern.

4.1 Kommunikationsmix

mündlich, gedruckt, elektronisch Die Facette des Angebots von allgemein zugänglichen Erscheinungsformen und Maßnahmen der Information und der Kommunikation fällt heute außerordentlich breit aus. Da ist zunächst die mündliche Kommunikation mit Gespräch, Konferenz und Versammlung, dann die Printmedien Rundbrief, Schnell-Info, Spezialdienste und Mitarbeiterzeitschrift, ferner optische Signale mit Bildern und Zeichen, Plakate und Wandzeitungen, akustische und audio-visuelle Medien, elektronische Medien und nonverbale Signale. Aus diesen Angeboten wählt der Initiator der Kommunikation meist eine Kombination von Medien, die ein so angesprochener Teilnehmer dann noch aktiv ausweiten oder einengen kann. Man spricht in Anlehnung an die Terminologie bei der Werbung von einem Kommunikationsmix. Dabei fällt auf, daß in der psychologisch orientierten Kommunikationsliteratur bisher einseitig die mündliche Kommunikation berücksichtigt wird, die Printmedien und die elektronischen Medien rücken erst nach und nach ins Blickfeld, vor allem durch mehr betriebswirtschaftlich orientierte, anwendungsbezogene Veröffentlichungen.

4.2 Gespräch, Konferenz, Versammlung, Seminar

Gespräch bleibt erste Wahl Die mündliche Kommunikation hat trotz der vielen neuen Medien kaum an Bedeutung eingebüßt. Gerade das Gespräch im kleinsten Kreise, vor allem das Zweiergespräch, ist nach wie vor erste Wahl, wenn es darum geht, die Ideen, Wünsche, Vorstellungen oder gar Ängste einer Person oder weniger Personen aufzuarbeiten. So ist z. B. ein Führungs-, Beurteilungs- oder Personalentwicklungsgespräch durch nichts zu ersetzen. Konferenzen lassen, wenn sie gut vorbereitet und gesteuert werden, selbst im größerem Kreise eine erfolgversprechende Kommunikation zu. Dabei ist es dann schon hilfreich, wenn im Sinne eines Kommunikationsmix Arbeitspapiere vorgelegt, Veranschaulichungen in Ton und Bild eingesetzt und zum Schluß Protokolle erstellt werden. Selbst die Versammlung mit sehr vielen Teilnehmern eignet sich bedingt zur Kommunikation. Deshalb muß man noch mehr als bei der Konferenz Wert auf die Vorbereitung, die konzentrierte Durchführung und eine angemessene Nachbereitung legen. Hier ist der Kommunikationsfachmann zur Unterstützung gefragt, um die Veranstaltung zu einem guten Ergebnis zu führen.

Hausinterne Seminarveranstaltungen gelten als Domäne von Fachleuten aus der Linie und aus der Personalentwicklung. Bei genauem Hinsehen sind Seminare mehr, sie sind intensive Kommunikationsmaßnahmen mit fachlichem Inhalt. Ihr Erfolg hängt wesentlich davon ab, ob es gelingt, das Gespräch zwischen Referenten und Teilnehmern so zu fördern, daß sich die Teilnehmer in dem Seminarverlauf die hier möglichen Informationen holen und sie im Gespräch abwägen. Damit erhöht sich ihre einschlägige Fachkompetenz, bei vielen Veranstaltungen auch ihre Sozial- und Führungskompetenz und ihre Motivation, das Neue im Betriebsalltag auch umzusetzen. Denn ihre Ideen und Einwendungen zur Sache konnten sie bereits im Seminar kommunizieren und damit in den Seminargegenstand einbringen.

Seminare für Fach- und Führungskompetenz

4.3 Rundbrief, Schnell-Info, Spezialdienste

Die mündliche Kommunikation vollzieht sich unter Anwesenden mit Rede und Gegenrede, Frage und Antwort, beim Gespräch unter den Partnern meist gleichgewichtet, bei der Konferenz und der Versammlung mit einer stärkeren Gewichtung des Einladenden oder Leiters. Bei der schriftlichen Botschaft ist die unmittelbare Rückfrage etwas schwieriger zu handhaben, hier braucht man Zeit und, falls angemessen, noch ein Gespräch oder eine Konferenz. Ein periodisch erscheinender Rundbrief mit einem üblicherweise breiten oder gar offenen Adressatenkreis eignet sich zur kontinuierlichen Unterrichtung und da-

kontinuierliche oder schnelle Unterrichtung

mit auch zu einem Anstoß für ein Gespräch. Gelegentlich ist der Rundbrief der Vorläufer für eine Mitarbeiterzeitschrift, die schon von ihrer professionellen Gestaltung her einen höheren Aufmerksamkeitswert erreicht als der Rundbrief. Die aktuelle Schnell-Info, unregelmäßig aus besonderem Anlaß schnell geschrieben und vervielfältigt, eignet sich als standardisierte Mitteilung über ein aktuelles Geschehen. Bei einer gut geplanten Verteilung wird er binnen einer Stunde alle Mitarbeiter eines Betriebes erreichen und so Gerüchten über das Geschehen vorbeugen. Ein solcher Schnell-Brief kann auf elektronischem Wege an dezentral angesiedelte Werkteile übermittelt und für die dortige Belegschaft an Ort und Stelle ausgedruckt werden. Der zeitaufwendige Versand in Papierform ist damit entbehrlich.

spezielle Personengruppen als Adressaten Spezialdienste gibt ein Unternehmen meist an bestimmte Personengruppen heraus, etwa an Meister, Führungskräfte, bestimmte Spezialisten, Außendienstler, Mitarbeiter im Ausland u. ä. Dabei ist es nicht mehr erforderlich, daß die Informationen auf Papier festgehalten sind. Zunehmend werden mittlerweile andere Informationsträger eingesetzt bis hin zur Datenabfrage mit einem Code, den nur die angesprochenen Adressaten besitzen. Unabhängig von ihrer Erscheinungsform haben Spezialdienste den Vorteil, daß sie sich an ganz bestimmte Personengruppen wenden, die hier Spezialinformationen erhalten, die nur sie brauchen. Der Informant kann dabei auf die fachliche Vorbildung seiner Empfänger vertrauen, die seine Fachsprache verstehen. Solche Dienste werden oft von denen, die nicht zu dem definierten Empfängerkreis gehören, argwöhnisch beobachtet und als Herrschaftswissen von Auserwählten betrachtet, zumal gelegentlich in Stellenbeschreibungen festgeschrieben ist, in welchen Empfängerkreis von Informationsdiensten der Stelleninhaber gehört. Aus solchen und anderen Gründen wurde in den letzten Jahren mancher Dienst eingestellt, es werden nur noch solche Spezialdienste aufrechterhalten, die man für die Alltagsarbeit unabdingbar benötigt.

4.4 Die Mitarbeiterzeitschrift

Die aus einer langen Tradition gewachsene Mitarbeiter- **Vorreiterrolle bei**
zeitschrift (MAZ), ein periodisch erscheinendes Druck- **der Mitarbeiter-**
werk, ein Printmedium, das sich an eine eingeschränkte **kommunikation**
Öffentlichkeit wendet, an Mitarbeiter und oft auch an
Pensionäre eines Unternehmens und an eine nicht immer
klar definierte Gruppe von »Freunden des Hauses«, ist ein
hervorragendes Medium zum Anstoß, zur Förderung von
Mitarbeiterkommunikation, aber sie ist nicht das einzige
Medium. Die MAZ hat schon vor Jahrzehnten eine Vorreiterrolle in Sachen Interne Kommunikation übernommen,
mit ihr haben die Unternehmen angefangen, ihre Belegschaft kontinuierlich und systematisch in das Unternehmensgeschehen einzubeziehen. »Von ihrem Inhalt her ist
die MAZ für Außenstehende interessant, die aus den ver-
schiedensten Gründen mit dem Unternehmen verbunden sind. Deshalb geht in 45% der Fälle die MAZ auch an
Außenstehende, an kommunale und staatliche Stellen, an
bestimmte Geschäftsfreunde wie Kunden, Lieferanten
und Banken, an die örtliche Presse u. ä.« (Klöfer 1994, F/
1/4).

Die MAZ ist die Visitenkarte der betrieblichen Mitarbeiter- **MAZ als Visiten-**
kommunikation. Von außen betrachtet gibt sie auch **karte der**
heute noch einen zutreffenden Einblick in die Art, wie **Mitarbeiter-**
das Unternehmen seine Leute als selbständige Persönlich- **kommunikation**
keiten ernst nimmt und sie über das wirtschaftliche und
soziale Geschehen im Hause unterrichtet und darüber diskutiert. Die Unternehmensleitung verfolgt gerade mit der
MAZ das Ziel, die Mitarbeiter über die reine Information
hinaus auch zu engagierter Arbeit im Betrieb zu motivieren, wie eine Analyse des Kommunikationsverhaltens
deutscher Unternehmen ergab (Klöfer 1996, S 68). So sind
bisher die meisten Untersuchungen und Würdigungen
der Mitarbeiterkommunikation an der MAZ orientiert, zumal der Untersuchungsgegenstand gedruckt vorliegt und
deshalb relativ leicht und mit dem Anspruch auf Objektivität analysiert und verglichen werden kann.

Unmittelbare Kommunikation ist über die MAZ nur be- **MAZ gibt**
dingt zu erreichen. Ihre Redaktion kann durch eine von **Anstöße**

27

Sachverstand und Verantwortung gegenüber dem Unternehmen und der Belegschaft geprägte Arbeit mit Informationen und Hintergrundinformationen Anstöße zur Kommunikation geben, aber mit ihrer Erscheinungsweise in Abständen von Monaten ist sie für eine engagierte Diskussion weniger geeignet. Wenn allerdings alle 14 Tage eine Ausgabe der MAZ erscheint und der jeweilige Redaktionsschluß nur wenige Stunden vor dem Druck und der Verteilung der neuen Exemplare liegt, ist diese schon eher eine ernst zu nehmende Kommunikationsplattform. Noch besser gelingt dies bei elektronisch verfügbaren Angeboten. Zum Thema letzte Nachricht für die MAZ aus brandaktuellem Anlaß bringt Ulrich Nies in seinem Beitrag »Ein Flaggschiff, wendig wie ein Surfbrett« (B2) eine gute Anregung.

kontinuierliche Berichterstattung Die MAZ kann kontinuierlich über die Entwicklung und über Zukunftsperspektiven des Unternehmens berichten, nicht nur aus der Sicht der Geschäftsleitung. Sie wird zusätzlich Mitarbeitergruppen und einzelne Mitarbeiter, die nicht zum Redaktionsteam gehören, zu Wort kommen lassen und auf deren Wünsche und Anregungen eingehen. Herausgeber ist und bleibt die Geschäftsleitung, möglicherweise vertreten durch einen leitenden Angestellten, was heute aber nur noch selten dazu führt, daß die MAZ das einseitig orientierte Sprachrohr der Führung ist. Die MAZ als »die Stimme des Herrn« würde von den Mitarbeitern als »Verlautbarungsbotschaft« nicht ernst genommen, sie würde ihre Glaubwürdigkeit und damit ihre Funktion als Kommunikationsangebot verlieren. Die Leser aus dem Hause erwarten zwar keine negative Einstellung zum Unternehmen, aber doch ein hohes Maß an Objektivität und sogar ein Stück kritischer Distanz.

Zurückhaltung bei Mittel- und Kleinbetrieben Die Mitarbeiterzeitschrift ist in größeren Unternehmen weit verbreitet, in Mittel- und vor allem in Kleinbetrieben hält man sich mit der Herausgabe einer MAZ zurück, zumal die gut redigierten und in einem ansprechenden Layout gestalteten Blätter der größeren Unternehmen für alle, also auch für die Kleinen, Standards setzen. Diese Beispiele verlieren dann ihre abschreckende Wirkung auf kleinere Unternehmen, wenn diese ihre Kommunikationspolitik bewußt gestalten und mit den technischen Mitteln durchführen, die ihnen angemessen sind. Leider gehört dazu etwas Mut zur Bescheidenheit, Mut zum angemessenen eigenen Weg, was unsere Beispiele »Gerichtsnotizen« (B17)und »Maulwurf« (B16) belegen. Im übrigen gilt für die MAZ all das oben Beschriebene zu Aufgaben, Zielen und Grundsätzen der Mitarbeiterkommunikation. Wir sehen hier die MAZ als ein traditionsreiches, weit verbreitetes, angesehenes und bewährtes Medium, aber nur als eines unter mehreren, wobei sich in absehbarer Zeit die Gewichte zu Gunsten elektronischer Medien verschieben können, die gerade für eine unmittelbare Kommunikation noch nicht voll ausgeschöpfte Chancen bieten.

Der Redakteur der MAZ steht auf der Gehaltsliste des Unternehmens, er ist häufig als leitender Angestellter mit Aufgaben der Mitarbeiterkommunikation, vor allem über seine Zeitschrift, betraut. Er kennt im Zweifel die Interessenlage seiner Leser sehr gut, zumal er mit ihnen stetig Kontakt hält, doch ist er deshalb nicht Sprachrohr der Belegschaft. Die Herausgabe und die Redaktion der MAZ ist keine durch den Betriebsrat mitbestimmte Funktion. Selbstverständlich arbeitet die Redaktion mit dem Betriebsrat als der Vertretung der Mitarbeiter meist vertrauensvoll zusammen, wie es das Betriebsverfassungsgesetz für das gesamte Unternehmen vorschreibt. Die Vorbildung eines MAZ-Redakteurs ist noch nicht fest geregelt, zur Hälfte kommen die Redakteure aus einer journalistischen Funktion bei anderen Medien, zur Hälfte kommen sie aus innerbetrieblichen Funktionen, z. B. Öffentlichkeitsarbeit, Marktforschung oder Personal. Neben den kommunikationswissenschaftlichen Studien an den Hochschulen bahnt sich über Praktikantenverhältnisse in Unternehmen eine Annäherung der Ausbildung an die Arbeit der künftigen innerbetrieblichen Kommunikationsfachleute an. Der Praktikant lernt in betrieblichen Funktionen sowohl die enge Redaktionsarbeit kennen als auch die weiterführenden Aufgaben als Berater von Führungskräften und als Manager in Fragen der Mitarbeiterkommunikation. Ein treffendes Beispiel dazu über die

unterschiedliche Vorbildung der Redakteure

Praktikantenausbildung der BASF bietet unser Beitrag »Eine gute Investition in die Zukunft« (B15).

Redaktions-statut regelt Kompetenzen
Der Allein-Redakteur oder das Redaktionsteam trägt die eigentliche Verantwortung für die Zeitschrift, verantwortlich im Sinne des Presserechts ist üblicherweise ein Mitglied der Geschäftsleitung. Die Redaktion trifft inhaltliche Entscheidungen im Rahmen der ihr gegebenen Kompetenz, oft zwischen Geschäftsleitung und Redaktion in einem förmlichen Redaktionsstatut beschrieben und abgegrenzt. Sehr viel häufiger ist der Redaktion ein Redaktionsausschuß, ein Beirat, zur Seite gegeben, der für die Redaktion vor allem eine Beratungsfunktion ausübt, in rund 8% der Fälle aber sogar eine Weisungsbefugnis besitzt (Klöfer 1995, S. 54), wie die folgende Tabelle zeigt:

Beirat/Redaktionsausschuß für die Mitarbeiterzeitschrift (MAZ)

Für die MAZ gibt es	absolut	in % der Grund-gesamtheit	in % der Beiräte
keinen Beirat/ Redaktionsausschuß	229	48,9	–
einen Beirat/ Reaktionsausschuß	237	50,6	100,0
– mit beratender Funktion	186	39,7	78,5
– mit Weisungsbefugnis	38	8,1	16,0
– keine Angabe	13	2,8	5,5
Keine Angabe	2	0,4	–
Summe	468	100,0	–

Die Arbeit in und mit dem Redaktionsbeirat bzw. –ausschuß bietet für den Alltag der Mitarbeiterkommunikation interessante Gestaltungsmöglichkeiten, die Harald Dudel für die Schering AG in seinem Beitrag »Spielraum für die journalistische Arbeit abstecken« ausführlich darstellt (B19).

4.5 Das Schwarze Brett

Das Schwarze Brett ist der Klassiker unter den betrieblichen Informationsmedien. An zentralen Stellen mit hohem Publikumsverkehr wie Kantine, Zeiterfassungsgerät, Zugang zu einem Werksteil o. ä. angebracht, eignet es sich zur schnellen Weitergabe von Nachrichten an die Mitarbeiter. Hier finden sich Hinweise auf wichtige Ereignisse, auf Veranstaltungen, auf den internen Stellenmarkt, auf Aktivitäten des Betriebsrats u. ä. Das Schwarze Brett ist entweder von vornherein nach bestimmten Sachgebieten gegliedert oder es gibt für bestimmte Inhalte oder Absender (z. B. Unternehmensleitung, Personalabteilung, Betriebsrat) ein eigenes Schwarzes Brett. Gesetzlich vorgeschriebene Pflichtaushänge werden oft mit einer Glasscheibe gegen unbefugte Veränderungen geschützt, bisweilen sogar alle Anschläge, wenn nur bestimmte Funktionsträger Zugang haben sollen.

Schwarzes Brett als »Klassiker«

Aushänge am Schwarzen Brett oder Informationen auf einer in der Funktion vergleichbaren »elektronischen Anschlagtafel« können über ihre reinen Informationsaufgaben hinaus einen Gedankenaustausch zu einem bestimmten Thema anregen oder offizielle Statements zu strittigen Fragen oder Maßnahmen bieten. Insofern ist das Schwarze Brett ein Kommunikationsmittel, das zudem leicht zu bedienen ist. Meist ist noch nicht einmal ein Abstimmungsbedarf mit anderen Stellen notwendig, weil der Herausgeber der Mitteilung den Aushang unterschreibt und damit selbst oder als Vertreter seiner Fachabteilung im Rahmen seiner dienstlichen Aufgaben die Verantwortung übernimmt.

4.6 Optische Signale, auditive und audiovisuelle Medien

Seit Gutenbergs Erfindung der beweglichen Lettern für den Buchdruck hat über Jahrhunderte hinweg das gedruckte Wort das Bild als Informationsträger verdrängt. Inzwischen beobachten wir eine gegenläufige Entwicklung wieder hin zum Bild, das sich zur Vermittlung ein-

Bild verdrängt Text

facher und oft auch emotional geladener Informationen hervorragend eignet. Selbst zu einer Antwort, zu einer Kommunikation, ist es hilfreich, z. B. über Karikaturen und in der Werbung. Hier und bei Schulungsveranstaltungen gilt die Aussage »Ein Bild sagt mehr als tausend Worte«. Über Trickzeichnungen lassen sich sogar ganze Erzählungen vermitteln, sowohl in Büchern und Broschüren als auch in Filmen. Piktogramme, stilisierte, aussagestarke und international anerkannte bildliche Darstellungen eignen sich über Sprachgrenzen hinweg, z. B. im innerbetrieblichen Transportsystem zu klaren Aussagen über Gebote und Verbote. International gebräuchliche Piktogramme werden so selbstverständlich eingesetzt, daß an ihrer Stelle angebrachte verbale Aufschriften nicht mehr erwartet und dann mißverstanden werden, wie eine Begebenheit im Flur der Vorstandsetage eines Bürogebäudes beweist: Zwei englisch sprechende Damen suchen die Toilette, können sich aber mit den Aufschriften »Damen« und »Herren« nicht zurechtfinden und entscheiden sich dann wegen des »men« bei Damen für die Tür »Herren«.

Poster und Plakate als ergänzende Medien Plakate, Poster und Wandzeitungen nehmen im Betrieb eine Sonderstellung ein. Sie vermitteln ihre Informationen grundsätzlich über die Sprache, den Text, verwenden aber auch bildliche Darstellungen, um Aufmerksamkeit zu erregen und zum Lesen zu ermuntern. Meist sind Plakate und Wandzeitungen ergänzend eingesetzte Medien, zusätzlich zu anderen schriftlichen und mündlichen Informationen oder als Hinweise auf ausführlichere Darstellungen an anderer Stelle.

auditive Medien Beginnend mit Rundfunk und Tonträgern für berufliche und private Zwecke, vom Tonband über Tonkassette, Diskette und Geräte der elektronischen Datenverarbeitung hat bei auditiven Medien die akustisch wahrnehmbare gespeicherte Information in unseren Unternehmen Eingang gefunden. Akustische Signale werden aufgezeichnet, gespeichert und als Tonträger oder auf elektronischem Wege verschickt. Eine interessante Anwendung in der Mitarbeiterkommunikation bietet die Tonkassette oder Diskette zum Abspielen zu Hause oder im Autoradio, wobei dann zur Erhöhung der Akzeptanz die Wortinformation durch beliebte Musikeinlagen umrahmt wird. Ein praktisches Beispiel dazu beschreibt Heinz U. Bredemeier in dem Beitrag über sein RundUmRadio (B18). Selbst kurze Gebrauchsanweisungen für maschinelle Einrichtungen in den Produktionshallen werden gelegentlich als Videobänder installiert mit dem Zusatznutzen, daß man sich nicht auf eine bestimmte Sprache der Anwender festlegen muß. Die gekonnt vorgeführten Schrittfolgen verstehen fast alle, ohne Rücksicht auf ihre Muttersprache.

Unternehmensbezogene Videokassetten und das sogenannte Business-TV kommen noch langsam voran, hier hemmen die hohen Produktionskosten und der erforderliche technische Aufwand auf der einen Seite und der im Vergleich zum Fernsehen, wo man die Einschaltquoten nach Millionen Zuschauern mißt, relativ kleine Adressatenkreis auf der anderen Seite. Inzwischen bekommt das Firmenfernsehen über die regionalen und sogar lokalen Kanäle durchaus Aufwind, zumal die Unternehmen neben ihren Mitarbeitern und ihren Familien mit solchen Sendungen auch das Umfeld ansprechen, die Nachbarschaft. Hier ergeben sich Synergie-Effekte mit der PR-Arbeit des Unternehmens. Man muß sich dabei allerdings auch an die Eigengesetzlichkeiten des Bildmediums Fernsehen anpassen und berücksichtigen, daß hier sehr stark die emotionalen Impulse gefragt sind, die auch stärker und länger wirken als die gleichzeitig gesprochene Sachinformation. Die mediale Darstellung der Wirklichkeit wird als reale Wirklichkeit genommen. Hier werden langlebige Einstellungen zum Unternehmen geschaffen, was ja unter anderem Aufgabe der Mitarbeiterkommunikation ist.

Video und Business-TV

4.7 Elektronische Medien

Der Einzug der elektronischen Medien in die Praxis der Mitarbeiterkommunikation steht noch am Anfang. Hier sollen lediglich Internet/Intranet, E-Mail und CD-ROM berücksichtigt werden. Das Intranet als ein betriebs- bzw. unternehmensinternes Kommunikationssystem bietet für den echten Informations- und Meinungsaustausch

Intranet und E-Mail

ungeahnte Chancen. Ausgehend von der Mitarbeiterzeitschrift kann das Intranet fast alle Inhalte und Vorteile der MAZ in sich vereinigen. Es ist denkbar, daß Beiträge, die unmittelbar für die MAZ bestimmt sind, einfach in ein hausinternes Intranet übernommen werden, wobei sich dem Grundsatz der Aktualität neue Möglichkeiten bieten. Jeder fertige und abgestimmte Beitrag kann ohne Rücksicht auf einen Redaktionsschluß und auf einen Druck- und Verteilungsvorgang sofort ins Intranet gestellt werden. Nachträgliche Korrekturen oder inhaltliche Fortschreibungen sind jederzeit möglich. Lediglich die Gestaltung und die Konzeption der Zeitschrift wird bei den derzeitigen betrieblichen Möglichkeiten noch nicht nahtlos ins Intranet übernommen, das anderen Gestaltungsbedingungen folgen muß.

elektronische Medien fördern Kommunikation Der ganz große Vorteil, außer der Aktualität, ist die Chance zu einer formlosen, leicht zu handhabenden Kommunikation zwischen Autor bzw. Redaktion und Adressat. Bei entsprechenden technischen Vorgaben kann der Leser mit einer einzigen Klick-Bewegung einen Autor anwählen und ihm sofort eine Frage oder eine zustimmende oder ablehnende Willenskundgebung übermitteln. Der Autor seinerseits kann ähnlich problemlos seine Antwort formulieren und weitergeben, gezielt an den Fragenden oder ganz allgemein wieder im Intranet. Dabei kann ohne Rücksicht auf einen sonst meist einzuhaltenden Dienstweg über alle Hierarchiestufen hinweg kommuniziert werden. Hier ist das elektronische Medium der MAZ gegenüber eindeutig überlegen, und rotzdem braucht man beide für eine arbeitsteilige Mitarbeiterkommunikation. Die Kommunikationsarbeit mit dem Medium Intranet würdigt Jens-Georg Fey in seinem Beitrag »Neue Wege der Mitarbeiterkommuniaktions über das Intranet« (B4). Ähnliche Möglichkeiten wie das Intranet bietet ein innerbetriebliches E-Mail-System, wenn auch wesentlich weniger komfortabel als ein Intranet, das von seiner Konzeption her mit einer Fülle von Themen und Gestaltungsmöglichkeiten viel breiter angelegt ist.

»Spielregeln« für den Einsatz Doch gelegentlich stellt sich auch heraus, daß der nicht immer beliebte Dienstweg durchaus seine Vorteile hatte, weil gewährleistet war, daß keine offiziell eingebaute Stelle oder Person vom Informationsfluß ausgespart werden konnte. Bei einem sehr pragmatisch gehandhabten elektronischen Kommunikationssystem ist es denkbar, daß sich plötzlich die betrieblichen Mittelinstanzen nicht mehr berücksichtigt fühlen oder gar die Leitungsebene, die man für die elektronische Post nicht mehr um Unterschriften anspricht. Die neuen elektronischen Möglichkeiten führen zunächst überall zu mehr Informationsaustausch, zu mehr Kommunikation, zu deren Bewältigung vielleicht sogar mehr Zeit, mehr Personal angefordert wird. Selbst wenn man davon ausgeht, daß zu viel Kommunikation mehr wert ist als zu wenig, bedarf es doch eines stillschweigenden oder eines formell festgelegten Konzepts, einer Spielregel, einer Reportingline, für den Einsatz der elektronischen Kanäle.

Das Arbeiten mit der CD-ROM ermöglicht den Einsatz einer großen Menge von Informationen bis hin zu ganzen Broschüren, Geschäftsberichten oder anderen zur Speicherung geeigneten Daten. Die CD-ROM, zentral in ein betriebliches Netz eingespeist, garantiert bei allen Nutzern die Verwendung des aktuell autorisierten Datensatzes, alte Fassungen sind ganz einfach nicht mehr zugänglich. Doch zu einem echten Dialog eignet sich dieses Medium nicht, höchstens zur Schaffung einer einheitlichen Ausgangsbasis für einen Meinungsaustausch. Neben dem Einsatz einer CD-ROM oder anstelle dieser Form des Informationsangebots dürfte sich künftig die Übernahme in eine hausinterne Intranet-Datenbank anbieten.

von der CD-ROM zur betrieblichen Datenbank

4.8 Nonverbale Signale

Eine nonverbale Kommunikation über die Körpersprache der Beteiligten steht kaum im Zentrum betrieblicher Kommunikationsarbeit, und doch gehört sie dazu. Gespräche unter Anwesenden werden immer, ob bewußt oder unbewußt, von nonverbalen Körpersignalen begleitet, die eine Aussage unterstützen, stören oder ins Unverbindliche führen. »Im allgemeinen beeindruckt uns die Körpersprache, der man nachsagt, daß sie nicht lüge, gefühlsmäßig

Körpersprache wird beachtet

unmittelbarer als die Wortsprache. Aussagen, die nicht mit ihr übereinstimmen, laufen daher Gefahr, als unecht, unglaubwürdig und wenig überzeugend empfunden zu werden« (Flügge 1994, S. 236). Deshalb muß sich der Sprechende bewußt sein, daß seine Körpersprache beachtet wird, und er muß sich darauf einstellen, daß diese Signale beim Partner ähnliche Wirkungen erzielen wie das gesprochene Wort. Der Partner nimmt beides gleichzeitig auf und stellt Beziehungen her, die dann hinsichtlich der Ernsthaftigkeit, Ehrlichkeit und Offenheit des Gesprächs zu ganz bestimmten Einschätzungen führen. Das gilt sowohl für den Personalfachmann als auch für jede Führungskraft und erst recht für einen Kommunikationsfachmann, der sein Gegenüber überzeugen möchte.

4.9 Kommunikaktionsmix mit Zielgruppenmedien und ereignisbezogenen Aktivitäten

Zu Beginn des 4. Kapitels war von Medienmix die Rede. Nach Darstellung der im Alltag einsetzbaren Medien geht es jetzt darum, von vornherein für bestimmte Zielgruppen ein speziell dafür ausgewähltes Medienmix zur Verfügung zu halten. Die Auswahl der Medien kann aber auch ereignisbezogen geschehen, etwa für die jährliche Bilanzpressekonferenz, gravierende betriebliche Störfälle u. ä.

Kommunikationsmix zielgruppenbezogen

Grundsätzlich sind adressatenbezogen alle Maßnahmen von Ziff. 4.2 bis Ziff. 4.8 einsetzbar. Bei einer Differenzierung bestimmter Zielgruppen ist dann schon eine Auswahl angebracht, z. B. nach Zugehörigkeit zur Verwaltung, zu einem bestimmten Werk oder Funktionsbereich im In- oder Ausland, zum Außendienst u. ä. Hier läßt sich ein Medienmix festlegen, der die angesprochene Zielgruppe optimal erreicht und wenig Überschneidungen zu anderen Zielgruppen beinhaltet; denn jeder Adressat soll all die Nachrichten bekommen, die er braucht, aber keine für ihn unbrauchbare Botschaften.

Kommunikationsmix ereignisbezogen

In Unternehmen, in denen kritische Ereignisse, Störfälle, auftreten können, die Menschen oder Sachen innerhalb oder außerhalb der Werksgrenzen beeinträchtigen, sind ereignisbezogene Maßnahmen meist vorab verbindlich festgelegt. So ist z. B. vorgeschrieben, wer, wann, wen, wie und worüber informiert, und, was meist schwieriger zu handhaben ist, wer den internen und externen Fragestellern in welcher Reihenfolge und in welcher Ausführlichkeit Rede und Antwort steht und stehen darf. Es gibt aber auch viele weniger dramatische Ereignisse, die einen Kommunikationsbedarf im Hause auslösen, von der Arbeitszeitregelung über Kantinenprogramme bis hin zu Sonderzahlungen an Weihnachten, für den Urlaub oder aus Anlaß der Vorlage des Geschäftsberichts. Schwieriger wird es, und hier ist ein gut überlegter Kommunikationsmix besonders wichtig, wenn Mitarbeiter oder Mitarbeitergruppen durch betriebliche Maßnahmen tatsächlich oder auch nur vermeintlich negativ betroffen sind, etwa bei Produktionsänderungen, -einstellungen, Werksstilllegungen, Entlassungen oder Kürzung von betrieblichen Sozialleistungen. Gerade hier tut die Unternehmensleitung gut daran, ein Konzept zu haben, das dann im konkreten Falle Reibungsverluste in Form von Gerüchten oder spontanen negativen Maßnahmen der Betroffenen in vertretbaren Grenzen hält.

Gerade von den Ereignissen her erscheint neben dem einfachen Kommunikationsmix noch eine integrierte Matrix von personen- und sachorientierten Maßnahmen hilfreich. Falls erforderlich, sollen z. B. bestimmte Personen oder Personengruppen in einer konkret definierten Situation schneller informiert werden, wenn seitens der zur Information Verpflichteten ein Engpaß besteht, sich an alle gleichzeitig zu wenden. Eine solche Matrix hilft, personen- und gleichzeitig sachorientiert zu arbeiten und damit das Kommunikationsgeschehen zu optimieren. Dazu bedarf es einer bereits im Vorfeld abgestimmten Informationspolitik. **Matrix für Sonderfälle**

Ein Multimedia-Einsatz oder eine interaktive Vorgehensweise, bei der ein Adressat nach eigenen Bedürfnissen aktiv in den Informationsablauf eingreifen kann, ist mehr als ein Medienmix und sprengt den Rahmen dessen, was wir bisher betrachtet haben. Schon für die Konzeption eines multimedialen oder interaktiven Vorgehens braucht man Fachleute aus mehreren Disziplinen wie Sprache, **interaktive Vorgehensweise**

Grafik, Fotografie, Informatik, Psychologie, Pädagogik u. ä. Eine solche interdisziplinäre Vorgehensweise erfordert auch einen bisher nicht gekannten Finanzaufwand, weil ja mehr als ein Spezialgebiet von mehreren Fachleuten gleichzeitig gefordert ist.

Reiz der Vielgestaltigkeit Doch in der Vielgestaltigkeit der Ansatzpunkte und der Einsatzmöglichkeiten liegen der Reiz und die Chancen für eine intensive und erfolgreiche Kommunikation. Gerade bei technisch bedingten Interaktionsmöglichkeiten, wenn der unmittelbare Partner des sich informierenden Lernenden eine technische Anlage ist, wird die aktive Kommunikation von unten nach oben gefördert: Ein Mitarbeiter, der eine Information, die Wiederholung einer Information oder eine Antwort auf seine Frage braucht, wendet sich über ein technisches Medium relativ unbekümmert an »das Programm« bzw. an den Fachmann, der auch in einer höheren Hierarchiestufe angesiedelt sein kann. Gegenwärtig sind die üblichen Anwendungsbeispiele wegen des noch hohen Aufwands an Technik und Programmierung häufiger bei Bedienungsanleitungen, bei der Werbung und bei Suchprogrammen als bei der Mitarbeiterkommunikation zu finden, etwa bei einem entsprechend ausgebauten Intranet.

Die betriebswirtschaftliche Seite

5.1 Leistungsträger motivieren und aktivieren

Selbst wenn man nach den gängigen buchhalterischen Vorgaben bestimmte Aktivitäten der Mitarbeiterkommunikation, etwa die Herausgabe einer Mitarbeiterzeitschrift, als betriebliche Sozialleistungen verbucht, so geht es hier doch um zentralere betriebswirtschaftliche Funktionen. Über die Mitarbeiterkommunikation werden nämlich durch den produktiven und kreativen Faktor menschliche Arbeit Werte geschaffen. Die Kommunikation ist dabei ein »unterstützender Produktionsfaktor« für einen verbesserten Einsatz menschlicher Arbeit. Bei den allenthalben in Gang befindlichen Veränderungs- und Umstrukturierungsprozessen heißt das auch, die im Unternehmen als Leistungsträger tätigen Menschen zu befähigen, diesen Vorgang wahrzunehmen und aktiv mit zu gestalten. Die Darstellung der Kommunikationsarbeit bei Siemens Nixdorf »Berater, Kommunikator und Wegbereiter des Wandels« (B1) arbeitet diesen Gedanken eines ganzheitlichen Konzepts beispielhaft heraus. Kommunikationsvorgang ist zunächst ein zwischenmenschlicher Prozeß. Doch vom Ergebnis her gesehen geht es um wirtschaftliche Kategorien, um den Erfolg von Unternehmen am Markt. Denn die durch kommunikative Maßnahmen geförderte Qualifikation von Mitarbeitern, von Leistungsträgern eines Unternehmens, ermöglicht diesen Erfolg. Deshalb ist es angemessen, selbst die meist unter psychologischen und soziologischen Aspekten wissenschaftlich abgehandelte Mitarbeiterkommunikation als einen höchst relevanten betriebswirtschaftlichen Vorgang zu diskutieren.

Mitarbeiterkommunikation als betriebswirtschaftliche Funktion

In der Vergangenheit entschieden oft ausschließlich Rohstoffvorkommen über den Erfolg einer Volkswirtschaft, selbst bei kriegerischen Auseinandersetzungen gaben noch in unserem Jahrhundert Kohle und Stahl und die davon abhängige Rüstungsindustrie den Ausschlag.

Menschen als Erfolgspotential

Heute stehen menschliche Ressourcen im Vordergrund bei den wirtschaftlichen Kämpfen am Weltmarkt, und zwar weniger die »ausführenden Tätigkeiten« im Sinne von Erich Gutenberg, dem Altmeister der deutschen Betriebswirtschaftslehre (Gutenberg 1979), sondern eher die »dispositiven Tätigkeiten«, in unserem Sprachgebrauch der Erfindergeist, das Erschließen neuer Märkte, die Kreativität und die Motivation aller im Unternehmen tätigen Menschen, ohne Rücksicht auf deren hierarchische Positionen.

ganzheitlicher Aufgabenvollzug Die traditionelle Trennung der Funktionen menschlicher Arbeit nach leiten und nicht leiten ist inzwischen fließend oder gar aufgehoben worden. Heute ist es unstrittig, »daß die institutionelle Trennung von ausführender und dispositiver Tätigkeit, die im Zeitalter der Massenproduktion favorisiert wurde, mit der Hinwendung zu flexibleren Leistungsprozessen mehr und mehr hinfällig wird. Populäre Konzepte wie die ‚teilautonomen Arbeitsgruppen' der 70er Jahre oder das ‚Lean Management' der 90er Jahre zeigen, daß steuernde und ausführende Tätigkeiten heute in einem dezentralen, aber ganzheitlichen Aufgabenvollzug verschmelzen, ... daß aber im Grundsatz alle Mitarbeiter aufgefordert sind, (selbst)steuernd tätig zu werden.« (Zerfaß 1996, S. 243/4). Eine gelungene Mitarbeiterkommunikation muß deshalb in der Lage sein, die in den Menschen vorhandenen Qualifikationen zu erkennen, zu aktivieren, zu fördern und die Menschen zu einem hohen Arbeitseinsatz zu motivieren, was auch Planungs- und Kontrollfunktionen bis hin zu kreativen Veränderungen in der Leistungserstellung einschließt.

Mitarbeiter zur Selbsterkenntnis führen Das Erkennen vorhandener Qualifikationen und Anlagen ist übrigens nicht nur eine Aufgabe von Führungskräften, auch der einzelne Mitarbeiter lernt seine Qualifikationen besser kennen,

– wenn er die Situation seines Unternehmens kennt,
– wenn er um die aktuellen und die sich anbahnenden Probleme weiß,
– wenn er kommunikativ in die Entwicklung eingebunden ist und

– wenn er eine Chance sieht, sich mit seinen Qualifikationen einzubringen.

Demnach ist es vor allem eine betriebswirtschaftlich relevante Aufgabe, Mitarbeitern durch Kommunikation zur
Selbsterkenntnis zu verhelfen, sie zu fördern, zu aktivieren und zu motivieren.

5.2 Personalentwicklung, Emanzipation der Mitar-
beiter

»Wer bewußt kommuniziert, riskiert, etwas von sich selbst
wirklich zu geben und etwas anderes, das er noch nicht
war, zu bekommen. Auf diese Weise entwickelt und verändert sich die Persönlichkeit« (Krähe 1996, S. 127). Diese
Veränderung der Persönlichkeit in eine von der Organisation erwünschte Richtung kann man durch betriebliche
Maßnahmen bewußt steuern und fördern. Dabei werden
»Qualifikationen von Mitarbeitern vor allem in ihren
Kennens- und Könnenskomponenten erfaßt und bewertet sowie diese durch die Organisation von Lernprozessen
mit Hilfe kognitiver, motivationaler und situationsgestal-
tender Verhaltensbeeinflussung aktiv und systematisch
verändert« (Becker 1994, S. 297).

**erwünschte
Veränderungen
fördern**

Impulse für das Erfassen, Bewerten und Verändern von
Kennen, Können und Verhalten, also die Personalentwicklung, geben vor allem Mitarbeiterführungsgesprä-
che, bei denen sowohl der Vorgesetzte als auch der betroffene Mitarbeiter die gegebene Ist-Situation als Voraussetzung für Entwicklungsmaßnahmen erfassen. »Mit ihrem
Personenwissen und sozialer Kompetenz wird das kommunikative Verhalten von Führungskräften und Mitarbeitern neben dem Fachwissen zum zentralen Erfolgsfaktor
ihrer Qualifikation; dies geschieht unter ständigem Anpassen an den technischen, ökonomischen und sozialen
Wandel« (Gutmark 1994, S. 29). In ganz besonderem
Maße ist die Mitarbeiterkommunikation bei den Lernprozessen gefragt, wenn es um eine systematische und auf
Dauer abzielende Verhaltensbeeinflussung im Sinne des
Unternehmens geht. Dazu gehören mindestens zwei Part-

**Führungs-
gespräche
fördern
das Lernen**

ner, die sich sowohl auf der kognitiven als auch auf der emotionalen Ebene austauschen und so eine Verhaltensänderung überhaupt erst möglich machen. Ohne innere Zustimmung kann der Mitarbeiter nicht effektiv lernen. Es könnte aber auch möglich sein, daß bei diesem Kommunikationsprozeß das Unternehmen an Grenzen stößt, die mit diesem Mitarbeiter oder mit dieser Gruppe von Mitarbeitern nicht überwindbar sind. Dann müssen für solche Lerngegenstände andere Personen angesprochen werden, oder das Unternehmen besinnt sich auf Zielsetzungen, die mit den vorhandenen Leuten erreichbar sind. Unternehmerische Ziele der Personalentwicklung gehen in die Richtung, die vorhandenen Personen so weiterzuentwickeln, daß sie in der Lage sind, ihre bisherigen Aufgaben im Betrieb weiterhin zu erfüllen und in dem oben angesprochenen Veränderungsprozeß die neuen Anforderungen zu meistern, ja sogar an der Festlegung des Neuen aktiv beteiligt zu sein.

Fort- und Weiterbildung und Umschulung Im Betriebsalltag geht es bei der Personalentwicklung für alle sichtbar um berufliche Aus- und Weiterbildung und um Umschulung. Für welche Berufe werden Ausbildungsplätze angeboten und in welcher Anzahl, vor allem im Vergleich zu den Vorjahren? Damit stellt der Betrieb Weichen für sein eigenes Potential an Fachleuten nach Art und Menge. Die Fort- und Weiterbildung setzt noch zeitnäher und spezifischer als die Ausbildung bei den aktuellen Bedürfnissen des Unternehmens an, das ja für ganz bestimmte Fachkräfte auf den internen Arbeitsmarkt angewiesen ist, weil der externe Markt diese eng betriebsorientierten Qualifikationen nicht bieten kann. Aus diesen Gründen betreiben die Unternehmen auch Umschulungsmaßnahmen von bewährten Mitarbeitern, die jetzt an anderer Stelle gebraucht werden und dafür vorbereitet werden müssen. Fort- und Weiterbildung und Umschulung verlaufen nur dann erfolgreich, wenn die Betroffenen damit einverstanden sind und die Maßnahmen auch wollen. Sie müssen bereit sein, Energie und Zeit einzusetzen. Die Vorgesetzten müssen in Mitarbeitergesprächen dafür werben. Der Mitarbeiter soll die Einsicht gewinnen, daß es für ihn erforderlich ist und daß anschließend seine

Beschäftigungschancen besser stehen, weil ja der Betrieb mit den Bildungsmaßnahmen darauf hinarbeitet. Ohne Kommunikation bis hin zur Erzeugung von Einsicht in die vorgesehene Personalentwicklung sind diese innerbetrieblich notwendigen Maßnahmen nicht oder nur mit erhöhtem Aufwand durchführbar.

Personalentwicklung wird häufig nur aus der Sicht des Beschäftigungsbetriebs gesehen. Gleichzeitig ist aber die Interessenlage des sich entwickelnden Individuums anzusprechen, was jetzt noch mit Überlegungen zur Emanzipation des Mitarbeiters vertieft werden soll. Emanzipation der Mitarbeiter als Befreiung aus einer negativ geprägten und erlebten Fremdbestimmung ist ein entscheidendes Ziel moderner Personalführung bei einem beteiligenden Führungsstil. Der fremdbestimmte Mitarbeiter wartet auf Anweisungen und reagiert nur auf Anweisungen. Eigene Entscheidungen sind ihm fremd und seitens der Leitung sogar untersagt. Wenn wir nun behaupten, das wichtigste Erfolgspotential eines Unternehmens seien seine Mitarbeiter, dann müssen diese Leute selbständig denken und handeln, sie müssen mehr als nur Befehlsempfänger sein. Also ist die Emanzipation ein wesentliches Kriterium für ein erfolgreiches Wirtschaften in modernen Organisationen. Aus der Interessenlage des Mitarbeiters ist Emanzipation Voraussetzung für seine Selbstachtung und für seinen Willen, seine Geschicke so weit wie möglich selbst in die Hand zu nehmen und damit auch im Betrieb selbstverantwortlich, zielorientiert, engagiert und motiviert zu handeln und dabei zusätzlich noch Kreativität zu entwickeln.

nur emanzipierte Mitarbeiter sind Erfolgspotentiale

5.3 Zukunftsbewältigung

Ein Unternehmen kann nur mit der Belegschaft gemeinsam seine heutigen und künftigen Herausforderungen meistern. Es ist aus wirtschaftlichen Gründen darauf angewiesen, daß sich die Mitarbeiter dieser Aufgabe fachlich kompetent und überzeugt stellen. Über eine gut eingespielte Mitarbeiterkommunikation müssen sie in der Lage sein, das aktuelle wirtschaftliche Geschehen zu überblicken, zu verstehen und die künftig auf das Unternehmen

gemeinsam die Herausforderungen meistern

zukommenden Aufgaben zu erkennen und mit anzupacken. Es wäre sicher übertrieben und zu viel verlangt, wollte man jeden Mitarbeiter zum Mitunternehmer machen. Doch unternehmerisches Denken der emanzipierten Mitarbeiter und daraus abgeleitet aktive Teilhabe an der Bewältigung von Problemen der Betriebseinheit und des gesamten Unternehmens muß man seitens der Geschäftsleitung schon erwarten und fördern.

auf den Wandel einstellen Die Zukunft des Unternehmens läßt sich nur in gemeinsamer Arbeit erfolgreich gestalten. Das kann konkret heißen, daß sich beide Partner auf den Wandel in dem zukunftsorientierten Unternehmen einstellen und ihn gemeinsam bewältigen, also vom Qualitätsmanagement über ein kontinuierliches Verbesserungsvorschlagswesen bis hin zu einer effektiven Zusammenarbeit mit Kunden und Lieferanten. Bei der Kommunikation mit Kunden und Lieferanten geht es um die Konzeption, die Gestaltung und das Angebot von betrieblichen Leistungen nach Ausprägung dieser Leistungen und nach wirtschaftlichen Bedingungen wie Preis, Termin, Kundendienst u. ä. Wenn man von einer Globalisierung der Märkte spricht, dann macht diese Entwicklung nicht an unseren Werkstoren Halt, so daß sowohl die Leitungsebene als auch alle betrieblichen Leistungsträger um diese Zusammenhänge wissen müssen und deren Bewältigung kommunikativ vorbereiten und dann entsprechend umsetzen.

5.2 Einflüsse aus dem Umfeld und den Märkten

Argumente, die von außen kommen Führung ist ein wechselseitiger Beeinflussungsprozeß, und erst recht bei der Kommunikation gibt es von beiden Seiten Impulse. Die Gesichtspunkte, die dabei die Mitarbeiter einbringen, sind nicht nur angeborene und anerzogene Einstellungen und Meinungen, sondern auch aktuell von außen kommende Einflüsse, mit denen sich dann das Unternehmen im Gespräch mit den Mitarbeitern auseinandersetzen muß. Das ist in der Sache eine indirekte Kommunikation, wenn Gesprächspartner mit Argumenten kommen, die sie bewußt oder unbewußt von außen übernommen haben. Hier prägen vor allem das persönliche Umfeld, bestehend aus Familienangehörigen, Freunden und Bekannten, und die in Medien veröffentlichte Meinung etwa zu Themen wie Umwelt, Ausübung wirtschaftlicher Macht und Gesundheitsbewußtsein. Diese Einflüsse wirken sich zunächst auf den einzelnen Menschen aus, aber dann weiter in ökonomisch relevanter Weise auf dessen Einstellungen zum Betrieb und zur Arbeit und damit auf sein Engagement und seine Arbeitsleistung.

Markteinflüsse kommen vor allem vom Arbeitsmarkt, vom Beschaffungs- und Absatzmarkt. Der Arbeitsmarkt wirkt in mehrfacher Weise auf den Mitarbeiter ein. Generell ist es die Gesamtsituation, die Beschäftigungslage einschließlich der Arbeitslosenquote und deren gegenwärtige Entwicklungstendenz, die das Verhalten des Mitarbeiters beeinflussen. Diese Zusammenhänge sind unbestritten und allenthalben zu beobachten, z. B. bei der Quote des »Krankenstandes«, insbesondere beim Fehlen aus anderen Gründen als einer echten Krankheit. So beobachten Betriebe bei einem kritischen Beschäftigungsmarkt wegen des Rückganges der Abwesenheitszeiten eine indirekte Vermehrung von angebotenen Arbeitsstunden bei gleichbleibender Beschäftigtenzahl.

Einflüsse vom Arbeits-, Beschaffungs- und Absatzmarkt

Über solche globalen Größen aus dem Arbeitsmarkt gibt es noch speziellere Einflüsse, etwa bei der Frage, ob sich eine gehobene Berufsausbildung überhaupt in einer besseren Beschäftigungschance auswirkt, ob es sich noch lohnt, ein Studium aufzunehmen und wenn ja, in welcher fachlichen Ausprägung. Stärker situationsbezogen ist die oben angesprochene berufliche Fort- und Weiterbildung. Der Mitarbeiter kann sich aus offiziell zugänglichen Quellen, z. B. aus innerbetrieblichen Stellenausschreibungen, über die Entwicklung des Arbeitsmarktes im Sinne eines Marktes für bestimmte Qualifikationen informieren, auch beim externen Arbeitsmarkt hat er diese Chance. Insofern hat der externe und der interne Arbeitsmarkt Einfluß auf Entscheidungen des Mitarbeiters, die dann für den Beschäftigungsbetrieb wirtschaftliche Folgen nach sich ziehen. Der informierte und von seinen Bemühungen um eine andere oder gar höhere berufliche Qualifikation

eigene Personalentwicklung forcieren

45

überzeugte Mitarbeiter hat es leichter als sein nicht informierter Kollege, seine eigene Personalentwicklung im Einklang mit dem Betrieb zu forcieren.

aus externen Daten persönliche Rückschlüsse ziehen Anders als beim Arbeitsmarkt hat der Mitarbeiter von den Beschaffungs- und Absatzmärkten weniger gute Informationen über die gegenwärtige Situation und über sich abzeichnende Entwicklungstendenzen. Er braucht aber auch dazu geeignete Informationen, um daraus Impulse für sein Arbeits- und Lernverhalten abzuleiten. Er will ja wissen, wie es weitergeht, er will an der Entwicklung seines Arbeitsplatzes, die nicht nur von seinem Beschäftigungsbetrieb abhängt, mitwirken. So bekommt die Mitarbeiterkommunikation ein völlig neues Thema: Mein Betrieb in der Wertschöpfungskette zwischen Beschaffungs- und Absatzmärkten, mein Betrieb in der Branche, in der Weltwirtschaft, seine kurz- und mittelfristigen Entwicklungschancen. Dabei ist vor allem die Unternehmensleitung gefragt, die ja zu diesen Themen permanent Beobachtungen anstellt und versucht, daraus für das Unternehmen Konsequenzen zu ziehen. Die Fragehaltungen der Mitarbeiter sind hier sehr viel konkreter und spezifischer, als sie etwa aus allgemein publizierten Produkten der Massenmedien und selbst des Wirtschaftsjournalismus befriedigt werden können. Auch hier kommt ein emanzipatorischer Effekt zum Tragen, wenn der Mitarbeiter stetig in solche Beobachtungen und Einschätzungen eingebunden ist und damit zunehmend in die Lage versetzt wird, aus externen Daten Rückschlüsse auf seine betriebliche und persönliche Situation zu ziehen. Hier erfüllt das Unternehmen an seinen Leuten eine Bildungsfunktion.

Aufgaben; Verantwortung; Kompetenz

6.1 Die Rolle der Führungskräfte

Führungskräfte haben schon von der Definition ihrer Auf-**Kommunikation** gabe her zu führen und dabei in einem kommunikativen **als Kernaufgabe** Prozeß auf ihre Mitarbeiter Einfluß zu nehmen. Das ist ihre Kernaufgabe, dazu haben sie die Verantwortung und die Kompetenz. Diese Aussagen sind grundsätzlich unbestritten, ihre Umsetzung im Betriebsalltag läßt allerdings häufig zu wünschen übrig. In einem deutschen Großunternehmen lief vor ein paar Jahren eine Kampagne »Reaktivierung der Führungskräfte«, weil sich die Führungskräfte daran gewöhnt hatten, Aufgaben der Personalführung betrieblichen Stabsstellen zu überlassen, etwa der Abteilung Personalentwicklung. Solche Versäumnisse gibt es gerade im Kommunikationsbereich, wenn es Führungskräfte unterlassen, die für die tägliche Aufgabenerfüllung erforderlichen Informationen rechtzeitig und vollständig weiterzugeben. Zusätzlich brauchen die Mitarbeiter Hintergrundinformationen und die Chance zu einem Gedankenaustausch zu diesen Themen.

Information gilt eben immer noch als Herrschaftswissen, **gutes Beispiel** das mancher ungern mit den ihm unterstellten Personen **gefordert** teilt, und gar eine Diskussion dazu ist beschwerlich, verlangt eine gute Argumentation und macht gelegentlich deutlich, daß selbst jüngere Mitarbeiter gute Ideen haben und die auch noch in das Gespräch einbringen. Trotzdem kann das System Unternehmung nur dann angemessen funktionieren, wenn die Führungsmannschaft ihre Kommunikationsaufgaben ernst nimmt. Darüber muß die oberste Führungsebene wachen, selbst mit gutem Beispiel vorangehen und nicht nur bei Festreden vom Prinzip der offenen Tür sprechen.

An den Führungskräften liegt es, ob eine gute Mitarbeiter-**an den Führungs-** kommunikation gepflegt wird und ob das Unternehmen **kräften liegt es** wirklich mit all seinen Mitarbeitern rechnen kann, ob sich jeder für die Ziele des Unternehmens überzeugt und engagiert einsetzt, sich mit all seinen bekannten und noch unentdeckten Qualifikationen einbringt. Es darf keinen Mitarbeiter geben, dessen Fähigkeiten im Betrieb nicht erkannt und deshalb auch nicht entfaltet wurden, der statt dessen in seinem Verein als hoch motivierter und erfolgreicher Vorstand höchste Leistungen bringt. Im Privatleben Vereinspräsident, im Unternehmen Hinterbänkler, bei dieser Konstellation hat sein betrieblicher Vorgesetzter zu wenig mit ihm gesprochen, um seine Anlagen und Fähigkeiten zu erkennen und sie für den Einsatz am Arbeitsplatz zu fördern.

Kommunikation braucht eine Vertrauensbasis Führungskräfte benötigen, um erfolgreich zu kommunizieren und zu führen, ein hohes Maß an Vertrauen bei ihren Mitarbeitern. Diese sind ja selbst beim eigenen Beschäftigungsbetrieb oft nicht in der Lage, den Gegenstand der Kommunikation von sich aus zu überblicken. Deshalb müssen sie »darauf vertrauen, daß ihre Einschätzungen von Personen, Institutionen und Strukturen zuverlässig sind ... Vertrauensbeziehungen und handlungsprägende Vorstellungsbilder beruhen aber vor allem auf den kommunikativ geäußerten Behauptungen und Meinungen von verschiedenen Vertrauensmittlern, von Bezugspersonen, ... die selbst glaubwürdig sind.« (Zerfaß 1996, S. 214). Deshalb können Kommunikationsprozesse nicht als separate Einzelmaßnahmen erfolgreich verlaufen, solange nicht eine tragfähige Vertrauensgrundlage zwischen den Beteiligten entstanden ist. Das Vertrauen der Adressaten ist wesentlicher Bestandteil der Kompetenz des Senders, hier der Führungskraft. Diese Feststellungen gelten auch für die jetzt zu betrachtenden professionellen Kommunikationsfachleute.

6.2 Aufgaben und organisatorische Eingliederung der Kommunikationsfachleute

hochrangige Ansiedlung Bei den Führungskräften sind die Fragen nach Aufgaben, Verantwortung und Kompetenz relativ einfach zu beantworten. Sie handeln im Rahmen ihrer definierten Funktionen, zu denen ganz selbstverständlich die Kommuni-

kation als Teil der Mitarbeiterführung gehört. Bei den
Kommunikationsfachleuten ist die Sachlage differenzier-
ter. Hier stellt sich zuerst die Frage nach ihrer Einordnung
in das betriebliche Organisationsgefüge. Die oft disku-
tierte Frage, ob die Mitarbeiterkommunikation eher zu einer Abteilung Personal oder gemeinsam mit der Öffentlichkeitsarbeit und Werbung zu einer Abteilung Kommunikation paßt, soll hier nicht vertieft werden. Zuerst ist zu
fragen, ob eine solche Zuordnung wirklich sachgerecht
ist. Darf eine Führungsfunktion überhaupt einer einzigen
Stelle zugeordnet werden, wenn ihre Dienste in allen Abteilungen und Stäben gefragt sind? Wenn schon von der
Größenordnung her nicht bei jeder Betriebseinheit eine
eigene Kommunikationsstelle möglich ist, muß diese Aufgabe hochrangig in der Hierarchie eingerichtet werden,
nach Vorstellungen der mit der Arbeit vor Ort Betrauten
am besten als Stabsstelle bei der Leitung, beim Vorstandsvorsitzenden.

Mit dieser Organisationsentscheidung sind bereits erste **Aufgaben und**
Weichenstellungen für die Arbeit selbst getroffen. Jetzt **Entscheidungs-**
kommt es darauf an, in welchem Umfange der Chef sei- **spielräume**
nen Kommunikationsfachmann mit Aufgaben betraut.
Bisher war es üblich, daß er ihm die Redaktion der Mitarbeiterzeitschrift anvertraut, vielleicht zusätzlich noch
Text und Layout von Druckschriften, die für Mitarbeiter
bestimmt sind. Mit der Aufgabe übernimmt dieser Redakteur auch die Verantwortung für eine fachgerechte und
erfolgreiche Arbeit. Mit der Zuteilung von Kompetenzen,
von Entscheidungsspielräumen, wird es dann schon
schwieriger: Welche Themen soll und darf er ansprechen,
mit welchem Hintergrund, zu welchem Zeitpunkt? Ist es
ihm möglich, auch über Probleme zu schreiben, die noch
nicht entschieden, noch im Fluß sind? Häufig beginnt ein
Neuer mit relativ wenig Kompetenzen, er muß sich immer
wieder rückversichern, Manuskripte vorlegen, und erst im
Laufe von Jahren gewinnt er so viel Vertrauen und damit
Kompetenz, um selbständig handeln zu dürfen.

Doch der Kommunikationsfachmann, wie er hier be- **ausdrückliche**
schrieben wird, hat ein sehr viel breiteres Aufgabenfeld, **Beauftragung**
er soll beraten, Kommunikation managen und dann erst,

49

wenn auch höchst qualifiziert, selbst Maßnahmen durchführen, also recherchieren, schreiben und Texte gestalten. Mit diesen Funktionen muß er dann vorab ausdrücklich beauftragt sein, zumal er ganz konkret bei Kommunikationsproblemen vor Ort Aufgaben, zunächst Beratungsaufgaben, übernimmt. Hier ist nun wichtig, ob er warten muß, bis ihn einer aus der Linie ruft, oder ob er von sich aus aktiv werden kann, selbst wenn die betroffene Stelle dies – noch – nicht so gerne sieht.

Kommunikationskonzept bei jeder Personalentscheidung Gibt es beispielsweise seitens der Geschäftsleitung die Anweisung, daß eine Entscheidung, die das Personal betrifft, ohne ein gleichzeitig zu verabschiedendes Kommunikationskonzept dazu gar nicht getroffen werden darf, dann ist die Mitwirkung der Kommunikationsleute fest programmiert. Bei Grundsatzdiskussionen zieht man gerne einen Juristen hinzu, um nicht erst dann, wenn die Entscheidung getroffen ist, rechtliche Bedenken und Einwände zu diskutieren. In gleicher Weise sollte man deshalb, wenn es um Entscheidungen geht, die das Personal betreffen, schon bei der vorgeschalteten Diskussion einen Kommunikationsfachmann einbeziehen, um Probleme der späteren Umsetzung von Beschlüssen vorab kennenzulernen und, wenn möglich, durch eine abgewogene Entscheidung zur Sache und zur kommunikativen Umsetzung zu vermeiden. Denn Unruhe in der Belegschaft ist in ähnlicher Weise kontraproduktiv wie ein rechtliches Problem.

neuralgische Punkte Insgesamt gibt es bei der Frage nach Aufgaben, Verantwortung und Kompetenz der Personen und Stellen, die sich mit der innerbetrieblichen Kommunikation befassen oder befassen müßten, einige neuralgische Punkte. Bei den Vorgesetzten fehlt es gelegentlich an der Einsicht, daß eine ausgewogene und zielstrebig betriebene Mitarbeiterkommunikation die wichtigste Säule der Personalführung darstellt. Bei den Kommunikationsfachleuten im Hauptamt gibt es leider noch viele, die sich vor allem oder gar ausschließlich als Redakteure einer Mitarbeiterzeitschrift verstehen, obwohl sie durchaus auch für andere Aufgaben um Rat gefragt werden. Sie sind häufig von ihrem Werdegang her mit den Printmedien besonders gut vertraut und sehen hier ihre eigentliche Aufgabe.

6.3 Innerbetriebliche Vernetzungen der Kommunikationsfunktion

Für ein wohl durchdachtes Kommunikationskonzept aus einem Guß, im gesamten Unternehmen abgestimmt, ist vor allem die Geschäftsleitung gefragt. Wo die sich damit zurückhält, ist gelegentlich eine Initialzündung von unten her zu beobachten. Unzufriedene Partner auf den nachgeordneten Hierarchieebenen geben oft Impulse für eine Kommunikation aus einem Guß. Wenn sie nämlich erleben, daß ihre Kollegen aus anderen Abteilungen besser in den Informationsfluß eingebunden sind, dann rufen sie nach Beteiligung und versuchen, Information und Gespräch als ein Einfordern und Holen zu betreiben, gewissermaßen als Holschuld, wie es im juristischen Sprachgebrauch heißt. Dann sind die Vorgesetzten direkt angesprochen, sie müssen reagieren. Möglicherweise ergreifen sie nun künftig von sich aus die Initiative, um nicht in eine unangenehme reaktive Situation gebracht zu werden.

Kommunikation aus einem Guß

Datengestützte unternehmerische Planungen erfordern eine innerbetriebliche Vernetzung aller Stellen, die über aktuelle Daten verfügen. Nur so bekommen die Unternehmensleitung und nachgeordnete Stellen verläßliche Grundlagen für ihre Entscheidungen. Dadurch wird es möglich, daß die Leitung auch Kompetenzen nach unten delegieren kann, wo meist alle erforderlichen Daten bereits vorhanden sind. Ähnlich muß es auch mit einer vernetzten Kommunikationsfunktion laufen. Vernetzung heißt hier zunächst, daß einschlägige Informationen, ganz gleich auf welchem Wege sie nach unten kommen, inhaltlich voll abgestimmt sind, fast identisch oder sogar gleichlautend. Vernetzung heißt weiter, daß selbst bei adressatenbezogenen Medien und Maßnahmen eine Abstimmung vorhanden ist, daß eine Information, die ein Meister über seinen wöchentlichen Meisterbrief erhält und dann an seine Gruppe weitergibt, mit dem vergleichbar ist, was die Mitarbeiter aus anderen offiziellen Quellen erfahren.

Vernetzung heißt auch Abstimmung

Gerade der Meister muß dann noch in der Lage sein, im Gespräch mit seinen Mitarbeitern auf Argumente einzugehen, die diese nicht von ihm erfahren haben. Also, ganz gleich woher die Information und damit die Gesprächseröffnung stammt, Vorgesetzte der nächsthöheren Ebene sind darauf vorbereitet und darauf eingestellt, ihren Untergebenen Rede und Antwort zu stehen.

alle Informationen in sich stimmig Vernetzung bedeutet schließlich auch, daß alle Informationen und Kommunikationsangebote in sich stimmig sind, sich nicht widersprechen. Ein Vorgesetzter kann kaum schmerzliche Einsparungen im Personalbudget vor seinen Leuten vertreten, wenn der Vorstand gleichzeitig vor den Aktionären voller Stolz das beste Jahresergebnis in der Geschichte des Unternehmens vorstellt. Wenn schon solche tatsächlichen oder vermeintlichen Widersprüche kommuniziert werden müssen, dann ist gleichzeitig eine nachvollziehbare Auflösung des Widerspruchs zu bieten, sonst wird das Unternehmen seinen Mitarbeitern gegenüber unglaubwürdig.

6.4 Berater und Agenturen als Hilfen von außen

Hilfen von außen, durch spezialisierte und qualifizierte Berater und Agenturen erbracht, sind in der Wirtschaft durchaus üblich, etwa bei Fragen aus dem Wettbewerbs-, Steuer- oder internationalen Vertragsrecht oder im Bereich der Werbung. Das Unternehmen holt sich zur Lösung aktueller oder grundsätzlicher Probleme einen Berater, der seinen besonderen Sachverstand und seine Erfahrungen aus anderen Unternehmen einbringt. Dieser Helfer berät, die Entscheidung und die Durchführung der Maßnahme bleibt beim Unternehmen. Es kommt auch gelegentlich vor, daß der ursprünglich als Berater gedachte Fachmann von außen die anstehende Entscheidung abschließend trifft oder die daraus abzuleitende Maßnahme selbst durchführt, was allerdings eher die Ausnahme bleiben muß, wie das hier abgedruckte Beispiel »Hilfe, wir schaffen es nicht allein!« (B9) zeigt.

Bei der Mitarbeiterkommunikation ist die Ausgangslage ähnlich. Ein Unternehmen braucht mangels eigener personeller Ressourcen Fachkompetenz von außen, selbst schon bei einer sachgerechten Ist-Aufnahme der internen Kommunikationsvorgänge. Hier erhebt der Berater die Fakten, er analysiert sie und unterbreitet, falls er dazu aufgefordert ist, sachgerechte Lösungsvorschläge. Eine solche Aufgabe ist für das betreffende Unternehmen angemessen und hilfreich, auf der Grundlage der Arbeit des Beraters kann es nun Entscheidungen treffen und diese Entscheidungen in konkrete Maßnahmen einmalig oder auf Dauer umsetzen. Das ist ein echtes Beratungsbeispiel. Daraus könnte sich ein weiterer Beratungsauftrag ergeben über die Art und Weise, wie Führungskräfte auf ihre Kommunikationsaufgaben vorbereitet werden können. In einem Unternehmen mit einer gut ausgestatteten Abteilung Personalentwicklung und Weiterbildung ist damit die Beratung abgeschlossen, für die Seminargestaltung selbst hat das Unternehmen die nötige personelle Ausstattung und Sachkompetenz.

Beratung als Fachkompetenz von außen

Als unvoreingenommener Beobachter möchte man vermuten, je kleiner das Unternehmen und damit je geringer die Ausstattung mit innerbetrieblichen Fachleuten, um so eher die Tendenz, Berater und Helfer von außen heranzuziehen. Bei einer Erhebung bei deutschen Unternehmen mit mehr als 500 Mitarbeitern hat sich im Gegenteil ergeben, daß die Großen für konkrete Kommunikationsaufgaben eher einen Externen, eine Agentur, z. B. für einen eiligen Artikel oder ein gutes Foto heranholen als kleinere Unternehmen. (Klöfer 1996, S. 73). Der vermeintliche Widerspruch löst sich wohl mit dem Hinweis auf, daß die Größeren mehr Erfahrung mit Beratern haben. Sie trauen sich deshalb eher zu, deren Arbeit richtig einzuschätzen und einzusetzen und den jeweils geeigneten Externen heranzuziehen.

Erfahrung mit Beratern

Gelegentlich traut sich eine Unternehmung nicht zu, eine geplante MAZ mit monatlicher Erscheinungsweise vom Layout her zu gestalten. Inhalte und Texte entstehen mit eigenen Kräften, die Gestaltung soll der externe Fachmann besorgen. Ein solcher Auftrag erscheint auf den ersten Blick als unproblematisch, weil es ja »nur« um die optische Aufmachung geht.

Beratung plus konkrete Mitarbeit

Trotzdem ist mit einer solchen Hilfestellung auch Inhaltliches verbunden; denn mit dem Layout werden Aussagen gewichtet, findet ein Werturteil über die Bedeutung eines Text- oder Bildbeitrags statt. Dazu müßte der Interne, der mit seiner zu gestaltenden Vorlage eine Führungsfunktion ausübt, noch Festlegungen über die Bedeutung der Beiträge treffen und dem Gestalter Vorgaben machen über den Stellenwert der einzelnen Teile. Dann ist der externe Fachmann wirklich nur Gestalter, ohne auf die Materie selbst einen wertenden Einfluß auszuüben. Bisher hat die Redaktion ihrer Druckerei – intern oder extern – schon mal den Auftrag gegeben, aus einem grundsätzlich gestalteten Manuskript eine gute Druckvorlage zu machen, die von der Redaktion noch freizugeben und dann zu drucken ist. Hier ist der Druckbetrieb nicht als Berater anzusehen. Er ist ausführendes Organ, die für das endgültige Ergebnis wesentlichen Entscheidungen sind vorher hausintern getroffen worden.

MAZ mit Alibi-Funktion? Manchmal kommt vom reinen Herstellungs- und Verteilervorgang bei einer MAZ eine ganz andere Tendenz zum Tragen. Ein Berater, eine Agentur mit befreundeter Druckerei, die hier bereits mit Werbedrucksachen im Geschäft ist, bietet als eigene Leistung Inhalt, Gestaltung und technische Abwicklung der MAZ aus einer Hand an. Hier muß vom Hause her grundsätzlich argumentiert werden. Will man nur eine schöne Zeitschrift für Mitarbeiter und Kunden, weil andere Unternehmen das auch haben? Dann hat diese MAZ nur eine Alibi-Funktion (s. S. 182) und man kann das oft günstig aussehende Angebot in ernsthafte Erwägung ziehen, zumal noch versprochen wird, die Redaktion einzusparen.

Redaktion leistet oft mehr Unternehmen, die diesen Weg gegangen sind, machen anschließend oft die Erfahrung, daß die nach außen verlagerte Redaktion ja noch viel mehr geleistet hatte als nur für die MAZ zu recherchieren, zu schreiben, zu redigieren, zu gestalten, das Drucken zu bewerkstelligen und die Verteilung zu organisieren. Die Redaktion war Anlaufstelle für die Leitung, die Führungskräfte und Mitarbeiter, auch für Außenstehende, die Auskünfte suchten und davon ausgingen, daß diese bei der Redaktion zu haben sind,

»weil die Journalisten im Betrieb ja ohnehin alles wissen«. Mitarbeiter des Hauses suchen bei der MAZ-Redaktion über die Auskünfte hinaus oft auch einen Ansprechpartner für betriebliche Probleme, die sie weder mit den Vorgesetzten noch mit dem Betriebsrat besprechen möchten. Diese betreuenden Funktionen darf man nicht übersehen, wenn die Entscheidung ansteht, die MAZ in ihrer Gesamtheit nach außen zu geben.

Oben wurde die Mitarbeiterkommunikation als Führungsinstrument dargestellt. Aus dieser Sicht geht es nicht an, daß man einen Teil dieser Führungsmaßnahmen, z. B. die MAZ, an Fremde vergibt, die das Unternehmen zumindest nicht so gut kennen, daß sie in Teilbereichen Führungsfunktionen übernehmen können. Hier gibt es grundsätzliche Grenzen für den Einsatz von Externen. Der Berater kann der Führungskraft durchaus bei instrumentalen Problemen Hilfestellungen leisten, z. B. bei der Dramaturgie einer großen Konferenz, einer Hauptversammlung, beim adressatengerechten Aufbau und einer zusätzlichen Visualisierung eines Vortrags. Das ist hilfreich und angemessen. Doch wenn die Führungskraft weitergehende Aufgaben nach draußen gibt, vernachlässigt sie ihren Führungsauftrag und gefährdet ihren Führungserfolg.

Führungsaufgaben nicht an Fremde geben

Der Einsatz von externen Helfern, Beratern und Agenturen muß im internen Kommunikationsgeschehen sehr sorgfältig abgewogen werden. Grundsätzlich wird er sich auf instrumentale Hilfen beschränken müssen, bis die eigenen Ressourcen aufgebaut sind. Darüber hinaus sind Externe auch einmal für die Untersuchung und Bewertung von Ist-Zuständen gefragt, besonders dann, wenn zu vermuten ist, daß die Befragten den Externen gegenüber unbefangener und vielleicht offener antworten als den Internen. Den Externen traut man nämlich eher zu, daß sie ihre auf einzelne Personen bezogenen Beobachtungen vertraulich behandeln und nicht an die falsche Stelle weitergeben.

Einsatz von Externen sorgfältig abwägen

7.1 Das Individuum mit seinen Bedürfnissen

Qualitätspro-bleme sind kom-munikativer Natur

Die meisten Qualitätsprobleme in unseren Unternehmen sind »nicht technischer, sondern kommunikativer Natur. Wissen, Kreativität, Ahnungen, Gefühle werden nicht rechtzeitig oder nicht vollständig ausgetauscht: aus Angst, Gewohnheit, Machtstreben und schlichter Schlamperei« (Krähe 1996, S. 125). Der Berufstätige ist darauf angewiesen, sich am Arbeitsplatz mit anderen, mit Kollegen und Vorgesetzten, auszutauschen. Er verbringt die wertvollste Zeit seines Lebens am Arbeitsplatz. Die Berufstätigkeit ist für ihn ein wesentlicher Lebensinhalt. Deshalb ist es selbstverständlich, daß er hier als Mensch mit all seinen persönlichen Bedürfnissen und Erwartungen akzeptiert sein möchte und daß zumindest ein Teil seiner Bedürfnisse im Betrieb erfüllt werden muß. Die Fiktion, es reiche für einen Berufstätigen aus, wenn er bei der Arbeit Ansprüche auf das abstrakte Gut Geld erwerbe, mit dem er sich dann außerhalb der Arbeitszeit ganz konkrete Güter und Dienste zu seiner Bedürfnisbefriedigung kaufen kann, geht in unserer heutigen Situation nicht auf.

Gefühl der Sicherheit durch betriebliche Informationen

Die Bedürfnistypologie nach Maslow weist mehrere Gruppen von Bedürfnissen aus, die im Betrieb gerade durch die Mitarbeiterkommunikation befriedigt werden können. Da ist zunächst das Bedürfnis nach Sicherheit zu nennen. Dazu gehört für einen Arbeitnehmer in der gegenwärtigen Situation sehr wesentlich die Sicherheit seines Arbeitsplatzes. Das schließt auch einen stetigen Austausch über die wirtschaftliche Situation und die künftige Entwicklung des Unternehmens mit ein. Der Mitarbeiter braucht dabei mehr als nur ein paar beruhigende Worte, er will Näheres wissen, je nach wirtschaftlicher Bildung sogar die aktuellen betriebswirtschaftlichen Kennziffern zur Entwicklung seines Unternehmens für sich allein und im Vergleich mit ähnlichen Unternehmen, mit der Branche im In- und Ausland. Erst wenn solche Betrach-

tungen aus seiner Sicht positiv ausfallen, fühlt er sich
sicher.

Die Bedürfnisse nach menschlichen Kontakten, nach sozialer Zugehörigkeit, Akzeptanz und Geborgenheit in der
Arbeitsgruppe rufen geradezu nach Befriedigung im Beschäftigungsbetrieb. Hier will sich das Individuum mit
Gruppenmitgliedern austauschen, von ihnen akzeptiert
werden, auch in Art, Güte und Menge seiner Arbeitsleistung. Das erbrachten bereits in den dreißiger Jahren die
sogenannten Hawthorne-Untersuchungen, die vor allem
bewiesen, daß menschliches Leistungsverhalten auch
durch die Befriedigung sozialer Bedürfnisse in der Arbeitsgruppe selbst gefördert werden kann. Der einzelne
Mensch, das Individuum, will in der Mitarbeiterkommunikation angesprochen werden, um einerseits seinen Leistungswillen zu fördern und andererseits seine Befürchtungen und Ängste zu thematisieren und aufzuarbeiten
und seine Hoffnungen und Erwartungen auf realistische,
erreichbare Ziele zu fokussieren.

Bedürfnis nach Kontakten, Akzeptanz und Geborgenheit

Maslow nennt in einer vierten und fünften Gruppe von
Bedürfnissen, die ein Mensch erfüllt sehen möchte, die
Bedürfnisse nach Individualität, herausgehoben sein im
Vergleich zu anderen, nach Selbstverwirklichung, Selbstachtung und Sinnerfüllung. Solche Bedürfnisse sind zwar
auch im privaten Bereich zu erfüllen, aber vor allem wohl
am Arbeitsplatz, bei der Berufstätigkeit, die bei einem modernen Menschen so einen außerordentlich hohen Stellenwert besitzt. Das Individuum ist durchaus in der Lage,
sich durch eine an Zielen und an Zielerreichung orientierten Selbsteinschätzung zu messen, bedarf aber trotzdem
des Austauschs mit anderen, vor allem mit Vorgesetzten,
die für das Erreichen von Unternehmenszielen besondere
Verantwortung tragen. In diesen Bereichen können Vorgesetzte ihre Führungsqualitäten in einer förderlichen
Kommunikation mit ihren Mitarbeitern beweisen, hier
liegen meist noch ungeahnte Reserven für die Entdek-
kung, die Förderung und den Einsatz von Leistungsfähig-
keiten. Auch alle Organe der innerbetrieblichen Publizistik können durch Beiträge, Reportagen u. ä. über bestimmte Mitarbeiter oder Mitarbeitergruppen an diesem

Selbstverwirk- lichung durch Kommunikation

Ziel mitarbeiten, wenn sich der einzelne öffentlich gewürdigt sieht.

aktive Kommunikation vor allem bei Höhergestellten
Leider ist das Informationsverhalten von Mitarbeitern diesen Zielsetzungen nur bedingt förderlich. Armbrecht stellt nämlich anhand von Untersuchungen fest, daß aktives Kommunikationsverhalten in Organisationen generell unterrepräsentiert sei und sich stärker auf »Mitarbeiter höherer Qualifikationen und höherer Hierarchiepositionen« konzentriere. Vom Inhalt her sei überdies vor allem die individuell wertvolle Information gefragt, »die fachlich oder organisationsbezogen einen Wissensvorteil bringt«. Für das passive Kommunikationsverhalten stellt Armbrecht fest, es nehme »generell mit abnehmender Hierarchiestufe zu. Es ist tendenziell häufiger in stark strukturierten Organisationen zu finden« (Armbrecht 1992, S. 318). Bei solchen Befunden ist eine professionelle Kommunikationsarbeit erforderlich, um die in einem Unternehmen gesteckten Ziele zu erreichen.

7.2 Die Besonderheiten von Mitarbeitergruppen

Belegschaft in Gruppen gegliedert
Ein Mensch ist als soziales Wesen auf das Du ausgerichtet, er braucht den Kontakt, das Gespräch, den Austausch mit anderen. Deshalb kann man ein Unternehmen nicht einfach als eine Zusammenfassung von Einzelpersonen definieren. Das wäre wenig zutreffend und aussagefähig, diese Betrachtungsweise wäre höchstens für ein internes Telefonbuch geeignet. Schon bei der Darstellung der Belegschaft über Nummern der Werksausweise liegen gezielt eingesetzte Gliederungsgesichtspunkte zugrunde, etwa nach Männern und Frauen, nach der Zugehörigkeit zu bestimmten Gruppen oder Funktionen vom Sicherheitsdienst über Meister, Schichtarbeiter, Büropersonal, leitende Angestellte bis hin zum Küchenpersonal. Werksausweise können ihre Besitzer noch weiter in Gruppen unterteilen, z. B. nach der Berechtigung, nur bestimmte oder alle Werksteile betreten zu dürfen.

Kommunikation bei Gruppenbildung
Die Belegschaft eines Unternehmens besteht zwar aus Einzelpersonen, doch diese gehören mindestens einer, meist mehreren Gruppen an, je nachdem, welches Gliederungs-

merkmal man wählt. Nun kann man sich in der Mitarbeiterkommunikation für bestimmte Ziele den vorhandenen Gruppierungen anschließen. Die Gruppe der Meister, der Auszubildenden, der leitenden Angestellten, der gewerblichen Mitarbeiter, der Außendienstler oder der Mitarbeiter der Abteilung Forschung und Entwicklung muß nicht neu definiert werden, wenn man die Angehörigen einer solchen Gruppe z. B. durch einen Spezialdienst ansprechen möchte. Schwieriger wird es bei einer Gruppenbildung nach Pendlern, Ortsansässigen oder Benutzern öffentlicher Verkehrsmittel, wenn man einen solchen Personenkreis bei bestimmten Themen gezielt erreichen will. Hier müssen Überschneidungen der Personenkreise akzeptiert werden, soll die genaue Zuordnung nicht zu aufwendig ausfallen. Trotzdem bleiben die hier beispielhaft angesprochenen Gruppenbildungen für den Kommunikationsprozeß relativ unproblematisch, zumal auch ein Wechsel von einer Gruppe zur andern möglich und von den Betroffenen erwünscht ist, etwa der Auszubildende, der daran arbeitet, recht bald zur Gruppe der Facharbeiter zu gehören.

Nun gibt es aber Gruppenzughörigkeiten, die weniger willkürlich zustande kommen und trotzdem oder sogar deshalb für unsere Fragestellungen besonders relevant sind, meist noch wichtiger als die bisher genannten. **gemeinsame Sprache oder Kultur** Man denke nur an die gemeinsame Kultur, vor allem die Sprache, etwa bei Gastarbeitern, an die Mitgliedschaft in einem bestimmten Verein im Freizeitbereich, an persönliche Freundschaften, an Hobbygärtner, Eigenheimbesitzer oder Mieter von Werkswohnungen, jüngere oder ältere Mitarbeiter, Absolventen bestimmter Ausbildungsstätten. Sie alle haben als Personen im Betrieb verbindende Gemeinsamkeiten, Wertvorstellungen und Normen, die das Verhalten der Gruppenmitglieder steuern. Diese Normen kommen im Berufsalltag und damit beim Interesse für bestimmte Themen aus dem Betrieb zum Tragen, auf die man bei der Mitarbeiterkommunikation Rücksicht nehmen und die man deshalb kennen muß. Häufig ist dafür keine gezielte Ansprache der Gruppenmitglieder erforderlich oder angemessen, es genügt meist, wenn man um diese Gruppierungen weiß und ihnen in der alltäglichen Kommunikation keinen Anlaß gibt, sich angegriffen oder zu wenig beachtet zu fühlen.

Empfindsam-keiten berücksichtigen Inzwischen ist es selbstverständlich geworden, etwa auf die Muttersprache oder auf die in den Alltag hineinwirkenden weltanschaulichen Besonderheiten und Empfindsamkeiten von Mitarbeitergruppen Rücksicht zu nehmen, unmittelbar auf sie einzugehen, bis hin zu Rücksichtnahmen beim Essensangebot, zum Einsatz eines Dolmetschers, oder zur Herstellung von Arbeitsanweisungen oder Texten aus der Mitarbeiterzeitschrift in der Muttersprache der betreffenden Gruppe. Zusätzlich müssen noch alle Vorgesetzten, vor allem die Meister in der Produktion, für das Problem sensibilisiert werden, damit sie selbst den richtigen Ton finden und auch bei den Kollegen darauf achten, daß keine unbedachten Redensarten oder Witze laufen, die verletzen können. Dabei wirkt es meist schwerwiegender, einen Menschen als einen Angehörigen einer Gruppe zu verletzen und auch Reaktionen der gesamten Gruppe auszulösen, als ihn als Individuum zu treffen.

Gruppe bringt Probleme und Chancen Dabei bleibt festzustellen, daß Gruppenzugehörigkeiten für die Mitarbeiterkommunikation auf der einen Seite Probleme bringen, auf der anderen Seite aber die Kenntnis dieser Gruppierungen auch Chancen eröffnet, zielgerichtet zu arbeiten. Grundsätzlich stellt Armbrecht fest, die unternehmensinterne Öffentlichkeit sei nicht als Einheit zu betrachten, »sondern als ein Publikum mit verschiedenen Informationsständen und -interessen« (Armbrecht 1992, S. 315). Solche unterschiedlichen Voraussetzungen lassen sich durchaus über Gruppenzugehörigkeiten lokalisieren und damit zumindest stückweise aufarbeiten.

7.3 Die Rolle des Betriebsrats

Beteiligungs-rechte Der Betriebsrat als Vertretungsorgan der Belegschaft nach dem Betriebsverfassungsgesetz hat gegenüber dem Arbeitgeber je nach Thema differenzierte Beteiligungsrechte. Beteiligung, Mitbestimmung bedeutet dabei zunächst Gedankenaustausch, Kommunikation mit der Unternehmensleitung. Vertritt er dabei abschließend die Belegschaft, etwa im Sinne einer indirekten Kommunikation anstelle einer unmittelbaren Kommunikation der Leitung mit den Arbeitnehmern? Wenn dem so wäre, käme der Betriebsrat in eine einmalige Monopolstellung, und die bisherigen Überlegungen bezüglich des Individuums und der formellen und informellen Gruppen würden gegenstandslos. Das kann nicht sein.

Aber wird der Betriebsrat durch eine hervorragende Mitarbeiterkommunikation aller Führungskräfte und der im Betrieb vorhandenen Medien nicht überflüssig? Der einzelne erfährt ja alles, was er wissen will und soll, er braucht sich gar nicht um Informationen zu mühen und findet auf der Seite der Führung stets einen Gesprächspartner für seine Ideen, seine Hoffnungen und Befürchtungen. Dem Betriebsrat fällt kraft seiner Stellung und seiner Zusammenarbeit mit der Leitung nur noch in bestimmtem Umfange Herrschaftswissen zu, das er unter Umständen mit seinen Wählern teilen könnte, etwa Informationen, die einzelne Betriebsratsmitglieder als Belegschaftsvertreter im Aufsichtsrat oder im Wirtschaftsausschuß nach dem Betriebsverfassungsgesetz erhalten. In der Tat gibt es hier in kritischen Situationen beachtliche Informationsvorsprünge, die über eine gewisse Zeit oder in bestimmten inhaltlichen Abgrenzungen vertraulich bleiben müssen. Damit steht es dann nicht mehr im Belieben der Betriebsratsmitglieder, wie sie damit umgehen können und dürfen. Gerade hier gibt es eine Chance zur Pflege des Klimas zwischen Belegschaft und Unternehmensleitung. Der Betriebsrat erhält auch in Zusammenhänge Einblick, die man nicht oder noch nicht öffentlich diskutieren darf. Er überzeugt sich stellvertretend für die Mitarbeiter davon, wie die Dinge stehen, um dann in der Betriebsversammlung das Ergebnis seiner Gespräche, nicht vertrauliche Interna, bekanntzugeben. Dadurch erfährt der einzelne Mitarbeiter zwar keine Details, aber er gewinnt durch Personen seines Vertrauens, nämlich die gewählten Betriebsratsmitglieder, die Überzeugung, daß seine Interessen gewahrt werden. Setzt sich allerdings ein Betriebs-

Informationsvorsprung beim Betriebsrat

61

ratsmitglied in einem konkreten Falle über seine Schweigepflicht hinweg, dann gibt es für die Mitarbeiterkommunikation und für das Unternehmen Konsequenzen, wie sie Manfred Knappe in seinem Beitrag »Mitarbeiterkommunikation in kritischen Situationen« (B7) beschreibt.

Betriebsrat ersatzweise als Informationsquelle
Nach den oben getroffenen Feststellungen wird der Betriebsrat durch eine beispielhafte Mitarbeiterkommunikation nicht überflüssig, doch er bekommt einen anderen Stellenwert. Er hat mehr freie Energie, um sich zielstrebig und in vertrauensvoller Zusammenarbeit mit dem Management den großen strategischen Problemen und Entscheidungen des Unternehmens zu widmen. Zum anderen bleibt das Vertretungsorgan der Arbeitnehmer als Alternative, wenn die Unternehmensleitung sich bei der Mitarbeiterkommunikation zu sehr zurückhält oder gar mauert. Denn der Betriebsrat kommt auch in einer solchen Situation an die für seine Wähler wichtigen Informationen und kann sie weitergeben, wenn offizielle Wege auszutrocknen drohen.

ein faktisches Beteiligungsrecht
Auf die Rolle des Betriebsrats bei der Mitarbeiterzeitschrift wurde schon hingewiesen. Er hat bei der MAZ dort nach den Bestimmungen des Betriebsverfassungsgesetzes kein ausdrückliches Mitspracherecht, doch ist er faktisch fast immer mit von der Partie, häufig mit Sitz und Stimme im Redaktionsausschuß. Selbst ohne diese Situation wird seine Stimme von der Redaktion gehört und beachtet und findet ihren Niederschlag in einer Ausgewogenheit der redaktionellen Beiträge, die ja bei den Lesern ankommen wollen. Eine eigene Seite für den Betriebsrat in jeder MAZ-Nummer muß nicht besser sein, sie ist für den Leser oft sogar weniger hilfreich; denn der Betriebsrat ist kein Fremdkörper, er steht innerhalb, nicht außerhalb des Unternehmens.

8. Die Frage nach Effizienz und Kosten

8.1 Die Mitarbeiterkommunikation kann erreichen

Alles, was in einer Organisation Ausgaben verursacht, sei **Nutzen** es in einer Klinik oder in einem erwerbswirtschaftlichen **verursacht** Betrieb, muß einer wertenden Nachprüfung hinsichtlich **Kosten** der Ausgabenart und der Ausgabenhöhe standhalten. Der Markt für Güter und Dienstleistungen ist grundsätzlich offen, teilweise sogar weltweit, so daß ein Anbieter nur solche Preise realisieren kann, die dieser Markt unter Einbeziehung von Konkurrenzangeboten akzeptiert. Selbstverständlich verursacht die Mitarbeiterkommunikation Kosten, denen ein rechenbarer Nutzen gegenüberstehen soll. Leider ist dieser Nutzen bei einer harten Verhandlung um Zinsen für die Kapitalbeschaffung leichter zu quantifizieren als bei der Mitarbeiterkommunikation. Aber auch hier läßt sich eine nachprüfbare Kosten-Nutzen-Betrachtung anstellen.

Dabei läßt sich nachweisen, daß eine gut konzipierte und **nachweisbarer** praktizierte Mitarbeiterkommunikation folgende Ergeb- **Nutzen** nisse erzielt, sei es allein, sei es gemeinsam mit anderen Maßnahmen:

– ein guter Kontakt zwischen Führung und Mitarbeitern und Mitarbeitern untereinander,
– ein hoher Informationsstand zur aktuellen Arbeit einschließlich Hintergrundinformationen zu dem Warum und Wozu,
– überzeugte und motivierte Mitarbeiter,
– Mitarbeiter bringen sich mit ihren Kräften und Fähigkeiten ganz selbstverständlich ein,
– Mitarbeiter werden von sich aus aktiv und kreativ,
– emanzipierte Mitarbeiter,
– Mitarbeiter entfalten und schulen ihre Anlagen, Fähigkeiten und Fertigkeiten,
– ein gutes Betriebsklima und

– sehr gute Bedingungen für einen partizipativen Führungsstil.

Diese lange, aber noch nicht vollständige Liste wirtschaftlich relevanter Erfolge über eine qualifizierte Kommunikationsarbeit kann manchen Kostenrechner noch nicht überzeugen. Er braucht meßbare Ergebnisse.

im Alltag meßbare wirtschaftliche Erfolge

Solche meßbaren wirtschaftlichen Erfolge lassen sich durch eine qualifizierte Kommunikationsarbeit bereits im Alltag erzielen. Das beginnt schon beim Vermeiden von Fehlzeiten, wenn die Mitarbeiter um die Bedeutung ihrer heute zu verrichtenden Aufgaben wissen, etwa bei der Einhaltung eines vereinbarten Ablieferungstermins, und geht weiter mit Mitteilungen an den jeweiligen Vorgesetzten über sich abzeichnende Probleme beim aktuellen Arbeitsablauf, womit dann Stillstandszeiten und ähnliches vermieden werden. Es ist zwar heute nicht mehr angebracht, das Wir-Gefühl und die lebenslange Betriebstreue in den Vordergrund zu stellen, doch eine durch Einsicht in die Zusammenhänge erworbene loyale Haltung dem Unternehmen gegenüber unterstützt und fördert die betriebliche Leistungserstellung. Selbst außerhalb des organisierten betrieblichen Verbesserungsvorschlagswesens kommen bei einer solchen Haltung ganz von allein Impulse, wie ein gestecktes Ziel in der betreffenden Abteilung schneller oder mit weniger Aufwand erzielt werden kann. Abfallverringerung und Fehlervermeidung sind weitere Resultate, die auf dem Boden einer guten Mitarbeiterkommunikation gedeihen. Auch diese Ergebnisse sind nur bedingt in Mark und Pfennig rechenbar, aber im Grunde genommen als Tatbestand nachweisbar, wie z. B. in dem Beitrag »Kontinuierliche Verbesserungsprozesse als Kommunikationsaufgabe« (B14).

bei einmaligen Projekten wird das Rechnen leichter

Einmalige Projekte eignen sich für das Rechnen schon eher. Bei großen Bauvorhaben ist es z. B. ganz selbstverständlich, daß dem Auftraggeber an der strikten Einhaltung des Fertigstellungstermins sehr gelegen ist. Verspätungen kosten ihn bares Geld bzw. schmälern seine Einnahmen wegen einer verspäteten Nutzung. Üblicherweise vereinbart er mit dem Bauunternehmer eine Vertragsstrafe für Verzögerungen in der Bauabwicklung. Dieser bezieht seine Führungskräfte und seine Bauarbeiter in das Geschehen mit ein und verspricht Prämien für die Einhaltung der Termine. So kann man auch heute bei einer verkürzten Wochenarbeitszeit gerade am Freitagnachmittag erleben, daß an einem Bau weit über die übliche Zeit hinaus gearbeitet wird, um z. B. die Betondecke auf dem Kellergeschoß noch vor dem Abend zu gießen, damit sie dann übers Wochenende austrocknen kann und die weiteren Bauarbeiten am Montagmorgen zügig weitergehen können. Hier wirkt sich eine gute Kommunikation und ein Einvernehmen mit der Baugruppe aus, die nicht nur an die Prämie denkt, sondern vielleicht auch an weitere Aufträge bei diesem Bauherrn und damit an die Sicherung des eigenen Arbeitsplatzes.

Umstrukturierungsaktivitäten, Betriebsstillegungen, Verkauf von Unternehmensteilen oder des ganzen Unternehmens, Kürzung bisher freiwilliger Sozialleistungen, betriebsbedingte Entlassungen, das alles sind Maßnahmen, die in besonderer Weise eine Mindestakzeptanz durch die Belegschaft erfordern. Diese Akzeptanz läßt sich durch eine ausgewogene Kommunikation fördern. Wenn bei einem stetigen Kontakt mit der Belegschaft Grundtatsachen, die letztlich zu solch einschneidenden Maßnahmen führen, schon vorher diskutiert wurden, ist die Einsicht in notwendige Konsequenzen leichter, wenn auch nicht leicht, zu erzielen. Wenn aber die Geschäftsleitung in den vergangenen Perioden die Ergebnisse gezielt geschönt hat, um die Belegschaft im Glauben an eine rosige betriebliche Zukunft einzulullen, hat sie ihren Kredit für eine ehrliche Auseinandersetzung verspielt. Kosten, Zeitaufwand und Teminverschiebungen anläßlich eines Arbeitsgerichtsprozesses oder einer Anfechtungsklage nach dem Aktienrecht geben Anhaltspunkte für die finanziellen Aufwendungen, die sich zwangsläufig bei einer restriktiven Kommunikationspolitik ergeben und bei einer offenen Politik vermeiden lassen.

Akzeptanz durch Kommunikation

Es gibt sogar Beispiele, wie die Belegschaft von sich aus geholfen hat, eine grundsätzlich unerwünschte Maßnahme zu akzeptieren und daraus sogar eine Erfolgsgröße

Nachteiliges kann positiv werden

zu schaffen. Ein deutscher Zulieferer der Autoindustrie bekam von einem jahrelangen Kunden plötzlich knallharte Forderungen nach Preiszugeständnissen. Die Unternehmensleitung sah bei ihren gewohnten Kalkulations- und Preisbildungsprozessen keine Einsparungen mehr. Teile der Belegschaft stellten dann die bisherigen Produktionsgewohnheiten und damit die Kalkulation in Frage, definierten nach den Vorgaben des Kunden gemeinsam die wesentlichen Eigenschaften und Materialien für dieses Produkt, kalkulierten erneut und stellten auch als Sonderleistung der Belegschaft eine Verkürzung der Durchlaufzeiten in ihre Berechnungen ein. Das neue Angebot für den so dringend benötigten Langfristauftrag konnte die Forderungen des Kunden erfüllen und gab dem Unternehmen noch Spielraum für eine Gewinnmarge und für Prämien in der Arbeitsvorbereitung und in der Produktion.

Information als Ansporn für Mitarbeiter
In einem süddeutschen Montagewerk für Präzisionsgeräte, in anspruchsvoller Einzelfertigung mit Teilen aus dem eigenen Konzern und aus Fremdbezug, gab es zunehmend Absatzprobleme, begründet in zu hohen Preisforderungen. Die Belegschaft war es schon bisher gewohnt, in Gruppenarbeit relativ selbständig zu planen und zu produzieren. Nun kam der Werksleiter von einer Auslandsreise zurück, die ihm Kenntnisse von Konkurrenzbetrieben vermittelte, und zwar vor allem aus der Fertigung, entsprechend dem Produkttyp N im eigenen Hause. Ein Konkurrenzunternehmen montierte den Typ N mit einem um 120 Stunden geringeren Zeitaufwand. Der Werksleiter schlug den beiden betroffenen Arbeitsgruppen vor, den Produktionsprozeß einschließlich der eingesetzten Teile zu überprüfen und u. U. neu zu organisieren. Die beiden Gruppen, jeweils moderiert durch ihren informellen Führer, setzten sich intensiv mit dem Problem auseinander und kamen in getrennten Sitzungen nach mehreren Tagen zu erstaunlichen Ergebnissen, die dann miteinander verglichen und auf ihre Umsetzbarkeit hin überprüft wurden. Das Endergebnis war dann besser als das der Konkurrenz, es wurden mehr als 120 Mannstunden eingespart. Die Rolle des Werksleiters beschränkte sich in diesem Prozeß auf eine konkrete Zielvorgabe, Vertrauen, Ge-

sprächszeit und Handlungsfreiheit für die Gruppenmitglieder. In diesem Rahmen haben dann die beiden Gruppen einen brauchbaren Vorschlag entwickelt, der den Vorzug hatte, daß es ihr eigener Vorschlag war, nicht eine von der Werksleitung angeordnete Vorgabe. Der Weg dazu führte über intensive Gespräche der Mitarbeiter in ihren Gruppen.

8.2 Die Mitarbeiterkommunikation kann abwenden

Ein Mitarbeiter, der für seine Bedenken und Befürchtungen kein Ventil findet und nicht mit kompetenten Personen darüber sprechen kann, hat nur noch den Ausweg der inneren Kündigung. Er bleibt in der Organisation, erfüllt formal seine Pflicht und leistet Dienst nach Vorschrift. Er liefert zwar keinen Grund zur Kündigung, aber auch keine befriedigende Arbeitsleistung. Aus dieser Schmollecke kann ihn nur ein Gespräch herausholen, ohne eine solche Hilfe gerät er täglich mehr ins Abseits.

innere Kündigung als Ergebnis

Ein Mitarbeiter hat in seinem betrieblichen Umfeld grundsätzlich ein Bedürfnis nach Information und nach Kommunikation. Selbst wenn er dazu keine Initiative ergreift, wartet er auf die andere Seite. Wartet er da vergebens, kommt von oben keine Information oder ein stillschweigendes oder ausdrückliches Angebot zur Kommunikation, wird er sich darüber ärgern. Er wird in seinem Grübeln schnell zu dem Ergebnis kommen, man wolle ihn von der Information und Kommunikation ausschließen. Weil er den Grund für ein negatives Verhalten am liebsten auf der anderen Seite sieht, nicht bei sich selbst, könnte er mit Mißtrauen antworten, übrigens auch ein Ansatzpunkt für innere Kündigung.

Ein noch gefährlicherer Ausweg, weil er sehr viele Menschen trifft, ist dann die Gerüchteküche nach dem Muster »wir können uns schon denken, warum die sich so verhalten«. Für die Kommunikation über Vermutungen, Halbwahrheiten, Unwahrheiten und Gerüchte wird sehr viel Zeit aufgewandt, weil jeder versucht, von anderen, die vielleicht mehr wissen könnten, etwas zu erfahren, und

gefährlicher Ausweg: Gerüchteküche

weil er sich gemeinsam mit anderen Gedanken macht und darüber ausgiebig diskutiert, welche Konsequenzen diese »Neuigkeit« für ihn haben könnte. Zum Abbau und zum Verhindern von Gerüchten gibt es nur die Strategie der rechtzeitigen und umfassenden aktiven Information und Kommunikation über die Tatsachen. Wenn Gerüchte erfunden werden, weil man die für wichtig gehaltenen Fakten nicht kennt, muß die Leitung die echten Fakten offenlegen nach dem Motto »Wahrheit über offene Kanäle statt Gerüchten aus dunklen Quellen.«

8.3 Mögliche Effizienzkontrollen

Mitarbeiterkommunikation fördert Leistungserstellung

Mitarbeiterkommunikation fördert durch die Aktivierung positiver Kräfte und die Vermeidung oder zumindest Einschränkung negativer Tendenzen die betriebliche Leistungserstellung und die wirtschaftliche Vermarktung der erzeugten Güter und Dienste. Mit dieser Feststellung allein haben wir noch keine Aussage darüber, ob unsere personellen und finanziellen Ressourcen auch wirtschaftlich eingesetzt werden. Ein wirtschaftender Mensch möchte die Zusammenhänge genauer untersuchen können, um sein künftiges Handeln daran auszurichten. Wenn im zweiten Anlauf unter gezieltem Einsatz von Kommunikationsmitteln eine betriebliche Maßnahme gelingt, dann ist es legitim, daraus ein Ursache-Wirkung-Verhältnis abzuleiten. Ähnlich lassen sich Zusammenhänge beurteilen, wenn bei den Mitarbeitern für eine neue betriebliche Maßnahme Widerstände erwartet werden, die aber bei rechtzeitiger und umsichtiger Kommunikationsarbeit nicht eintreffen, zumindest nicht in dem befürchteten Umfange. Wenn nun versucht wird, Kosten und Wirkungen in Geld zu quantifizieren, ergeben sich Ansatzpunkte für die Effizienz der Maßnahmen, natürlich unter der Prämisse der sonst gleichbleibenden Bedingungen, ohne Überstrahlung durch andere Maßnahmen. Auf der Grundlage einer Bewertung von Maßnahmen der Vergangenheit läßt sich dann eine Planung für die Zukunft aufbauen.

Nachdem mehrere Gruppen von Erscheinungsformen und Maßnahmen der Mitarbeiterkommunikation herausgearbeitet wurden, wäre eine Effizienzaussage zu Einzelmaßnahmen interessant, noch wichtiger wäre die lückenlose Erfolgskontrolle für ein ganzes Bündel von Maßnahmen, für einen Kommunikationsmix im konkreten Falle. Das aber wäre nur mit einem erheblichen Aufwand zu erreichen. Der Kommunikationsforscher muß sich deshalb auf weniger verflochtene und weniger aufwendige Untersuchungen bei Teilbereichen der Kommunikation beschränken. Der Verfasser stützt sich als Untersuchungsgegenstand im konkreten Falle auf Leserbefragungen bei der jeweiligen Mitarbeiterzeitschrift, um die Akzeptanz des Mediums und die Wirkung der MAZ innerhalb der Belegschaft zu untersuchen. Die Methodik seiner Analysen hat sich in mehreren Unternehmen und in Verbänden der privaten Wirtschaft bewährt.

Erfolgskontrolle erwünscht

8.4 Kontrolle am Beispiel Mitarbeiterzeitschrift

Für die Beurteilung möglicher Auswirkungen der Kommunikationsarbeit über das Medium MAZ ist zuerst zu fragen, ob die frisch gedruckten Exemplare ihre Zielgruppe überhaupt und schnell genug erreichen, ob sie in die Hand möglichst jedes Mitarbeiters gelangen. Ferner ist vorab zu klären, ob der einzelne Adressat die MAZ auch liest und wie intensiv er liest. Dazu gibt es Rahmenbedingungen von der äußeren Aufmachung, von Format über Layout, Drucktechnik und Umfang, über Erscheinungsweise, Adressaten und Verteilungsmodus bis hin zur Redaktion, ihre Einbindung in die Hierarchie und ihren inhaltlichen und finanziellen Spielraum. Diese äußeren Rahmenbedingungen sind objektiv feststellbar, doch lassen sich daraus keine endgültigen Aussagen über deren Einfluß auf die Effizienz des Blattes ableiten, weil das Leseverhalten der Belegschaft des Unternehmens A nicht ohne weiteres mit dem Leseverhalten der Mitarbeiter aus dem Hause B gleichgesetzt werden kann, selbst bei einer ähnlichen soziologischen Struktur beider Gruppen.

die äußeren Rahmenbedingungen

keine allgemein-
gültigen Regeln
zur Effizienz

So gibt es voreilige Aussagen, daß die Käufer und Leser der Bild-Zeitung auch im Betrieb eine MAZ im Stile dieses Blattes bevorzugen. Der Verfasser bekam allerdings bei der Resonanzanalyse der MAZ eines deutschen Unternehmens auf eine offene Fragestellung signifikant häufig Antworten mit dem Grundtenor »eine Bild-Zeitung kaufe ich mir täglich, die brauche ich nicht noch einmal im Betrieb. In unserer MAZ suche ich gute Informationen aus meinem Unternehmen«. Solche und ähnliche Ergebnisse verhindern allgemeingültige Regeln über die Effizienz von Maßnahmen der Mitarbeiterkommunikation, die ohne Kenntnis der Interessenlage einer ganz bestimmten Belegschaft aufgestellt werden. Bestimmte Rahmenbedingungen wie z. B. die Häufigkeit des Erscheinens einer MAZ lassen Vermutungen hinsichtlich der Akzeptanz zu. Solche Vermutungen treffen in einer großen Zahl von Unternehmen durchaus zu, aber im nächsten Unternehmen überhaupt nicht, weil dort zusätzlich noch andere Faktoren wirken, die dann zu unvermuteten Ergebnissen führen.

nur Aussagen
über ein kon-
kretes Medium

Deshalb sind zuverlässige Aussagen über die Effizienz von Maßnahmen der Mitarbeiterkommunikation immer nur für ein bestimmtes Medium in dem jeweiligen Unternehmen in der gegenwärtigen Situation möglich, manchmal sogar an dem jeweiligen Standort eines Unternehmens oder bei einer bestimmten Gruppe von Mitarbeitern. So erscheint es angebracht, selbst bei einer unternehmensspezifischen Untersuchung die Ergebnisse auch noch nach Mitarbeitergruppen auszuwerten wie z. B. Männer, Frauen, bestimmte Altersgruppen, Dauer der Betriebszugehörigkeit, Art der Berufsausbildung, Facharbeiter, Außendienstler u. ä. Hier können, aber müssen nicht, Unterschiede auftreten, die sich auf die Effizienz z. B. einer MAZ auswirken. Der Hinweis auf die gegenwärtige Situation ist hier insofern wichtig, weil sich die Interessenlage der Mitarbeiter schlagartig ändern wird, wenn sich wesentliche Bedingungen wie Erfolg am Markt u. ä. ändern. Wenn in einer dramatischen betrieblichen Situation die druckfrischen Nummern der MAZ in wenigen Minuten vergriffen sind, dann waren es eben die Rahmenbedingungen, die das Interesse und damit vermutlich auch die Effizienz des Blattes in der heutigen Situation erhöhen.

Neben den hier diskutierten Rahmenbedingungen ist es vor allem der Inhalt der textlichen und bildlichen Aussagen, der über den Erfolg entscheidet. Sind die Texte, Bilder und Grafiken in der MAZ so ausgewählt und gestaltet, daß sie bei ihren Adressaten auch ankommen? Regen sie zum Verweilen, Lesen und Betrachten an? Bieten sie ihren Lesern Neues, Interessantes, Wichtiges und Brauchbares? Sind Umfang und Intensität der Berichterstattung angemessen? Bei solchen Fragen ist es durchaus denkbar, daß sich die Antworten je nach Gruppenzugehörigkeit unterscheiden. Dann käme es darauf an, daß ein Artikel, eine immer wiederkehrende Rubrik, für den einen zumindest noch und für den anderen schon interessant ist, also beide einen Gewinn davon haben. Dieses Problem haben fast alle Journalisten bei ihren Adressaten, nicht nur bei innerbetrieblichen Medien. Ähnlich verhält es sich mit der sprachlichen Gestaltung. Eine Zeitschrift für alle Mitarbeiter des Hauses ist eben keine Fachveröffentlichung, bei der es auf feinste Nuancierungen ankommt. Selbst schwierige wirtschaftliche und technische Probleme lassen sich so formulieren, daß sie fast jeder mögliche Adressat im Betrieb verstehen kann, zumal ja der dargestellte Sachverhalt auch betrieblich relevant ist.

textliche und bildliche Aussagen entscheidend

Unter den Bedingungen einer Reizüberflutung, einer unkontrollierten Fülle von Impulsen, die heute auf einen Menschen einströmen, spielt der emotionale Filter vor einer möglichen Informationsaufnahme, die innere Einstellung zur Person des Senders etwa, eine wesentliche Rolle. Der Redakteur kann und soll zwar nicht jedermanns Freund sein, aber er sollte sich eines hohen Maßes an Akzeptanz erfreuen, um auch anzukommen. Die Leser akzeptieren ihn dann leichter, wenn er in seiner Arbeit ihren Werthaltungen in etwa entspricht oder zumindest nicht dauernd widerspricht. Ein Redakteur mit einer wohlwollend kritischen Distanz zum Betriebsalltag erreicht seine Leser im allgemeinen leichter als einer, der sich als Verkünder von Botschaften des Inhabers oder des Vorstandsvorsitzenden versteht. Die Leser wollen in ihren Informa-

wohlwollend kritische Distanz zum Unternehmen

tionswünschen ernst genommen sein, vor allem von der Redaktion ihrer Mitarbeiterzeitschrift.

8.5 Leserbefragung als Erfolgskontrolle

Gruppenbildung hilft bei Leserbefragung Die Akzeptanz einer MAZ läßt sich durch eine Leserbefragung ermitteln. Es ist sinnvoll, hierzu Gruppen sowohl nach allgemein demographischen als auch nach besonderen betrieblichen Merkmalen zu bilden. Vor allem hinsichtlich der Interessenlage, der Erwünschtheit und der Akzeptanz bestimmter Beiträge und immer wiederkehrender Rubriken gibt es häufig sehr spezifische Ergebnisse. Allerdings läßt sich auch hier nicht voraussagen, welche Gruppe signifikant andere Einschätzungen zu bestimmten Problemen aufweist. Deshalb sollten beim Untersuchungsdesign von vornherein möglichst viele Gruppen gebildet werden, um dann für die unterschiedlichsten Interpretationen offen zu bleiben. Wenn sich bei einer Untersuchung herausstellt, daß nicht, wie vermutet, die Interessenlage der Mitarbeiter aus alten und neu hinzugekauften Betriebsteilen anders ist, sondern in allen Betriebsteilen die Gruppe der kaufmännisch tätigen Mitarbeiter Sonderinteressen sichtbar werden läßt, so kann dieses Ergebnis nur dann herausgearbeitet werden, wenn vorab eine Gruppe »kaufmännisch tätige Mitarbeiter« gebildet und deren Ergebnisse gesondert aufbereitet wurden.

formelle Befragungen erfordern Infos zu den Ergebnissen und Konsequenzen Hier soll nicht auf die Technik der Datenerhebung und der Datenauswertung bei Leserbefragungen eingegangen werden. Uns kam es nur darauf an, einige wesentliche Gesichtspunkte anzusprechen, die zu beachten sind. Wenn zum Zwecke der Effizienzkontrolle eine formelle Befragung durchgeführt wurde, die auch allgemein bekannt war, bekommt diese Aktion einen eigenen Stellenwert. Die Befragten wollen die Ergebnisse kennenlernen, und sie warten auf Konsequenzen, die daraus gezogen werden. So gesehen beeinflußt die Befragung ihrerseits auch die Befragten, die sich von ihrem bisherigen Standpunkt aus mit den Ergebnissen beschäftigen und so möglicherweise zu Verhaltensänderungen kommen, die ohne die abgeschlossene Effizienzkontrolle nicht möglich gewesen wären. Der Mitarbeiter sieht dann die Reaktion der Geschäftsleitung als einen Prüfstein für deren Haltung in Sachen Kommunikation oder ganz allgemein in Sachen Mitarbeiterführung und Führungsstil.

Offene Fragen und damit frei zu formulierende Antworten sind bei denen, die auswerten müssen und dabei vor allem zu quantitativen Aussagen kommen wollen, nicht sonderlich beliebt. Aber sie bringen, geschickt formuliert und plaziert, meist fundierte qualitative Aussagen, gewissermaßen zwischen den Zeilen. Da werden zu den im Ankreuzverfahren abgefragten Fakten Begründungen geliefert, Hintergründe aufgedeckt, die für die Bewertung der Ergebnisse und für künftige Maßnahmen hilfreich sein können. In manchen Fällen kommen in den offenen Antworten auch Fakten, an die bei der Konzeption der Datensammlung keiner gedacht hatte. Insofern lohnt sich die Mühe, solche Fragen zu stellen und die Antworten und Anmerkungen dazu sorgfältig auszuwerten.

offene Fragen bringen qualitative Aussagen

Wird bei der Effizienzkontrolle die Fragestellung enger gefaßt, also nicht die Akzeptanz der MAZ ganz allgemein, sondern die Auswirkungen einer Kampagne zur Verringerung der Fehlerzahl, also ein Null-Fehler-Programm, so läßt sich nachprüfen, inwiefern Mitarbeiter allgemein oder eine ganz bestimmte Gruppe etwa in der Produktion oder in der Arbeitsvorbereitung durch diese Maßnahmen positiv sensibilisiert wurden mit der Konsequenz, daß die Ausschußquote tatsächlich zurückging. Dann ist der in Geld bewertete Rückgang der fehlerhaften Teile im Vergleich zum Aufwand für die Kampagne in der MAZ eine rechenbare Größe, die für künftige Maßnahmen Entscheidungsgrundlage sein kann. Vermutlich wurde aber die Null-Fehler-Kampagne nicht nur in der MAZ ausgetragen, sondern in mehreren Medien, in einem Medien-Mix. Dadurch wird die Rechengrundlage realistischer, aber nicht mehr allein auf die MAZ bezogen.

Effizienzkontrolle einer Kampagne

73

8.6 Effizienzkontrolle bei Einzelmaßnahmen

Statistik über die Zielerreichung Ähnlich verhält es sich bei einer Aktion zur Förderung des betrieblichen Vorschlagswesens. Hier kann man auch Zahlen präsentieren, wie viele Verbesserungsvorschläge im Verlauf der Kampagne eingereicht wurden, welchen Nutzen die Vorschläge brachten und welche Personen und Personengruppen besonders aktiv waren. Hier lassen sich wie im Beispiel Lurgi (B14) durch die Statistik Effizienzkontrollen einfügen. Es geht zwar letztlich um zusätzliche Vorschläge, doch der Weg dahin ist schon nachprüfbar, im ersten Schritt über die Verbreitung der Information etwa »Haben Sie etwas über unser betriebliches Vorschlagswesen gehört oder gelesen? Wenn ja, wo, durch welches Medium wurden Sie darauf aufmerksam?« Beim nächsten Schritt geht es um die Überzeugung vom Wert des betrieblichen Vorschlagswesen, um die Motivation, mitzumachen. Beim dritten Schritt kann man fragen, ob der Befragte schon einen Vorschlag eingereicht hat, wenn nein, warum nicht. Auf diesem Weg läßt sich die Schrittfolge hin zum Verbesserungsvorschlag nachvollziehen, und zwar nicht nur beim Vorgang der Kommunikation, sondern auch bei förderlichen und hemmenden Rahmenbedingungen wie Prämien, organisatorische Abwicklung, Zurückhaltung aus Angst vor einem Vorgesetzten, dem das zum Verbesserungsvorschlag umgewandelte Problem längst hätte auffallen müssen. Unter dem Gesichtspunkt der Mitarbeiterkommunikation ist übrigens eine besonders hohe Beteiligungsrate beim betrieblichen Vorschlagswesen nicht immer nur eine positive Größe, weil es durchaus vorkommt, daß ein Mitarbeiter über seinen Verbesserungsvorschlag ein Gespräch sucht, mangels eines guten Kontaktes mit seinem direkten Vorgesetzten eben jetzt mit einer höheren Instanz. Er ist mit der Führung unzufrieden und geht jetzt einen Weg, der offiziell vorgegeben und propagiert ist, aber den Vorgesetzten zunächst ausklammert.

kommunikationsgestützte Aktionen Bei anderen kommunikationsgestützten Aktionen im unmittelbaren Führungsgeschehen, etwa bei den verstärkt umworbenen Personalentwicklungsgesprächen, sind zu-

sätzliche Einflußfaktoren wie z. B. die Entscheidungs-
freude und die Geübtheit der Führungskräfte so stark,
daß man einen Erfolg nicht allein der Kommunikation
zuschreiben kann. Hier muß man auch bei der Effizienzkontrolle facettenreicher vorgehen und schon die Ziele
der Aktion bescheidener formulieren, sofern sie die jetzt
möglichen Kommunikationsmaßnahmen betreffen.
Denn nicht jedes Personal- oder Führungsproblem ist
auch in vollem Umfange ein Kommunikationsproblem.

Bei Konferenzen und Versammlungen mit aktuell brisan- **Erfolg bei**
ten Themen lassen sich Erfolg und Mißerfolg bereits zum **Konferenzen**
Schluß der Veranstaltung ablesen, ein eindeutiger Mißerfolg ist dann aber nur sehr schwer und sehr aufwendig
korrigierbar. Deshalb sind eine gründliche und einfühl-
same Vorbereitung und eine geschickte Leitung, Abwicklung und Dokumentation für den Erfolg unabdingbar.
Eine Betriebsversammlung, in der einschneidende Perso-
nalmaßnahmen verkündet, begründet und diskutiert
werden mußten, war für die Leitung selbst dann schon
erfolgreich, wenn trotz einer nachdenklichen bis miesen
Stimmung der befürchtete Eklat unter den Teilnehmern
ausblieb. Dieses Ergebnis war dann das höchsterreichbare
Ziel.

8.7 Kostenüberlegungen, auch bei ganzen Kosten-
blöcken

Mitarbeiterkommunikation ist nicht zum Null-Tarif zu **Kostenvergleiche**
haben, sie kostet Arbeitszeit und Geld. Nach den Überle- **anstellen**
gungen zur Effizienz des Ressourceneinsatzes sind nun betriebswirtschaftlich fundierte Kostenüberlegungen im engeren Sinne anzustellen. Dabei ist zu prüfen, wie die für
wichtig und effizient erkannten Maßnahmen unter optimalen wirtschaftlichen Bedingungen zu erbringen sind,
etwa mit einem Kostenvergleich bei alternativen Maßnahmen, die zum gleichen Ziel führen. Leider wird immer
noch ohne viel zu überlegen davon ausgegangen, der Einsatz eigenen Personals und eigener Hilfsbetriebe, wie
Hausdruckereien, sei immer kostengünstiger als die Vergabe eines Auftrags nach draußen, an ein Druckhaus, an

einen Berater bzw. an eine Agentur. Inzwischen werden immer mehr Beispiele bekannt, daß bei einer detaillierten Kalkulation aller Kostenbestandteile zunehmend Aufträge nach außen gehen oder im Wege des Outsourcing nach außen verlagert werden. Es lohnt sich, interne Aufwände genau nachzurechnen und erst dann Entscheidungen zu treffen. Wenn aber trotz höherer Kosten eine Maßnahme aus allgemein betrieblichen oder sozialen Gründen intern abgewickelt werden soll, muß der Zusatzaufwand gedanklich entsprechend zugerechnet werden, er darf auf keinen Fall der konkreten Kommunikationsmaßnahme angelastet werden.

Langfristüber-
legungen bei
Entscheid über
Kosten

Einkäufer, Controller und Kommunikationsfachleute kommen bei der Beurteilung von Ausgaben gelegentlich zu unterschiedlichen Ergebnissen, selbst wenn die von der Fachabteilung geforderten Leistungsstandards eingehalten werden. Dann darf die Entscheidung nicht nach einmaligen und kurzfristigen wirtschaftlichen Vorteilen gefällt werden, sondern mindestens unter mittelfristigen Betrachtungsweisen. Wenn standardisierte Materialien oder technische Einzelteile wie Schrauben und Muttern zu beschaffen sind, dann mag es angehen, bei jedem Bestellvorgang neu zu entscheiden, wo einzukaufen ist. Wenn es aber um so komplexe Posten wie Druck einschließlich Gestaltung einer monatlich erscheinenden Mitarbeiterzeitschrift geht oder um Spezialleistungen einer Agentur oder eines Beraters, etwa zur Neueinführung eines elektronischen Mediums wie des Intranet, sind längerfristige Überlegungen angebracht. Die beiden innerbetrieblichen Partner aus den Fachabteilungen und aus dem Finanzwesen müssen dann aufeinander zugehen und ihre Leistungsanforderungen hinsichtlich Inhalt und Rahmenbedingungen und die verschiedenen Kosten und Kostenbestandteile sehr präzis herausarbeiten und offenlegen. Dann erst sind sachgerechte Entscheidungen möglich, oft untergliedert nach Rahmenvereinbarungen, die gemeinsam zu treffen sind, und konkreten Bestellvorgängen, die sich daran orientieren und von der Fachabteilung selbständig entschieden werden. Eine solche Vorgehensweise kommt auch dem Partner – der Lieferant ist nicht Gegner – entgegen, der sich auf uns einstellen muß. Unter diesen Prämissen ist es dann möglich, die angestrebten Ziele einschließlich der geforderten Qualitätsstandards unter wirtschaftlich optimalen Bedingungen zu erreichen.

Zu dem Einsatz elektronischer Medien wird gelegentlich das Argument vorgeschoben, hier entstehe ein völlig neuer Kostenblock, dessen Ausmaße heute noch nicht einmal abzuschätzen seien. Dabei wird gerne übersehen, daß die technischen Voraussetzungen wie Vernetzung der PC-Ausstattung für diesen Einsatz meist schon vorhanden und fast ohne zusätzlichen Aufwand zu nutzen sind. Nun, »Mitarbeiterkommunikation über neue Medien erfordert Sach- und Personalaufwand seitens des Betreibers ... Der Aufwand hält sich in Grenzen dessen, was bei traditionellen Medien erforderlich ist.« (Klöfer 1998, S. 104). Es gibt sogar Beispiele, in denen bei einem hohen Anteil von PC-Arbeitsplätzen in einem Unternehmen ein betriebseigenes Intranet kostengünstiger zu fahren ist als eine eigene Mitarbeiterzeitschrift. Darüber hinaus lassen sich auch Kosten der Kommunikation aufrechnen gegen Kosten, die bei Nichtkommunikation eines Themas entstehen, etwa die Verbreitung eines Gerüchts, das mangels einer echten Information zu dem Thema tagelang zu Lasten der Arbeitszeit diskutiert wird.

Kosten bei elektronischen Medien

9.1 Aufgabenabgrenzung

interne und externe PR Nach Wöhe ist es Aufgabe der Öffentlichkeitsarbeit (Public Relations), »durch verschiedene kommunikationspolitische Maßnahmen zur Verbesserung des Unternehmensbildes in der Öffentlichkeit, zur Steigerung des Image beizutragen« (Wöhe 1996, S. 599). Damit ist die Öffentlichkeit im weitesten Sinne angesprochen, also auch die interne Öffentlichkeit, nämlich die Mitarbeiter eines Unternehmens. Man spricht deshalb auch von externer und interner PR, wobei die externe Seite in Literatur und betrieblicher Praxis im Vordergrund steht. Diese Gewichtung ist so lange fast unproblematisch, wie die interne PR nicht als Anhängsel an die externe, die »eigentliche« PR gesehen wird. Der Mitarbeiter ist dabei nur noch ein Botschafter nach außen, um die allgemeine PR-Arbeit zu fördern. Hier soll unter Interner Kommunikation und Mitarbeiterkommunikation ein Phänomen der Personalführung verstanden werden. Dann ist Mitarbeiterkommunikation mehr als nur Beziehungspflege.

Mitarbeiter als Teilöffentlichkeit Maßnahmen der externen PR sind nach außen gerichtet mit dem Ziel der Beziehungspflege mit vorhandenen und potentiellen Kunden und Lieferanten, ganz allgemein mit »der« Öffentlichkeit und ganz speziell mit Teilöffentlichkeiten. Eine solche Teilöffentlichkeit sind auch die Mitarbeiter und die künftigen Bewerber um einen Arbeitsplatz, doch ist die angesprochene Beziehungspflege nur ein Teilbereich der Mitarbeiterkommunikation. Der Begriff der Internen PR ist für unsere Überlegungen viel zu eng, weil er den Führungsaspekt vernachlässigt. Mitarbeiterkommunikation als Mitarbeiterführung will und muß mehr leisten, nämlich über Information und Gespräch den Mitarbeiter in die Lage versetzen, sich bei der Produktion von Gütern und Diensten voll einzubringen. Er soll informiert und überzeugt an den betrieblichen Zielen selbstverantwortlich mitarbeiten und kreativ an der Zieldefinition, an der praktischen Umsetzung und an der Erfolgskontrolle beteiligt sein. Es geht um eine partizipative Mitarbeiterführung über eine den Mitarbeiter beteiligende betriebliche Informations- und Kommunikationspolitik und deren Umsetzung im Betriebsalltag.

9.2 Gegenseitige Förderung von PR und Mitarbeiterkommunikation

Teilöffentlichkeiten, Zielgruppen, lassen sich gedanklich meist trefflich abgrenzen, doch in der praktischen Kommunikationsarbeit der PR-Leute und der Mitarbeiterführung ergeben sich umfangreiche Überschneidungen. Hier kann man von einer Mischung der Zielgruppen sprechen. Ein Mitarbeiter, in die interne Mitarbeiterkommunikation eingebunden, zählt oft gleichzeitig zur Zielgruppe Umfeld, Erwerbstätiger, Aktionär, potentieller Kunde, Konsument bestimmter Massenmedien, also zur Öffentlichkeit und zu Teilöffentlichkeiten, wie sie von allgemeinen und speziellen PR-Maßnahmen angesprochen werden. Als Konsequenz sei hier festgehalten, daß alle Äußerungen und Aktivitäten eines Unternehmens in sich abgestimmt sein müssen, um sich nicht gegenseitig zu beeinträchtigen. Das führt zu einer Reihe positiver Einflüsse. Zunächst ein Beispiel, wie interne Maßnahmen nach außen wirken.

Mischung der Zielgruppen

Bei der Effizienzkontrolle der Nachbarschaftskommunikation eines deutschen Großunternehmens hat sich ergeben, daß die Bürger der umliegenden Wohngegenden die speziell an sie gerichteten PR-Botschaften zwar wahrnehmen, aber nur bedingt glaubwürdig finden. Erst die positive Rückkopplung über Beschäftigte dieses Unternehmens, die ähnliche Informationen lieferten, führte zur Akzeptanz; denn »die müssen es ja wissen«. Hier ist der Mitarbeiter, wie oben angesprochen, akzeptierter Botschafter. Auf der anderen Seite wirken nach außen gerichtete Informationen über eine Resonanz in den Medien auch nach innen, weil sich ja der Medienkonsum der Mitarbeiter nicht von dem ihrer Mitbürger unterscheidet. Im Gegenteil, Nachrichten und Kommentare aus der allge-

Infos durch Mitarbeiter sind draußen glaubwürdig

meinen Medienlandschaft werden von den Mitarbeitern des betreffenden Unternehmens, über das berichtet wird, besonders intensiv aufgenommen. Positive Botschaften stärken das Selbstbewußtsein und den Stolz, in diesem Unternehmen beschäftigt zu sein. Weniger gute Nachrichten machen neugierig und hellhörig auf all das, was im Unternehmen selbst dazu paßt. Diese Hellhörigkeit kommt den internen Medien zugute, die jetzt aufmerksamer aufgenommen werden. Zusätzlich bemühen sich in einem solchen Falle die Mitarbeiter aktiv um zusätzliche Nachrichten und Hintergrundinformationen.

Widersprüche in den Infos irritieren den Mitarbeiter

Der Mitarbeiter wird irritiert und mißtrauisch, wenn er tatsächliche oder auch nur vermeintliche Widersprüche zwischen der internen und der externen Information feststellt. Deshalb sind beide Funktionen auf ein Höchstmaß an Koordination angewiesen. Sie wollen ja beide Adressatengruppen optimal bedienen. Wenn z. B. ein Unternehmen seinen Aktionären eine goldgeränderte Jahresbilanz vorlegt und gleichzeitig im Personalbereich Einsparungen plant, so besteht dazu zumindest den Mitarbeitern gegenüber ein Erklärungsbedarf, der vorab zu befriedigen ist, bevor einschlägige Fragen gestellt werden.

Synergien zwischen PR, Markt- und Mitarbeiterkommunikation

Per Saldo ergeben sich Synergie-Effekte zwischen PR und Mitarbeiterkommunikation, beide beeinflussen sich positiv, wenn die oben genannten Bedingungen der gleichgerichteten Aussagen erfüllt sind. Zur Förderung der Intensität dieser Synergien und zur Vermeidung von Reibungsverlusten bei nicht abgestimmten Botschaften bedürfen alle Kommunikationsbemühungen eines Unternehmens einer gezielten Vernetzung nach Inhalt, Zielgruppen und zeitlicher Abstimmung von Abläufen.

Besonders die Marktkommunikation ist hier zu beachten, weil sie auch den Mitarbeiter als Teil einer breiten Öffentlichkeit anspricht. Also Mitarbeiterkommunikation, Öffentlichkeitsarbeit und Marktkommunikation im engeren Sinne müssen aus einem Guß sein. Die Einzelmaßnahmen sind dann Ausfluß eines einheitlichen Konzepts und fördern sich gegenseitig. Das einheitliche Konzept bedingt allerdings noch keine Aussage über die organisatorische und disziplinarische Zuordnung der einzelnen Aufgabenträger. Hier ist nach betrieblicher Personal- und Sachlage zu entscheiden.

9.3 Gemeinsame Nutzung von technischen und personellen Ressourcen

Auf jeden Fall sind von allen Beteiligten die technischen und personellen Ressourcen des Hauses gemeinsam zu nutzen. Eine abgestimmte gemeinsame Nutzung technischer und organisatorischer Leistungen, von der Datenverarbeitung mit Hard- und Software bis hin zu Datenbanken, Druckeinrichtungen und Kommunikationssystemen, ist meist unproblematisch. Lediglich bei der Erstanschaffung, Pflege und Nutzbarmachung technischer Aggregate ist auf die besonderen Bedürfnisse der mitarbeiterbezogenen und der nach außen gerichteten Aktivitäten Rücksicht zu nehmen, damit beide davon einen optimalen Nutzen haben.

abgestimmte gemeinsame Nutzung

Mit dem Einsatz externer Partner wie Agenturen und Berater gibt es eher Probleme. Ein Kommunikationskonzept für das Personal unterliegt anderen Rahmenbedingungen als ein Konzept zur Pflege der Beziehungen mit der Öffentlichkeit. Deshalb müssen selbst die tüchtigsten und erfolgreichsten Leute einer PR-Agentur gründlich umdenken und völlig anderen Vorgaben folgen, wenn es um die Mitarbeiter des Hauses geht, um Mitarbeiterführung über Mitarbeiterkommunikation. Hier kommt es darauf an, daß die im Hause mit unterschiedlichen Aufgaben betrauten Stellen an die Externen klare Zielvorgaben liefern und ihre speziellen Wünsche einbringen und durchsetzen. Eine hervorragend gestaltete und erfolgreiche Werbedrucksache eignet sich selten als Vorbild für eine Printinformation an die Belegschaft, die nach anderen Gesichtspunkten an die Drucksache herangeht. Trotzdem gibt es hier Synergie-Effekte, wenn ein von außen geholter Gestalter, der bisher nur für die Öffentlichkeitsarbeit eingesetzt war, seine in längerer Zusammenarbeit erworbenen Kenntnisse von Art und Stil des Hauses für eine Maßnahme der Mitarbeiterkommunikation einbringt.

beim Einsatz Externer Abstimmungsbedarf

gleiche Themen, Grundsätzlich werden intern und extern die gleichen oder
andere zumindest ähnliche Themen kommuniziert, wenn auch
Gewichtung in anderer Gewichtung und mit unterschiedlichen Zielsetzungen, wie Ulrich Nies in seinem Beitrag »Interne und externe Öffentlichkeitsarbeit ...« (B5) darlegt. Das Thema Verbesserungsvorschläge beispielsweise soll intern für noch mehr Motivation zum Mitmachen sorgen, extern wird das gleiche Thema als ein Beispiel für die Innovationskraft des Unternehmens und die Kreativität der Mitarbeiter herausgestellt. Die dem zugrundeliegenden Fakten müssen zu beiden Verwendungszwecken nur einmal recherchiert werden, dann allerdings sind sie im Hinblick auf die Zielgruppen unterschiedlich aufzubereiten. Das Beschaffen und Sichten von Informationen wird mit Sicherheit erleichtert, wenn es dafür nur eine einzige Anlauf- und Sammelstelle gibt. Jeder, der eine Nachricht, ein Thema, nach innen und/oder außen geben möchte, nimmt mit dieser Stelle Kontakt auf, die auch von sich aus aktiv werden und ein Thema aufgreifen kann.

9.4 Handelnde Personen

Mitarbeiterkom- Die Kommunikateure für die Arbeit nach innen und nach
munikateur und außen sind auf ein enges Zusammenwirken angewiesen
Pressesprecher und zwar von der Informationsbeschaffung bis zum Ablauf und zur Nachkontrolle einer Kommunikationskampagne. Manfred Knappe geht in seinen Ausführungen »Verzahnung zwischen Mitarbeiterkommunikation und externer PR« (B6) einen anderen Weg, er setzt die selben Mitarbeiter für interne und externe Kommunikationsaufgaben ein. Der Beitrag »Projektmanagement löst Kommunikationsprobleme« (B13) bietet interessantes Anschauungsmaterial für Synergieeffekte am Beispiel der gemeinsamen Erarbeitung der Kernbotschaft in einem neuen Projekt. Mitarbeiterkommunikateur, Pressesprecher und Marktkommunikateur zusammen erstellen die Vorlage, was dann automatisch zu einem abgestimmten Auftreten gegenüber den internen und den externen Zielgruppen führt.

Trotz aller Synergie-Effekte bei abgestimmtem Arbeiten und für Aktivitäten mit letztlich gleichen Grob- und Richtzielen sind bei der Mitarbeiterkommunikation ganz besondere Qualifikationen und Verhaltensweisen der Kommunikateure gefragt, weil es um Mitarbeiterführung geht. Bei genügend großen Organisationen werden es andere Personen sein, die sich mit der Öffentlichkeitsarbeit bzw. mit der Mitarbeiterkommunikation beschäftigen. Bei kleineren Einheiten, wenn von der Größenklasse her nicht mindestens zwei Personen eingesetzt sind, muß sich der eine und einzige Kommunikationsfachmann bewußt sein, daß er zwei in wesentlichen Punkten eigenständigen Feinzielen mit unterschiedlichen operationalen Maßnahmen dient. Ähnliches gilt auch für einen gemeinsamen Vorgesetzten beider Funktionen.

besondere Qualifikationen für die Mitarbeiterkommunikation

Leider gibt es bis heute für die Mitarbeiterkommunikation keinen definierten Ausbildungsgang, die berufliche Vorbildung kommt derzeit sowohl aus der Kommunikationswissenschaft und der Kommunikationspraxis als auch von anderen wissenschaftlichen Ausbildungsgängen und von betrieblichen Funktionen wie z. B. Personal, Öffentlichkeitsarbeit u. ä. Es kommt dann auf den einzelnen an, wie er sich für seine spezielle Aufgabe vorbereitet und einstellt, ob er willens und in der Lage ist, Mitarbeiterkommunikation als ein Stück Mitarbeiterführung zu betreiben. Denn gerade dadurch unterscheidet er sich vom Öffentlichkeitsarbeiter, der den Kontakt nach außen herstellt und pflegt. Ein gut konzipiertes und strukturiertes Volontariat in einer größeren betrieblichen Einheit »Mitarbeiterkommunikation« (siehe B15), bisher in Deutschland leider noch eine Seltenheit, kann allerdings für den Berufsanfänger hervorragende Startbedingungen schaffen.

noch kein definierter Ausbildungsgang

10.1 ... die Unternehmensleitung die Mitarbeiter-kommunikation aktiv trägt

Auslöser bei der Führungsimpulse müssen in der Regel von oben kommen.
Geschäftsleitung Deshalb muß auch bei der betrieblichen Information und
Kommunikation der erste Auslöser bei der Geschäftslei-
tung liegen. Hier beginnt, was im Betrieb gelingen soll.
Weil aber Mitarbeiterkommunikation ein kontinuierlicher Vorgang ist, reicht der erste Anstoß nicht, bedarf es
einer ununterbrochenen Aktivität und Förderung. Ein erster Schritt dazu ist die kognitive, die verstandesmäßige
Seite. Alle Mitglieder der Geschäftsleitung unterschreiben
z. B. eine Leitlinie zur Förderung der Mitarbeiterkommunikation, der Text geht an alle Führungskräfte und wird
sogar in der Mitarbeiterzeitschrift veröffentlicht. Jeder
kann sich darauf berufen, die Mitarbeiterkommunikation
ist fest installiert und wird offiziell nach Leitlinie gehand-
habt. Alle Nachrichten laufen korrekt über die vorgesehenen Kanäle, Rückfragen sind möglich. Und trotzdem fühlen sich die Mitarbeiter nur ungenügend in das betriebliche Geschehen einbezogen. Alle halten sich an die Anweisung, was hier mit dem problematischen »Dienst nach
Vorschrift« der Zollbeamten, denen das Streikrecht ver-
wehrt ist, verglichen werden darf. In beiden Fällen ist
das Ergebnis unbefriedigend. Woran mangelt es nun den
Mitgliedern der Geschäftsleitung wie den zum Vergleich
herangezogenen Zöllnern? Beide wollen grundsätzlich
oder nur im Augenblick den an sie gestellten Erwartungen
nicht entsprechen, ohne objektiv gesehen ihr Fehlverhal-
ten offenzulegen. Unseren Führungskräften fehlt unter
den genannten Bedingungen die positive emotionale innere Einstellung und die Motivation zu einer offenen und
beteiligenden Kommunikation mit ihrer Belegschaft.
Diese Haltung wird im Zweifel von all denen übernommen, die ebenfalls kommunizieren sollten. Aber ohne
die affektive, emotional eingebettete Zielsetzung, die

Leute ernst zu nehmen und in das Geschehen informativ einzubeziehen, kann es den in unseren Ausführungen diskutierten Erfolg der Mitarbeiterkommunikation nicht geben.

Also: Die Bedeutung, der Tatbestand, der Umfang, der Inhalt und der Erfolg der Mitarbeiterkommunikation hängen entscheidend vom Verhalten der Führungsebene ab. Die Geschäftsleitung muß voll dahinter stehen und ein überzeugendes Beispiel geben. Nur das engagierte Beispiel der Leitung überzeugt die nächst unteren Führungsebenen und alle Mitarbeiter, fördert die innerbetriebliche Kommunikation und schafft ein für eine kooperative Führung günstiges Klima.

Verhalten der Führungsebene entscheidend für den Erfolg

10.2 ... Kommunikationsleitlinien in Führungsgrundsätzen verankert sind

Grundsätze für Zusammenarbeit und Führung, auch Führungsleitlinien oder –richtlinien genannt, sind als geschriebene oder ungeschriebene Vorgaben allgemein üblich, enthalten aber in weniger als der Hälfte der Fälle Aussagen zur Mitarbeiterkommunikation. Und trotzdem fordern wir hier sogar funktionierende Kommunikationsleitlinien, die ein formales Gerüst dafür bieten, daß Kommunikation gelingen kann. Dazu bedarf es nicht unbedingt einer schriftlich ausformulierten Regelung, aber zumindest einer grundsätzlichen Übereinstimmung zwischen den Beteiligten, an die man sich auch hält. Hier gilt, wie ganz allgemein bei den Führungsgrundsätzen, daß sie nicht nur festgeschrieben sind, sondern auch im Alltag mit Überzeugung gelebt und umgesetzt werden. Die Unternehmensleitung, die Führungskräfte und alle Mitarbeiter müssen sich bewußt sein, daß Mitarbeiterkommunikation einen unverzichtbaren produktiven Faktor darstellt, dessen Funktionsfähigkeit man nicht dem Zufall überlassen darf. Wer den wirtschaftlichen Erfolg einer Organisation zielstrebig ansteuert, muß ausdrücklich das innerbetriebliche Kommunikationsgeschehen in seine Planungen und Entscheidungen einbeziehen, auch wenn dies oft beschwerlich und bis heute noch nicht all-

Leitlinien fördern den Erfolg

gemein üblich ist. Bei Vorarbeiten für ein Arbeitspapier über Kommunikationsleitlinien kommt es gelegentlich zu sehr förderlichen Feststellungen und Festlegungen über Aufgabenbereich und Stellenwert der Mitarbeiterkommunikation.

Also: Kommunikationsleitlinien sind als unverzichtbarer Bestandteil der Führungsgrundsätze für das Gelingen der Mitarbeiterkommunikation notwendig. Schon die Vorbereitung solcher Leitlinien wird die Kommunikationsarbeit fördern.

10.3 ... Mitarbeiterkommunikation im Rahmen einer kooperativen Führung geschieht

beteiligender Führungsstil mit offener Kommunikation

Die bisher angestellten Überlegungen gingen von der Prämisse einer kooperativen Führung aus, um die Rahmenbedingungen und die Erfolgschancen der Mitarbeiterkommunikation zu diskutieren. Deshalb können sich die Erwartungen an eine moderne Mitarbeiterkommunikation nur dann erfüllen, wenn die Mitarbeiter die Möglichkeit haben, über den unmittelbaren Arbeitsvollzug hinaus für sie interessante und/oder wichtige Informationen zu erhalten oder aktiv zu beschaffen. Darüber hinaus wollen sie im Gedankenaustausch mit Führungs- und Fachkräften ihre eigenen Vorstellungen dazu einbringen und diskutieren. Ein beteiligender Führungsstil braucht zur Entfaltung seiner fördernden und emanzipatorischen Wirkungen eine intensive, ehrliche und offene Kommunikation über alle Ebenen hinweg. Nur so erwachsen dem Unternehmen informierte, engagierte und überzeugte Mitarbeiter, die mehr leisten, als nur formal ihre Vertragspflichten zu erfüllen.

Also: Die Mitarbeiterkommunikation kann sich mit Richtung auf einen optimalen wirtschaftlichen Erfolg des Unternehmens nur dann entfalten, wenn sie sich im Rahmen einer kooperativen Führung vollzieht.

10.4 ... Mitarbeiterkommunikation als Teil betrieblicher Leistungserstellung betrachtet wird

Mitarbeiterkommunikation ist ein entscheidender Produktionsfaktor, zwar keine teure Maschine, aber ein »weicher Faktor«, von dessen optimalem Einsatz im Dienste der Führungsebene und aller Mitarbeiter meist noch mehr abhängt als vom Einsatz der teuren Maschine. Wer im Betriebsalltag überdurchschnittliche Leistungen erbringen soll, braucht den fachlichen und persönlichen Kontakt nach allen Seiten. Nur dann kann er sich entfalten und von sich aus Alltagsaufgaben lösen und neue Probleme erkennen und anpacken, um so seinen ihm möglichen Beitrag zum Betriebsergebnis beizusteuern. Diese Aufgabe ist heute (noch?) keine Selbstverständlichkeit, sie muß von der Führung erkannt und gefördert werden, und zwar als ein Teil der Rahmenbedingungen zur Produktion von Gütern und Diensten und als ein Stück Entwicklung und Förderung des vorhandenen Personals. Dann wird die Mitarbeiterkommunikation ihren Beitrag zur Erstellung der betrieblichen Wertschöpfung in vollem Umfange leisten können.

Kommunikation als entscheidender Produktionsfaktor

Also: Es erscheint zwingend notwendig anzuerkennen, daß die Mitarbeiterkommunikation ihre Bedeutung als Produktionsfaktor von ihrem Beitrag zur betrieblichen Wertschöpfung erhält.

10.5 ... Mitarbeiterkommunikation Antwort auf Bedürfnisse der Mitarbeiter gibt

Mitarbeiterkommunikation ist eine Bedingung, wie der Leistungsträger Mitarbeiter zur Sicherung und Mehrung des Betriebsergebnisses beitragen kann. Jeder Bürger, ob als Privatperson oder als Betriebsangehöriger, erwartet heute ein hohes Maß an Freiheit und Entfaltungsmöglichkeit. Seine Tätigkeit am Arbeitsplatz will er als sinnerfülltes Tun erleben, als einen Vorgang, den er überblickt und bejaht. Dazu kann ihm die innerbetriebliche Kommunikation helfen, so daß er Bedürfnisse nach Freiheit, Erfolg, Eingebundensein in eine Gemeinschaft und Anerken-

Mitarbeiter brauchen Freiheit und Entfaltungsmöglichkeit

87

nung durch andere Menschen im Alltag seines Beschäftigungsbetriebes erfüllen kann. Es reicht z. B. nicht aus, daß ein Berufstätiger einen interessanten und sicheren Arbeitsplatz hat, sogar mit Entwicklungschancen. Er will sich mit anderen darüber besprechen können, damit ihm das alles auch bewußt wird, und er braucht eine Bestätigung von außen, von seinen Kolleginnen und Kollegen, in Fragen seiner eigenen Personalentwicklung auch die Bestätigung seitens des Vorgesetzten. Ist dies der Fall, so kann der Mitarbeiter innerlich freier an seine Arbeit gehen, er ist zufriedener und damit leistungsfähiger und leistungswilliger und für sein Unternehmen ein gefragter Leistungsträger. Damit entfällt die im Rechnungswesen noch übliche Sichtweise, die Mitarbeiterkommunikation sei eine betriebliche Sozialleistung.

Also: Mitarbeiterkommunikation kommt vielen Bedürfnissen von Arbeitnehmern entgegen und fördert damit deren Leistungsfähigkeit und Leistungswillen.

10.6 ... Mitarbeiterkommunikation beratend unterstützt und gemanagt wird

Kommunikateur muß texten, beraten und managen

Bei der Diskussion von Aufgaben des innerbetrieblichen Kommunikateurs wurde oben festgestellt, daß er nicht nur selbst Kommunikationsaufgaben erfüllt, sondern darüber hinaus etwa bei Führungskräften beratend tätig wird und im Unternehmen auch kommunikativ bedeutsame Vorgänge managt. Die Unterstützung und Beratung erfordert qualifizierte Fachkompetenz und muß gezielt gestaltet werden. Hier sei ein Vergleich mit der profimäßigen Behandlung anderer Managementfunktionen wie etwa Planung und Kontrolle von Produktions-, Finanzierungs- und Absatzmaßnahmen erlaubt, die man ja auch nicht dem Zufall überläßt. Die Mitarbeiterkommunikation braucht im Planungs- und Gestaltungsbereich vor allem mit der Aufgabe der Beratung einen eigenen Stellenwert, weil ohne ihre Unterstützung andere Planungsmaßnahmen nur ungenügend greifen können. Das Unternehmen ist nicht erst bei der unmittelbaren Leistungserstellung im Produktionsprozeß auf die Mitarbeiterkommunikation

als quasi ausführendes Organ beim Formulieren und Texten angewiesen, die Kommunikationsfachleute sind
schon im ersten Planungsstadium gefragt.

Also: Innerbetriebliche Kommunikation muß bewußt gestaltet und gemanagt werden, sie bedarf dabei der Beratung durch einen Fachmann.

10.7 ... Mitarbeiterkommunikation auch auf Kunden und Lieferanten ausgerichtet ist

Wenn ernsthaft von weltweiter Globalisierung unserer
Wirtschaft gesprochen wird, dürfen dabei Kunden und
Lieferanten und deren Mitarbeiter nicht ausgespart werden, auch nicht bei dem zunächst innerbetrieblich angelegten Prozeß der Mitarbeiterkommunikation. Diese Forderung läßt sich besonders leicht begründen, wenn Funktionen aus der eigenen Produktion im Sinne von Teilefer-
tigung oder von Weiterverarbeitung eigener Produkte in
rechtlich und oft auch finanziell selbständige Einheiten
ausgegliedert werden. Dann wird zumindest in einer
Übergangsphase die Mitarbeiterkommunikation aus
dem abgebenden Unternehmen auch die Belegschaft des
bisherigen Teilbetriebs berücksichtigen müssen. Bleibt die
wirtschaftliche Anbindung der Tochter an die Mutter erhalten, so ist es selbstverständlich, daß die Konzernmutter
bei ihren Kommunikationsmaßnahmen auch die Mitarbeiter der Konzerntöchter bedenkt. Dabei sieht man den
Konzern sachlich und personell als eine Einheit, wie z. B.
in dem Artikel »Ein Unternehmen wird in selbständige
Gesellschaften aufgegliedert« (B8).

Globalisierung auch bei der Mitarbeiter-kommunikation

Für eine vorsichtige Einbeziehung der Mitarbeiter rechtlich und wirtschaftlich selbständiger Lieferanten und
Kunden in die Mitarbeiterkommunikation eines Unternehmens gibt es keinen sofort einleuchtenden Bedarf.
Wenn man allerdings beachtet, daß ein Unternehmen gemeinsam mit Lieferanten und Kunden am Markt gelegentlich als eine Art Schicksalsgemeinschaft erlebt wird,
sieht die Sache schon anders aus, etwa bei dem Beispiel der
Qualitätssicherung. Dort ist einer auf den anderen ange-

gemeinsame Ziele mit den Mitarbeitern der Geschäfts-partner

wiesen, zumal die Qualitätskontrolle möglichst nur einmal, beim Lieferanten, beim eigenen Unternehmen oder beim Kunden, erfolgen soll. Hier müssen dann zumindest die Kommunikationsfachleute der selbständigen Unternehmen zusammenarbeiten, um den gewünschten gemeinsamen wirtschaftlichen Erfolg als Ziel zu verankern und die dazu erforderlichen Maßnahmen zu fördern.

Also: Mitarbeiterkommunikation macht nicht an den Grenzen der Unternehmen halt. Wirtschaftliche Zusammenarbeit mit Lieferanten und Kunden bedingt auch gemeinsame oder zumindest abgestimmte Inhalte und Maßnahmen der Mitarbeiterkommunikation.

10.8 ... nur Profis als Kommunikationsfachleute arbeiten

nur qualifizierte Fachleute bringen Erfolg Zur Erwirtschaftung betrieblicher Erfolge benötigt man in allen Funktionen qualifizierte Fachleute; denn der entscheidende Wettbewerbsfaktor der deutschen Wirtschaft ist heute und künftig die Ausstattung mit leistungsfähigen, gut ausgebildeten, qualifizierten, motivierten, engagierten und kreativen Mitarbeitern. Bei der Bedeutung der Kommunikationsfunktion sind auch hier hervorragende Fachleute gefordert. Doch gibt es, wie oben schon dargelegt, noch nicht einmal ein zutreffendes Berufsbild des Kommunikationsfachmannes, geschweige denn einen anerkannten Ausbildungsgang. Im günstigsten Falle bringt er eine seinem Beruf förderliche Erstausbildung mit und erwirbt sich dann spezielle Qualifikationen bei seiner Berufsarbeit, möglichst eingeleitet durch eine Trainee- oder Volontärzeit (B15) an der Seite eines Fachmannes oder sogar einer Gruppe von Fachleuten. Auf jeden Fall muß er zu einer hohen beruflichen Qualifikation kommen, um seine Aufgaben erfüllen zu können. Dabei sollten ihn gezielte Fortbildungsmaßnahmen unterstützen und der permanente Fachkontakt mit Kolleginnen und Kollegen aus anderen Unternehmen im In- und Ausland.

Also: Zur Übernahme von Funktionen der Mitarbeiterkommunikation bedarf es ausgeprägter beruflicher Qualifikationen, nur Fachleute können diese Aufgaben erfüllen.

10.9 ... Mitarbeiterkommunikation betriebliche Veränderungen begleitet, trägt und fördert

Dem betrieblichen Funktionsbereich Mitarbeiterkommunikation im weiteren Sinne, umfassend die Geschäftsleitung, die Führungskräfte mit Personalverantwortung und
die Fachleute für Mitarbeiterkommunikation samt ihren
Medien, obliegen die tägliche Kommunikationsarbeit
und anstehende Grundsatzentscheidungen in diesem Bereich. Die Kommunikateure, bisher vor allem mit Aufgaben des Schreibens und Redigierens von Texten an die
Adresse der Mitarbeiter betraut, übernehmen in diesem
Konzept weiterführende Aufgaben. Sie beraten die Führungskräfte in einschlägigen Fragen und managen gemeinsam mit ihnen oder auch allein zu bestimmten An-
lässen Kommunikationsmaßnahmen. Der gesamte Funktionsbereich trägt dazu bei, daß die Mitarbeiter die wirtschaftlichen und gesellschaftlichen Realitäten und
Veränderungen im Unternehmen und in dessen Umfeld
sensibel wahrnehmen und ihre in das Unternehmenskon-
zept eingebundenen Aufgaben weitgehend selbstverantwortlich erfüllen.

Führungskräfte und Kommunikateure schaffen gemeinsam den Erfolg

Die Mitarbeiterkommunikation als ein Teilbereich der
Führung sensibilisiert die Mitarbeiter einzeln und im Kol-
lektiv für die Wahrnehmung des Betriebsgeschehens und
dessen Hintergründe und begleitet, fördert und trägt betriebliche und unternehmensbezogene Veränderungen.
Wir gehen dabei davon aus, daß solche Veränderungsprozesse stetig stattfinden, wenn auch in wechselndem
Tempo bis hin zu Situationen, die besonders dem nicht
eingeweihten Außenstehenden als plötzlich auftretende
Krisen erscheinen. Der einzelne Mitarbeiter wird dabei
in die Lage versetzt, solche Veränderungen nicht nur zu
verstehen und zu tragen, ja er wird sie sogar aktiv fördern
können und auch tatsächlich fördern, weil er hinreichend

Veränderungen verstehen, tragen und aktiv fördern

91

informiert, beteiligt und überzeugt ist, um selbständig die sich anbahnenden Prozesse zu beurteilen und in ihren Auswirkungen auf sein Unternehmen einzuschätzen.

Also: Mitarbeiterkommunikation hilft dem Mitarbeiter, betriebliche Veränderungsprozesse wahrzunehmen und bewußt zu tragen, sie begleitet und fördert diese Prozesse mit dem Ziel einer Bewältigung betrieblicher Aufgaben durch informierte und überzeugte Mitarbeiter.

**Praxisbeispiele zur
Mitarbeiterkommunikation**

1. Berater Kommunikator und Wegbereiter des Wandels
Beispiel: Die Interne Kommunikation der Siemens Nixdorf Informationssysteme AG

Von Detlef Rochow und Claudia Sturm

1.1 Die Ausgangslage

Für Siemens Nixdorf, 1990 aus dem Zusammenschluß von Nixdorf und der Datentechnik von Siemens entstanden, ist ständiger Wandel zur Normalität geworden. Erfolgreich in der Gegenwart und fit für die Zukunft zu sein, lautet das ungeschriebene Motto. Wie am 23. April 1998 bekannt gegeben wurde, wird nahezu ganz Siemens Nixdorf am 1. Oktober 1998 zu Kernbereichen der neuen Siemens-Einheiten »Produkte« und »Services«. Und gemeinsam mit dem ebenfalls neu gebildeten Bereich »Netze« werden die beiden neuen Einheiten mit rund 100 000 Mitarbeitern zum umsatzstärksten Arbeitsgebiet »Information und Kommunikation (IuK)« von Siemens. Wenn auch die Nachricht in der Öffentlichkeit eingeschlagen hat wie der sprichwörtliche Blitz aus heiterem Himmel, so war dieser Schritt doch von langer Hand vorbereitet worden. Beispielsweise hatte sich Siemens Nixdorf ein halbes Jahr zuvor bereits in zwei getrennten »Häusern« zum Markt hin aufgestellt: In ein technologie-getriebenes Produkthaus und in einen am Kundenprozeß orientierten Business Services-Bereich. Der Anlaß für diese Neuorganisation ist mit dem Schlagwort »Konvergenz« zureichend umschrieben: Dem Zusammenwachsen der IuK-Märkte und -Technologien sowie dem Wunsch der Kunden, »alles aus einer Hand« zu erhalten. Praktisch heißt dies, daß Daten- und Sprachkommunikation zusammenwachsen. Die tiefere Ursache der Veränderungen liegt im Willen von Unternehmen und Mitarbeitern, auch in einer zukünftigen, wissensbasierten Industrie Bestand zu haben.

das Neue von langer Hand vorbereitet

Die Interne Kommunikation hat diesen Wandel von Anbeginn unterstützt. Seit dem Zusammenschluß 1990 hat sie als Berater, Kommunikator und Wegbereiter des Wan-

Interne Kommunikation unterstützt den Wandel dels den Prozeß der Veränderungen sorgsam vorbereitet, begleitet und gefördert. Dies wäre ohne den Willen und die Unterstützung der Geschäftsführung nicht möglich gewesen. So präsentierte die zentrale Abteilung »Interne Kommunikation« bereits im ersten Monat der neuen Firma Siemens Nixdorf dem Vorstand das Kommunikationskonzept einschließlich der dazu erforderlichen Ressourcen und Freiheitsgrade und erhielt Zustimmung. Sechs Wochen später erschien die erste Ausgabe der Mitarbeiterzeitschrift »INLINE«, ergänzt durch aktuelle Sonderausgaben für Mitarbeiter und Führungskräfte. Heute würde ein Kommunikationskonzept anders aussehen als damals, aber das war lange vor der Zeit weltweiter elektronischer Kommunikation. Dennoch zeigt dieses Beispiel bereits zweierlei:

Einflußaktoren für die Interne Kommunikation

1. Jeder Versuch muß scheitern, die Interne Kommunikation eines Unternehmens oder, noch eingegrenzter, die Aufgaben einer Redaktion »Mitarbeiterzeitschrift«, zu bewerten, wenn nicht die Rahmenbedingungen mit berücksichtigt werden. Denn Interne Kommunikation ist zielgerichtet und wirkungsorientiert und deshalb nur im Kontext mit dem Unternehmen und seiner Strategie zu sehen.

2. Jede Organisation erhält die Interne Kommunikation, die sie verdient. Mit anderen Worten: Ein System von Abhängigkeiten und Einflußfaktoren ist mitverantwortlich dafür, ob die Interne Kommunikation ihre Aufgaben systemgerecht erfüllen kann oder zum Feigenblatt allzu hierarchischer Abläufe und obsoleter Führungsvorstellungen verkommt.

Der folgende Beitrag beschränkt sich deshalb nicht auf die Schilderung der Case Study »Interne Kommunikation bei Siemens Nixdorf«, sondern bezieht die Rahmenbedingungen gleichwertig mit ein.

1.2 Rahmenbedingungen der Internen Kommunikation bei Siemens-Nixdorf

1.2.1 Auf dem Weg zum wissensbasierten Unternehmen

Nichts ist so beständig wie der Wandel. Nach intensiven Analysen zukünftiger Wirtschaft haben Forscher am Massachusetts Institute of Technology (MIT) ihre Einschätzung der Zukunft auf einen Nenner gebracht: »Nur eines ist sicher, es wird anders sein als heute.« Die logische Konsequenz für heutige Unternehmen lautet deshalb: Wir müssen eine Organisation schaffen, die flexibel und schnell auf jede Veränderung reagieren kann.

»Es wird anders sein als heute«

Durch die Globalisierung der Märkte und den rasanten technologischen Fortschritt vollzieht sich ein dramatischer Wandel unseres hierarchiegeprägten, auf Routine aufgebauten und durch monolithische Prozesse gekennzeichneten Wirtschaftszeitalters. In dieser Ära sind auch die Abläufe in Unternehmen durch starre, sich wiederholende Prozesse geprägt, die immer weiter optimiert und verfeinert werden. Die Zukunft jedoch basiert auf wachsender Komplexität: Dies führt zu einem Wandel vom Industriezeitalter zur Informationsgesellschaft und zur wissensbasierten Wirtschaft mit allen Konsequenzen für die Unternehmen. Information und Wissen werden zum wertvollen Wirtschaftsgut dieser neuen Ära.

Nicht mehr ausreichendes Kapital und hierarchische Strukturen, in denen Herrschaftswissen Macht bedeutet, bestimmen die Organisation und den Erfolg des Unternehmens, sondern die Vernetzung von Wissen, die Qualität der Erfahrung sowie das Zusammenspiel der Menschen.

In der wissenbasierten Wirtschaft nimmt die Dynamik deutlich zu (siehe nachfolgende Abb.). Die Grafik beschreibt idealtypisch vier Grundmodelle. Wenn beispielsweise die Umfeldbedingungen stabil und die Anforderungen an den Informations- und Wissenstransfer hoch sind, dann entstehen vielstufige Bürokratien. Siemens gehörte

hohe dynamische Umfeldbedingungen erfordern vernetzte Unternehmen

SIEMENS Die wissenbasierte Organisation: Strukturelle Fähigkeiten

Informations- und Wissenanforderungen

komplex

Netzwerke

Grad der Veränderung

dynamisch

Bürokratie

stabil

Eigentümerschaft

Unternehmer - Unternehmen

einfach

Quelle: nach Savage, 5th Generation Management, 1990

Vier Grundmodelle der Organisation

98

früher sicherlich in diese Kategorie. Der Bau von Kraftwerken oder die Konzeption der Infrastruktur ganzer Länder bereits in den 20er Jahren stellten hohe Anforderungen an den Umgang mit Information. Die Planungsunterlagen füllten ganze Schrankwände.

Die Vernetzung von Wissen bei hoher Dezentralisierung und die Ausrichtung auf die Qualität der Erfahrung sind adäquate Reaktionen auf Komplexität und Dynamik. Die Konsequenz sind vernetzte Unternehmen, die sich nahezu beliebig den jeweiligen Bedürfnissen des Marktes anpassen können und die weit mehr als nur die eigenen Mitarbeiter in ihr Kalkül mit einbeziehen.

Verantwortung für die eigene Lernfähigkeit übernehmen

Welche Auswirkungen hat dieser Wandel für Management und Mitarbeiter? Vereinfachend dargestellt (siehe nachfolgende Abb.): Den Arbeitnehmern eines Unternehmens wurde bislang in einer Art »Social Contract« ein Tauschgeschäft angeboten: Gehorsamkeit gegen lebenslange Beschäftigungsgarantie. Dieses Versprechen kann heute kein Unternehmen mehr einlösen, und die Vorstellungen der Mitarbeiter bezüglich ihrer Arbeitssituation haben sich ebenfalls gewandelt. So stellt sich das Beziehungsgeflecht von Unternehmen, das heißt von Management und Mitarbeitern, zunehmend anders dar: Die Mitarbeiter übernehmen die Verantwortung für die eigene Lernfähigkeit und die Wettbewerbsfähigkeit des Unternehmens.

Wachstum durch Wissensaustausch

Das Unternehmen sorgt im Gegenzug für eine Infrastruktur und ein Umfeld, das den Mitarbeitern die Kommunikation untereinander, den Austausch ihres Wissens sowie ein dauerhaftes Lernen ermöglicht. Untersuchungen am MIT belegen, daß Unternehmen, die den Wissensaustausch fördern, deutlich schneller wachsen als Unternehmen, die darauf keinen Wert legen.

In diesem Zusammenhang erweisen sich der Wandel von Unternehmenskultur und -struktur sowie die Investition in die IT-Infrastruktur bei Siemens Nixdorf in den letzten Jahren nur als erste, aber bedeutende Etappe in Richtung Zukunft.

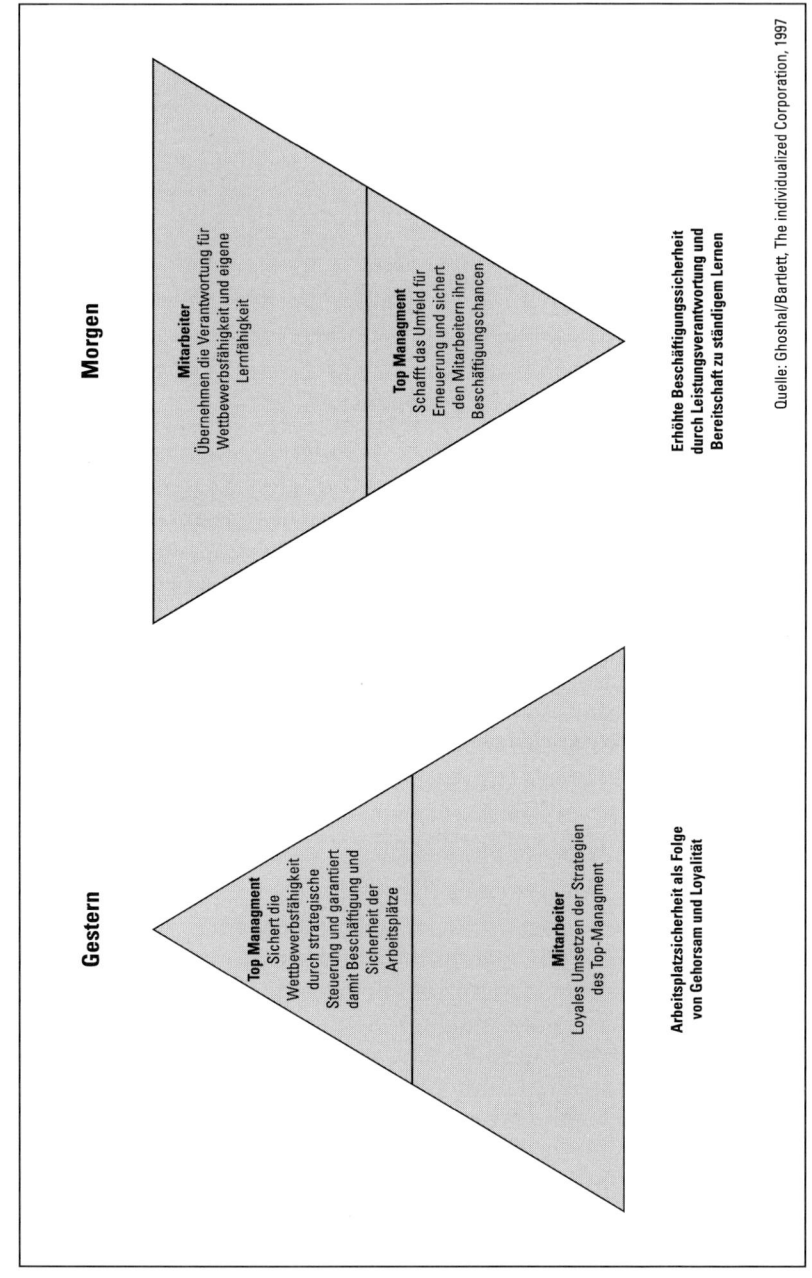

SIEMENS Die wissenbasierte Organisation: "Social Contract"

Gestern

Top Managment
Sichert die Wettbewerbsfähigkeit durch strategische Steuerung und garantiert damit Beschäftigung und Sicherheit der Arbeitsplätze

Mitarbeiter
Loyales Umsetzen der Strategien des Top-Managment

Arbeitsplatzsicherheit als Folge von Gehorsam und Loyalität

Morgen

Mitarbeiter
Übernehmen die Verantwortung für Wettbewerbsfähigkeit und eigene Lernfähigkeit

Top Managment
Schafft das Umfeld für Erneuerung und sichert den Mitarbeitern ihre Beschäftigungschancen

Erhöhte Beschäftigungssicherheit durch Leistungsverantwortung und Bereitschaft zu ständigem Lernen

Quelle: Ghoshal/Bartlett, The individualized Corporation, 1997

Auswirkungen des Wandels für Management und Mitarbeiter

1.2.2 Siemens Nixdorf im Überblick

Siemens Nixdorf ist das größte europäische Unternehmen für Informationstechnologie, vertreten in 58 Ländern auf allen fünf Kontinenten. Siemens Nixdorf entstand 1990 durch die Zusammenführung des Bereichs Daten- und Informationstechnik von Siemens und von Nixdorf.

weltweit 35 850 Mitarbeiter

Im Geschäftsjahr 1996/97 erwirtschafteten die weltweit 35 850 Mitarbeiter einen Umsatz von 15,4 Milliarden DM. Zweistellige Wachstumsraten, nahezu überall höher als das jeweilige Marktwachstum, zeugen vom Erfolg. Siemens Nixdorf gehört in vielen Marktsegmenten zu den führenden Anbietern.

Es gibt kaum eine informationstechnologische Aufgabe, die Siemens Nixdorf nicht lösen kann. Doch dahinter stehen Produktivitätszuwächse, die der Vorstandsvorsitzende Gerhard Schulmeyer in dramatischen Worten beschrieb:»Wir müssen unsere Produktivität in jeder Stunde unserer Arbeitszeit um eine Million DM verbessern – sonst machen wir unseren Erfolg wieder zunichte.«

in der Informationstechnologie führend

Die Unternehmensstruktur zeigt die klare Trennung in ein technologie-getriebenes Geschäft und ein prozeß-orientiertes Business Solutions-Geschäft.

1.2.3 Der »Fahrplan der Veränderung«

Siemens Nixdorf hatte Glück: Dem Unternehmen ging es schlecht, die beste Voraussetzung für die Einsicht aller in die Notwendigkeit durchgreifender Veränderungen. So startete das Unternehmen mit Beginn des Geschäftsjahres 1994/95 ein umfassendes Programm zur Sicherung und Verbesserung der Wettbewerbsfähigkeit vor dem Hintergrund des Wandels zur wissensbasierten Industrie. Dieses Programm hat einen Namen: Gerhard Schulmeyer, der neue Vorstandsvorsitzende, hat als Architekt des »Fahrplans der Veränderung« (nachfolgende Abb.) den Wandel bei Siemens Nixdorf initiiert.

Praxisbeispiele zur Mitarbeiterkommunikation

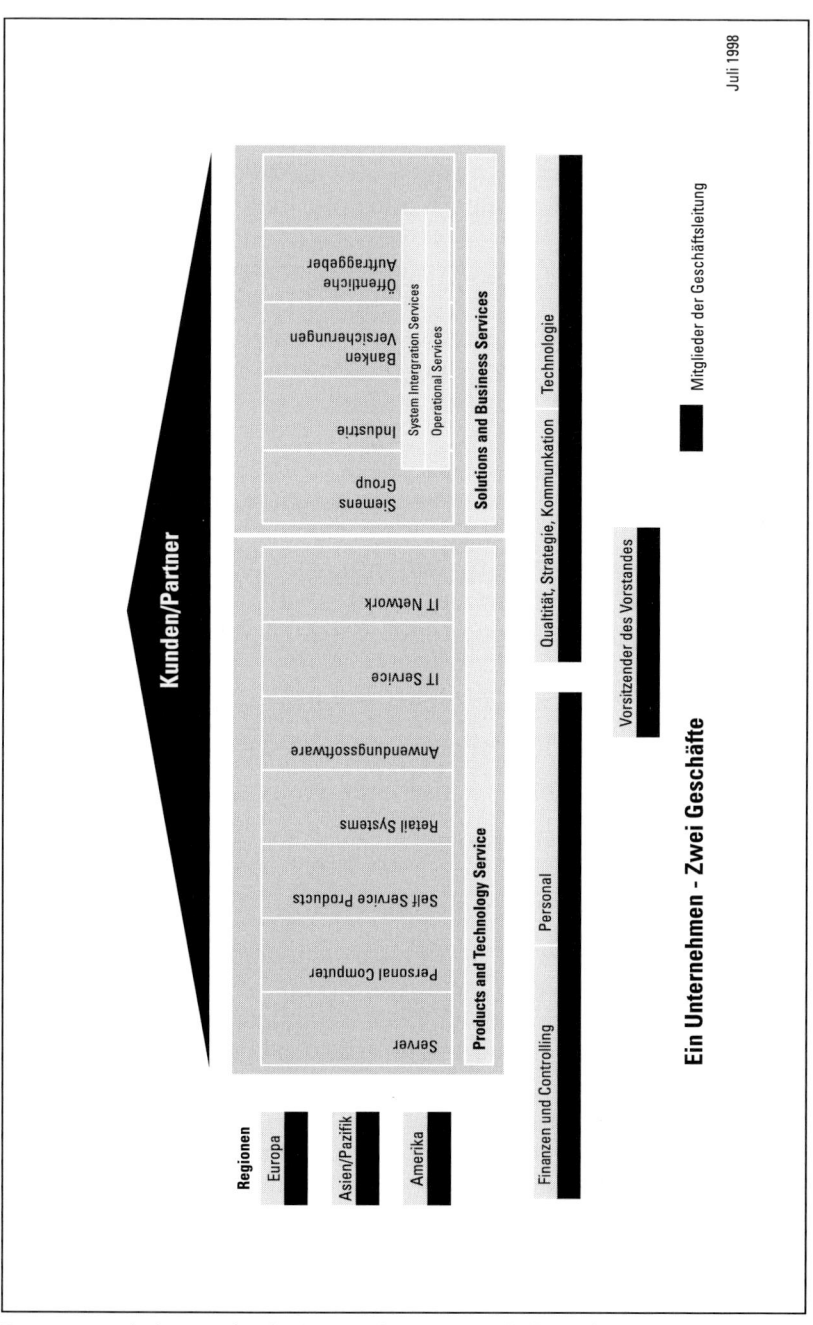

Trennung zwischen technologie-getriebenem Geschäft und prozeß-orientiertem Business Solutions-Geschäft

Dabei wurde ein häufig gemachter Fehler vermieden: Das Unternehmen hat nicht zuerst ein Reengineering der Hauptprozesse durchgeführt und sich in neuer Struktur dem Markt gestellt, um erst dann an die Mitarbeiter zu denken, die diese Struktur leben müssen. Im Gegenteil: Bei Siemens Nixdorf wurde in einer Mobilisierungs-Phase zuerst der Wandel der Unternehmenskultur mit dem Schwergewicht auf ein verändertes Verhalten aller eingeleitet. Anschließend erst standen Überprüfen des Portfolio, neue Struktur, Entwickeln einer Siemens Nixdorf-Vision und Business Process Reengineering auf der Agenda. Das war die sogenannte »Repositionierungs-Phase«.

verändertes Verhalten aller

Danach folgte eine Phase, die mit »Learning/Doing« überschrieben ist und naturgemäß nie abgeschlossen sein wird. Motto: »Lebenslanges Lernen, das Gelernte anwenden und weitergeben, oder: nicht nur Reden, Handeln ist das Gebot der Stunde.« Diese simple Forderung zu erfüllen verlangt allerdings einiges an Voraussetzungen. Doch dazu später.

»Performing«, im Unternehmen als »Produktivität und Qualität« bekannt, läßt sich auf den kurzen Nenner bringen: Jeder einzelne sollte seine Arbeit auf Anhieb richtig machen können. In der Fachwelt spricht man hier von Six-Sigma-Prozessen, von Total Quality Management und nutzt das EFQM – Modell.

»Differentiation«, die Frage nach dem besonderen und zusätzlichen Nutzen für Kunden, Mitarbeiter und Aktionäre durch die Partnerschaft mit Siemens Nixdorf, ist auch die Frage nach dem Alleinstellungsmerkmal im Wettbewerb. Diese Themen beschäftigen das Unternehmen erneut, ohne daß damit die vorherigen Phasen abgeschlossen wären. Aber die aktuelle Neuausrichtung von Siemens Nixdorf in drei Siemens-Bereiche »Information und Kommunikation« bringt die vorläufige Antwort: »Als Generalunternehmer und Integrator von Information und Kommunikation (IuK) besitzen wir im neuen Wettbewerbsumfeld der konvergierenden Märkte eine

zusätzlicher Nutzen durch Partnerschaft

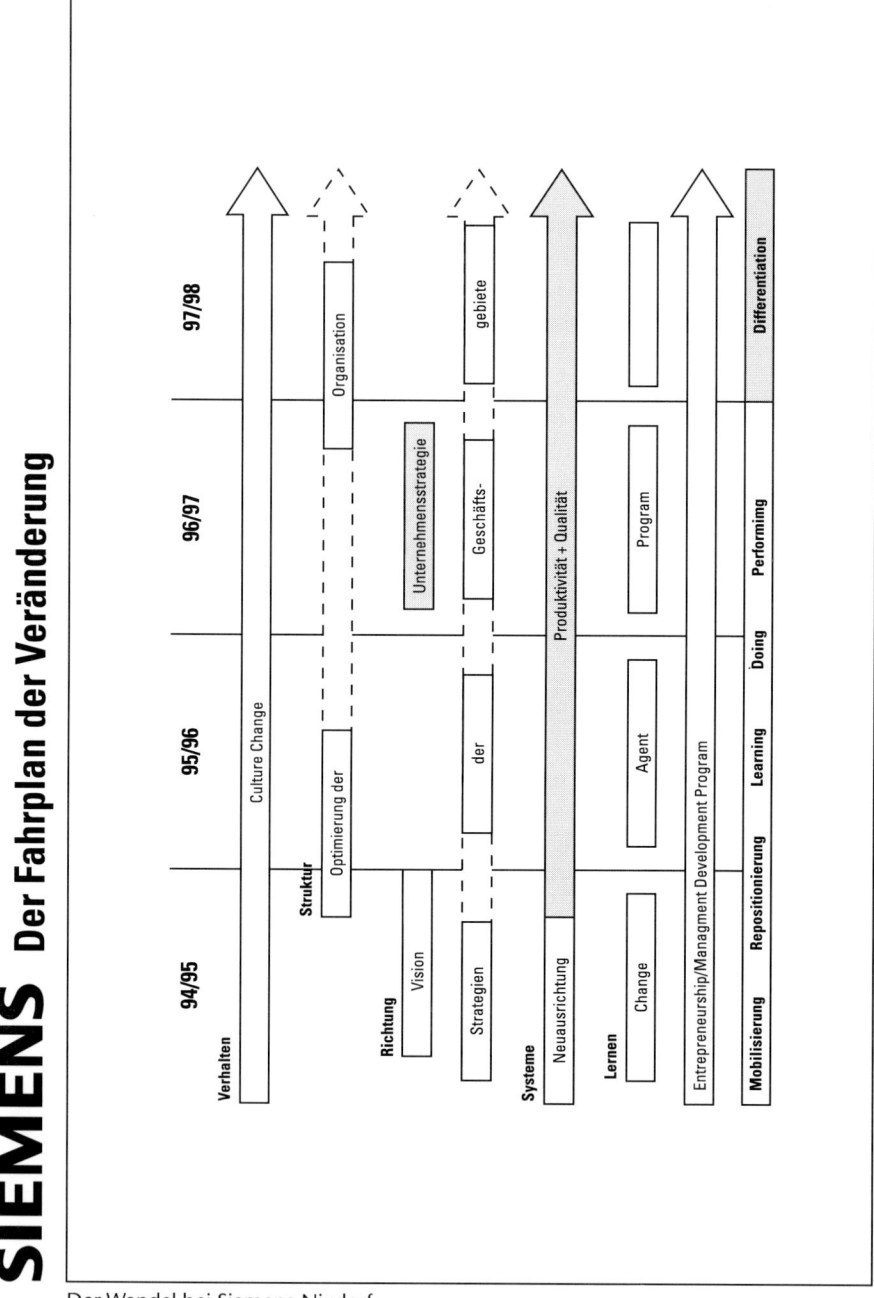

Der Wandel bei Siemens-Nixdorf

einzigartige Position. Die Neuordnung unserer vorhandenen Kompetenzen wird uns in die Lage versetzen, weltweit Vorreiter der IuK-Industrie zu werden«, betont der Vorstandsvorsitzende.

In diesem Prozeß der Veränderung fällt der Internen Kommunikation eine Schlüsselposition zu: Nicht nur, weil das Ziel allen Wandels »Connectivity« lautet: Die Kommunikation aller mit allen – schnell, direkt, hierarchiefrei, offen – als Basis für den Erfolg in der wissensbasierten Industrie. Die Interne Kommunikation muß in einem solchen Prozeß Hintergründe und Entscheidungen erläutern, muß die Mitarbeiter informiert halten, ihnen Diskussionsforen schaffen, den Austausch von Information, Wissen, Erfahrungen und Meinungen ermöglichen. Die Interne Kommunikation muß darüber hinaus Lokomotive der Entwicklung sein, Vorbildfunktion durch das eigene Handeln übernehmen und als Berater allen im Unternehmen zur Verfügung stehen. Keine leichte Aufgabe, aber eine lösbare und äußerst spannende.

Kommunikation aller mit allen

1.2.3.1 Die Struktur: Durch Kommunikation von der Matrix zur Netzwerk-Organisation

Erst durch den Beginn eines auf Kommunikation und Partizipation basierenden Wandels der Unternehmenskultur hatte eine neue Form der Matrix-Organisation die Chance, erfolgreich zu bestehen. Denn die Matrix-Organisation ist nichts anderes als eine Netzwerk-Organisation auf niedrigster Ebene, meist zwei oder dreidimensional. Wenn man in eine solche Matrix Wissen »hineinpumpt« und jedem Mitarbeiter Zugang zum im Unternehmen verfügbaren Wissen gibt, kann das Unternehmen anfangen, sich zu vernetzen. Davon ist man bei Siemens Nixdorf und auch bei Siemens überzeugt. Und mit ausreichend Geduld und genügend Entscheidungsfreiräumen für die Mitarbeiter wird eine Organisation entstehen, die den Anforderungen der wissensbasierten Industrie entspricht.

unternehmeri-
sche Verantwor-
tung jetzt zwei
Stufen tiefer

Bei Siemens Nixdorf wurde 1995 eine neue Matrix-Organisation erarbeitet (nachfolgende Abb.). Die unternehmerische Verantwortung erhielt – zwei Ebenen tiefer als in der alten Struktur – der »Leiter der Geschäftseinheit«. Dieser erarbeitet mit zwei gleichberechtigten Partnern die Planung für das bestmögliche Geschäft, mit dem »Leiter des Geschäftsgebietes«, der weltweit als Produkt- und Leistungsbereitsteller verantwortlich zeichnet, und dem »Landes-Chef« als regionaler Schnittstelle. Damit die gemeinsam vereinbarten Ziele erreicht werden, erhielt der Leiter der Geschäftseinheit die größtmögliche unternehmerische Freiheit und damit die Gesamtverantwortung für das unmittelbare Geschäft. Man könnte sagen, daß jetzt das Geschäft durch rund 250 »Unternehmen« im Unternehmen vor Ort gemacht wird. Diese »Local Player« sind aber eingebunden in die weltumspannende Organisation eines »Global Players«. Durch diese Integration der Geschäftseinheiten in das Gesamtnetz Siemens Nixdorf können die Vorteile eines weltweit agierenden Unternehmens genutzt werden, und das mit einer Flexibilität, die sonst nur kleine Unternehmen auszeichnet.

neue Struktur durch Teamarbeit und Kommunikation

Zu bisherigen Matrix-Modellen gibt es drei wesentliche Unterschiede:

1. Nicht zwei Einflußbereiche (Land und Geschäftsgebiet) ringen an der Schnittstelle um Dominanz. Der Schnittpunkt der Matrix-Linien ist ein unternehmerischer Auftrag, dem die nötigen Ressourcen und Freiräume, Handlungsmöglichkeiten und Entscheidungspielräume zugeordnet sind.
2. Die Verantwortung für Gewinn und Verlust, also die Kernfrage des Geschäfts, wurde auf die Leiter der Geschäftseinheiten verlagert.
3. Und das ist für das Verständnis der Internen Kommunikation von Bedeutung: Die gesamte Struktur baut auf Teamarbeit und damit auf Kommunikation. Denn nicht einer fällt letztlich die Entscheidung, sondern drei Player müssen sich verständigen, damit die Struktur funktioniert.

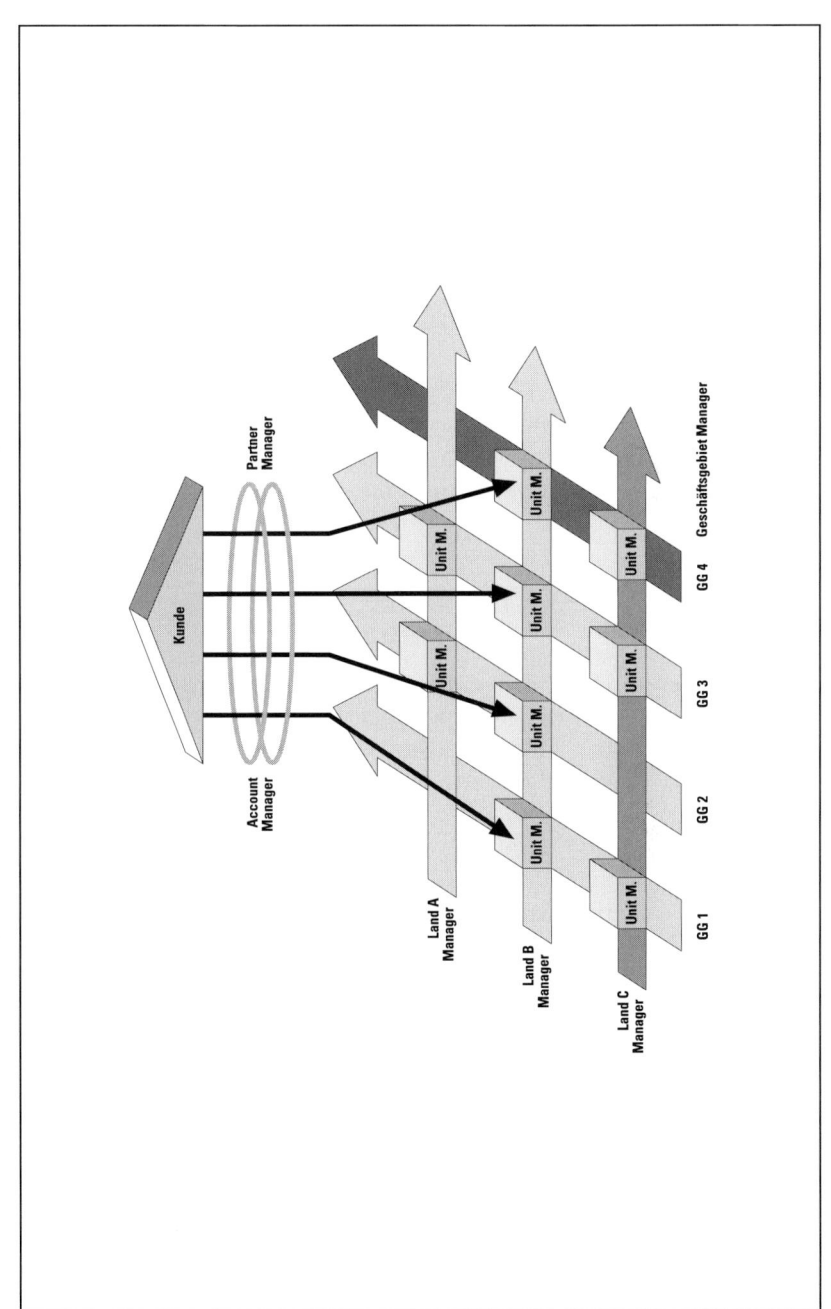

Die neue Matrixorganisation

Diese Organisationsform wurde 1995 eingeführt – und sie funktioniert. Inzwischen wurde diese Matrix noch verfeinert. Entsprechend der unterschiedlichen Key Success Factors von Produktgeschäft und Business Services-Geschäft (siehe Abb. auf S. 102), die konsequent voneinander getrennt wurden, ist im Beratungs-Bereich eine dreidimensionale Matrix eingeführt worden, die ebenfalls den oben beschriebenen Grundprinzipien folgt. Auch in den neuen Bereichen von Information und Kommunikation von Siemens ändert sich an diesem Prinzip nichts.

Wer mit den gleichen Mitarbeitern wie früher in dieser auf Kommunikation und dem Mut zur Verantwortung aufgebauten Struktur Erfolg haben will, muß der Unternehmenskultur und dem Verhalten der Mitarbeiter sein besonderes Augenmerk schenken.

1.2.3.2 Die Kultur: Auf dem Weg zum lernenden Unternehmen

zuerst Sensibilisierung und Mobilisierung der Mitarbeiter

Der Fokus richtete sich auf die Mitarbeiter. Deshalb startete der »Fahrplan der Veränderungen« wie oben beschrieben mit der Sensibilisierung und Mobilisierung der Mitarbeiter. Es galt, das Verhalten zu identifizieren, das für einen erfolgreichen Wettbewerb in Zukunft erforderlich ist, und daraufhin das »bewährte« Verhalten auf Brauchbarkeit abzuklopfen. Insgesamt hieß dies, die äußerst schwierige Aufgabe anzupacken, die Unternehmenskultur im Gesamten zu verändern. Die Unternehmenskultur wird hier verstanden als die Art und Weise des Zusammenarbeitens im Unternehmen, also die festgelegten und ungeschriebenen Regeln sowie die Art zu kommunizieren.

Motivierte, selbständig agierende Mitarbeiter sind eines der wichtigsten Differenzierungsmerkmale für Unternehmen in den Märkten der Zukunft. Doch die notwendigen Veränderungen der Geschäftsprozesse werden von den Mitarbeitern kaum »gelebt«, wenn sie als »von oben« verordnet empfunden werden. Zudem ist die Offenheit der Mitarbeiter für Veränderungen entscheidend dafür, daß sie ihr reichlich vorhandenes Wissen einbringen. Daraus

hat Siemens Nixdorf klare Konsequenzen gezogen: Die Beteiligung der Mitarbeiter von Anfang an.

Am Anfang standen drei Mitarbeiter – vom Vorstandsvorsitzenden ausgewählt – aus dem Personalbereich, der Unternehmensstrategie und der Internen Kommunikation.
Sie sammelten die Meinungen und Erfahrungen von einigen Tausend Mitarbeitern, mit denen der Vorstandsvorsitzende in den ersten Monaten in kleinen Diskussionsrun-
den und größeren Meetings sprach. Sie bündelten die Fragen und Anregungen und steuerten den Prozeß. Aus 3
wurden 30. Diese 30 diskutierten drei Tage lang die Probleme, die durch Mitarbeiter aus allen Ecken der Siemens
Nixdorf-Welt ans Tageslicht befördert worden waren. Am
Ende standen 19 Themenfelder und das alle tangierende
Problem der Kommunikation. Dies war der Start eines Programms für den Wandel der Unternehmenskultur.

**Wandel der
Unternehmens-
kultur**

Aus 3 wurden 30, aus 30 wurden viele. Eine Kaskade von
Maßahmen und Aktionen breitete sich über das Unternehmen aus. In vier einwöchigen Veranstaltungen, zu denen jeweils die Top-100-Manager sowie rund 300 Mitarbeiter quer über alle Hierarchieebenen kamen, sind die
anstehenden Probleme diskutiert worden, zuerst unter
den Mitarbeitern allein, dann mit Kunden und Partnern.
Daraus sind Lösungsvorschläge entstanden und umgesetzt worden. Dabei waren grundsätzlich nur Mitarbeiter
beteiligt, die sich freiwillig für den Wandel der Unternehmenskultur engagieren wollten – neben der eigentlichen
Arbeit, versteht sich.

**Diskussionen
quer über
alle Hierarchie-
ebenen**

Die Idee dahinter war einfach: Nach den Diskussionen
und Workshops auf diesen Großveranstaltungen des Kul-
turwandels bildeten sich Aktionsteams, welche die erkannten Probleme anpackten, Lösungen entwickelten
und innerhalb von drei Monaten umsetzten. Dadurch erhöhte sich die Zahl der an diesem Prozeß des Wandels In-
volvierten automatisch. Die raschen Ergebnisse zeigten
auch den Zauderern, daß es jedem im Unternehmen möglich ist, an der Veränderung teilzuhaben. Die anwesenden
Top-Manager garantierten die Durchsetzung. Ein weiteres

Grundprinzip lautete: Alle Aktionen haben einen klaren Impact auf das tägliche Geschäft.

die besondere Rolle der Mitarbeiter-kommunikation

Auch in diesem Prozeß hatte die Interne Kommunikation eine besondere Rolle übernommen:

1. Einer der ersten drei Mitarbeiter kam aus dem Bereich Interne Kommunikation.
2. Die Kommunikation innerhalb des Unternehmens, von Vorgesetzten und Mitarbeitern, sowohl top-down als auch bottom-up, war ein von den Mitarbeitern iden-tifiziertes Problemfeld.
3. Über die Medien der Internen Kommunikation wurde der Prozeß des Wandels gesteuert.
4. Neue Diskussionsforen, sogenannte Friday Foren, wur-den eingeführt und intensiv begleitet.

Der Lernerfolg dieser eben beschriebenen Aktionen war groß. Er wurde untermauert durch die Schulung von rund 1 000 Managern der mittleren Führungsebene, das sind etwa 25 Prozent, in einwöchigen Seminaren zu Themen des Wandels und der Führung. Eine Fülle weiterer Lern-Veranstaltungen und Seminare ergänzte dieses »An-schub-Programm« lebenslangen Lernens. Und die Interne Kommunikation brachte zeitgleich und vorbereitend in vielen Facetten das Thema auf die Agenda des Unterneh-mens.

1.2.3.3 Die neuen Werte: der Paradigmenwechsel im Personalbereich

neues Denken, andere Mitarbeiter

Wenn Siemens Nixdorf auf dem Weg über eine kundeno-rientierte Struktur, durch den Wandel der Unternehmens-kultur und den Einsatz modernster Technologie zu einer flexiblen, dauerhaft lernenden, vernetzten Organisation werden will, die für den Erfolg in einer wissensbasierten Industrie gerüstet ist, dann hat das Folgen für die Mitar-beiter. Denn jetzt ist von allen Mitarbeitern ein völlig an-deres Denken und Handeln gefordert. Überspitzt formu-liert: In Zeiten der durch den Taylorismus geprägten Or-ganisation hat es gereicht, wenn Mitarbeiter zuverlässig und pünktlich erledigten, was ihnen ihre Vorgesetzten aufgetragen hatten. Bereits die heute gelebten Prinzipien der Matrix-Organisation – und eine zukünftige Netzwerk-Struktur noch viel mehr – braucht andere Mitarbeiter, nämlich

- unternehmerisch handelnde
- weltweit kommunikativ verbundene
- team- und projektorientierte
- selbständig agierende
- Verantwortung übernehmende, entscheidungsfähige Mitarbeiter.

Wer andere Mitarbeiter und andere Führungskräfte will, die ihre bisherige Machtfülle und Privilegien zu teilen bereit sind, braucht andere Personalführungskonzepte, andere Personalplanungs- und -entwicklungsinstrumente sowie leistungsorientierte Entlohnungsgrundsätze. Wer eigenverantwortliche Mitarbeiter will, braucht vor allem eines: Transparenz. Jeder Mitarbeiter muß wissen, wo er steht, wie seine Leistungen bewertet werden, was von ihm heute und in Zukunft gefordert wird und wie er sich weiterentwickeln kann.

Transparenz und leistungsorientierte Entlohnung

Der Bereich Personal hat daraus die Konsequenzen gezogen und einen Paradigmen-Wechsel eingeleitet. Ein Skills-Management wurde eingeführt und vieles mehr. Beispielsweise hängt jetzt die Höhe des leistungsbezogenen Teils des Gehalts der Mitarbeiter in der Personalabteilung von der Zufriedenheit ihrer »internen Kunden« ab; und die Erfolgsbeteiligung aller von Faktoren, die sie selbst beeinflussen können. Ganz allgemein: Heute liegen die Initiative und die Verantwortung für die Ausgestaltung der täglichen Arbeit, für den Erfolg und für die eigene Karriere beim Mitarbeiter – natürlich geführt und unterstützt durch Projekt- und Teamleiter, durch Vorgesetzte und Personalbereich.

Für die Interne Kommunikation bedeutete dieser Wandel der Personalinstrumente, die neuen Tools und Regeln bekannt zu machen, Werbung für sie zu betreiben, aber auch, Chancen und Risiken zu verdeutlichen. Schließlich gab es auch Verlierer.

1.2.3.4 Die Kommunikationsinfrastruktur: Vom Rundschreiben zum Intranet

Interne Kommunikation als Erfolgsfaktor

Die Zeit der Rundschreiben ist vorbei. Vor allem ist die Zeit vorbei, in der es eine klare Trennung zwischen arbeitstechnischer Information und klassischer Interner Kommunikation gab. Während erstere früher für die konkrete Aufgabenerfüllung des einzelnen von Bedeutung war, diente die Interne Kommunikation der Verdeutlichung der Zusammenhänge. Motto: Gut das zu wissen, aber auch ohne kann man seine Arbeit erledigen. Diese Trennungslinie verschwimmt, wenn jeder Mitarbeiter ernstlich zum Unternehmer im Unternehmen wird. So bedeutet Kommunikation auch: Firmendaten, Umsatz, Auftragseingang und viele weitere Kennzahlen möglichst rasch möglichst vielen und möglichst detailliert zur Verfügung zu stellen. Und dies wird bei zunehmender Dezentralisierung, der Delegation von Verantwortung und Entscheidungskompetenz immer mehr zum Erfolgsfaktor heutiger Unternehmen.

Siemens Nixdorf hat in Rekordzeit das betriebswirtschaftliche System R/3 eingeführt, das vor zwei Jahren größte R/3-Projekt weltweit. Die wichtigsten Kennzahlen stehen jetzt allen Beteiligten sehr viel schneller und detaillierter zur Verfügung. Ohne diese Infrastruktur ließe sich die Siemens Nixdorf-Organisation mit 250 flexiblen, für ihr Geschäft verantwortlichen Einheiten nicht verwirklichen. Für die Interne Kommunikation ist jedoch anderes noch wichtiger.

direkte Kommunikation über jede Entfernung hinweg

Hatte schon die Einführung des Fax-Gerätes einigen Einfluß auf die Arbeit im Unternehmen, so stehen wir jetzt an der Schwelle einer neuen Zeit: Weltweite Netze, Telefonieren über den PC, Datenempfang auf dem Handy, Telearbeit und Netmeeting. Letzteres ist die gemeinsame Arbeit von Mitarbeitern, die verbunden über vernetzte PCs, Videokamera und Soundcard am PC das gleiche Dokument bearbeiten, dabei miteinander sprechen und sich sehen können.

Direkte Kommunikation über jede Entfernung hinweg, E-Mail und vor allem die Einführung des Intranets verändern heute die Arbeitswelt. Ein einfaches, kleines Beispiel verdeutlicht dies bereits: Alle sprechen von Internationalität und von globalen Märkten, dennoch mußte die Interne Kommunikation in München, wenn sie über Interessantes aus Australien oder Amerika berichten wollte, ein Fax schicken, oder aber ganz früh aufstehen oder bis zum Nachmittag warten, um zu telefonieren. Zu diesem Zeitpunkt ist es in Sydney schon spät abends, und in Amerika stehen die Menschen gerade erst auf. Heute schickt man ein E-Mail und bekommt prompt die Antwort, oder die Folien, oder den Artikel – und die Fotos kommen ebenfalls übers Netz. Ein weiteres Beispiel: Es ist später Abend, ein Artikel muß noch rasch übersetzt werden. Früher mußte man einen Übersetzer motivieren, sich die Nacht um die Ohren zu schlagen. Heute schickt man eine Datei nach Amerika, und am Morgen liegt der Beitrag auf dem Tisch. Es gibt andere, wichtigere Veränderungen und Auswirkungen, aber bereits diese kleinen Beispiele künden vom Wandel. Denn nun ist man selbst ständig und von überall in der Welt erreichbar – und Internationalität wird plötzlich erfahrbar.

Die größte Veränderung bringt jedoch die Einführung des Internets und – für die Interne Kommunikation besonders wichtig – des Intranets. Inzwischen haben praktisch alle bei Siemens Nixdorf den Zugang zum Intranet, weltweit. Nach einer kurzen Phase der »Spielerei«, das heißt des aktiven Lernens, des Ausprobierens, Surfens in Internet und Intranet, hat sich dieses Medium zum länder- und zeitzonenüberbrückenden Kommunikationswerkszeug und zur Informationsdrehscheibe eines »Global Players« gemausert. Beispielsweise erreichen die Briefe des Vorstandsvorsitzenden jetzt die Mitarbeiter in Sekundenschnelle, und umgekehrt kann jeder Mitarbeiter dem Vorstandsvorsitzenden ein E-Mail schicken (und erhält prompt Antwort). Außerdem sind zahlreiche Arbeitsabläufe einfacher geworden. Ticketbestellung und Reisekostenabrechnung, die Suche nach einem geeigneten Projektmitarbeiter

Veränderungen durch das Internet

113

und vieles mehr geht jetzt übers Netz. So verbindet das
Intranet alle Dimensionen des Wandels.

1.3 Die Interne Kommunikation

der Bedarf an Information und Kommunikation wächst Die Rahmenbedingungen für die Interne Kommunikation sind im letzten Kapitel beschrieben. Sie sind durch höchste Dringlichkeit, sofort zu handeln und sofort zu entscheiden, gekennzeichnet. Dezentralisierung und vernetztes Arbeiten über Grenzen hinweg sind weitere Merkmale. Der Bedarf an Information und vor allem an Kommunikation wächst immens und beständig weiter. Dem Willen zur Information stehen oft genug fehlende Professionalität und fehlendes Kommunikations-Know-how entgegen. Die Interne Kommunikation ist als Berater gefordert. Sie wird zum Erfolgsfaktor für das Unternehmen und rückt in den Mittelpunkt des Geschehens. Dieser Herausforderung gerecht zu werden, erfordert einiges an Umdenken, auch und gerade bei den Akteuren der Internen Kommunikation.

1.3.1 Grundsätze und Struktur

Mitarbeiter werden zuerst informiert Einige klare Grundsätze kennzeichnen die Interne Kommunikation bei Siemens Nixdorf:

- Die Interne Kommunikation ist den Unternehmenszielen und den Mitarbeitern verpflichtet (was nebenbei keinen Zielkonflikt beinhalten muß)
- Die Interne Kommunikation ist Teil eines Konzeptes der Integrierten Kommunikation
- Die Interne Kommunikation ist Berater in Sachen Kommunikation für das gesamte Unternehmen
- Die Kernkompetenz der Internen Kommunikation liegt in der Kenntnis der Informations- und Kommunikations-Bedürfnisse von Mitarbeitern und Unternehmen und deren adäquater Erfüllung
- Die Interne Kommunikation ist für die formale Gesamtkommunikation der Zielgruppe »alle Mitarbeiter« verantwortlich

– Und ganz wichtig: Die Mitarbeiter werden zuerst informiert – vor jeder externen Öffentlichkeit.

Diese Grundsätze implizieren, trotz ihres scheinbar un-
verbindlichen Charakters, einen umfassenden Anspruch.
In der Praxis hat sich gezeigt, daß dieser Anspruch erst
dann wirkungsvoll eingelöst werden kann, wenn er durch
einen Mix aus Kommunikationsfachleuten, Redakteuren
und Journalisten in die tägliche Praxis umgesetzt wird. Ob
dies gelingt, hängt sowohl vom Unternehmen, sprich Management, als auch der Internen Kommunikation ab.
Denn das Zusammenspiel von Management und Interner
Kommunikation läßt sich als einen spiralförmigen Prozeß
beschreiben, der nach oben zu wachsender Akzeptanz
oder nach unten in die Bedeutungslosigkeit führen kann
und dessen Startpunkt durch den Willen und die Grund-
haltung des Vorstands oder der Geschäftsführung definiert ist.

Zusammenspiel von Management und Interner Kommunikation

Ist der Vorstand von der Notwendigkeit einer guten Internen Kommunikation überzeugt, wird er Profis einstellen,
ausreichend Budget und Ressourcen zur Verfügung stellen
sowie die notwendigen Freiheitsgrade der Internen Kommunikation akzeptieren. Sind dann tatsächlich Profis am
Werk, werden diese ihren Added Value – ihren Wert für
Mitarbeiter, Unternehmen, Kunden und Shareholder –
belegen. Sie werden als Berater anerkannt und bald noch
mehr Ressourcen und Freiheitsgrade erhalten.

Profis und ausreichende Ressourcen

Ist der Startpunkt niedrig, erfordert dies einiges an Durch-
haltevermögen und konsequenter Arbeit der Kommuni-
kationfachleute. Ist der Startpunkt hoch, hat die Interne
Kommunikationsabteilung es selbst in der Hand, ob sie
Freiheitsgrade und damit Kompetenz abgibt oder ausweiten kann. Dieser Prozeß zeigt eines ganz klar: Der Vergleich einzelner Mitarbeiterzeitschriften und oder einzelner Kommunikationsabteilungen allein wird immer in
die Irre führen. Das Umfeld sowie das Zusammenspiel
von Interner Kommunikation und Geschäftsführung
muß mit berücksichtigt werden. Und da wird auch die bereits notierte Maxime verständlich: »Jedes Unternehmen
erhält die Interne Kommunikation, die es verdient.«

ein handlungs-
weisendes
Kommunika-
tionskonzept

Für die Interne Kommunikation von Siemens Nixdorf waren diese Überlegungen handlungsweisend. Sie folgten einem klaren Prinzip:

1. Entwickeln eines Gesamt-Kommunikationskonzeptes (Grundsätze, Strategie, Zielgruppe, Wirkung, Medien, Ressourcen und Freiheitsgrade der Abteilung, Unterstützung durch den Vorstand),
2. Zustimmung durch den Vorstand,
3. Umsetzung und beharrliches Einfordern der zugesagten Unterstützung mit beständigem Blick auf die zu erreichenden Ziele,
4. Controlling und Anpassung von Strategie, Aufgaben und Zielen an die jeweils neuen Erfordernisse.

Mit diesem Vorgehen ist die Gruppe der Internen Kommunikation bei Siemens Nixdorf gut gefahren. Heute ist sie der anerkannte Berater, Organisator, Koordinator und Kommunikator im Unternehmen.

Die Strukturen der Internen Kommunikation sind naturgemäß dezentral ausgerichtet:

zentrale Interne
Kommunikation
als Informations-
drehscheibe

Die zentrale Interne Kommunikation (UK IC) ist Teil der zentralen Unternehmenskommunikation (UK) (siehe nachfolgende Abb.) mit Sitz in München, wenige Meter von der Geschäftsführung getrennt. Sechs Mitarbeiter arbeiten im Team von UK IC. Hier entsteht im Einklang mit Unternehmensstrategie und der gesamten Unternehmenskommunikation (Werbung, Presse, Kundenmagazine, Messen, Regionen-Support, Internet) die Kommunikationsstrategie für die Zielgruppe »Mitarbeiter«. Hier werden neue Konzepte und Kampagnen entwickelt, hier entsteht die Mitarbeiterzeitschrift INLINE und hier wird der aktuelle News Channel, der FLASH REPORT, für das Intranet bereitgestellt. Sie ist die Informationsdrehscheibe für alle im Unternehmen, und hier werden Beratungsleistungen abgefordert. Hier findet auch die Koordination der Gesamt-Mitarbeiterkommunikation statt.

In den Ländern und in den Geschäftsgebieten gibt es für die Interne Kommunikation verantwortliche Mitarbeiter.

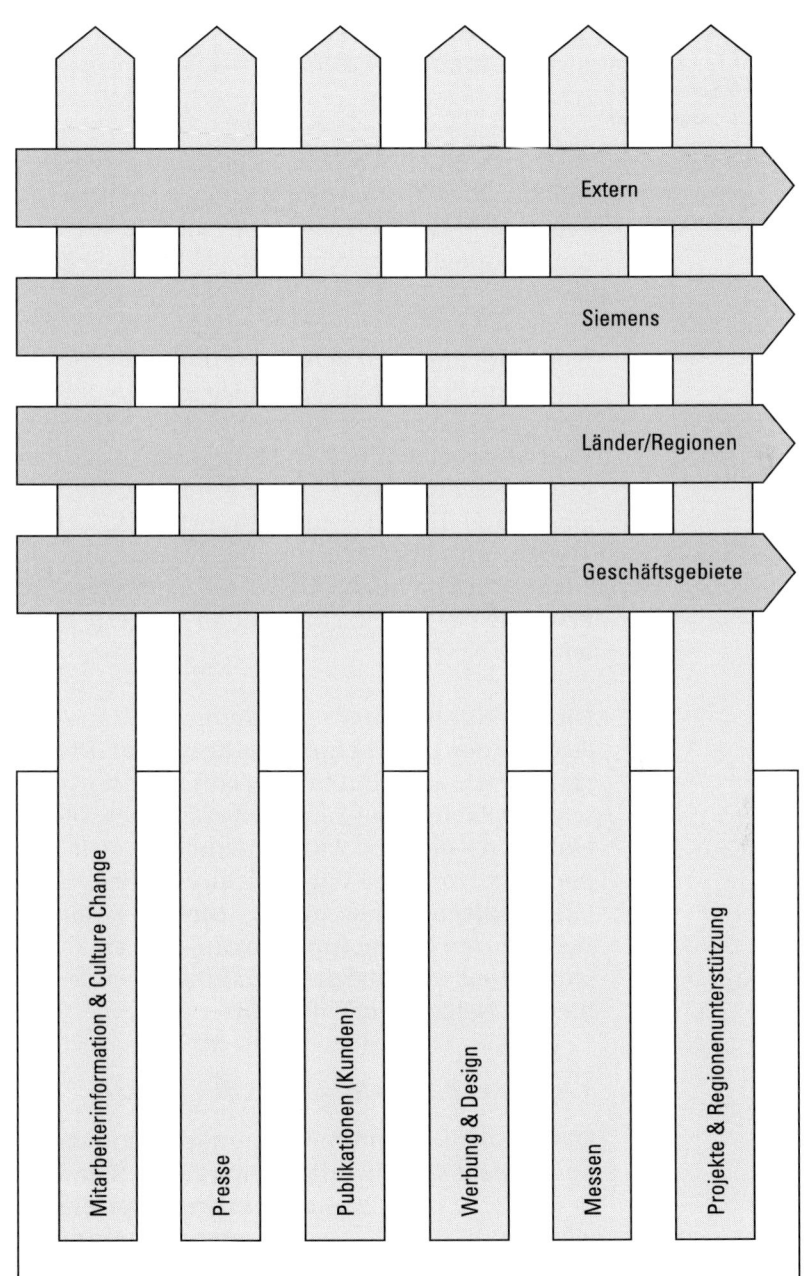

Eingliederung der UK IC in die Unternehmenskommunikation

117

Eigenständig-keit in Ländern und Geschäfts-gebieten Sie sind Teil des Netzwerks und geben ihrerseits Medien für ihre Mitarbeiter heraus. So hat beispielsweise das Geschäftsgebiet IT Service mit rund 7 000 Mitarbeitern weltweit eine eigene Zeitschrift, die mancher Firma alle Ehre machen würde: 24 Seiten, zwei Schmuckfarben, alle zwei Monate, für alle offen und kritisch. Jedes dieser Geschäftsgebiete und Länder hat einen eigenen Auftritt im Intranet, und alle arbeiten im Netzwerk der Internen Kommunikation.

Jeden Monat treffen sich diese Kommunikationsfachleute zur Diskussion der aktuellen Themen; denn die Gesamtstrategie ist allen klar. Meist sind diese Mitarbeiter in den Geschäftsgebieten Teil des Marketings, in den Ländern liegen die Interne und Externe Kommunikation häufig in einer Hand. Dank Telefon, Intranet, E-Mail, regelmäßiger Treffen und einer gemeinsamen Datenbank – das neue Netmeeting nicht zu vergessen – ist ein reger Austausch gewährleistet. Insgesamt sind so rund 50 Kommunikateure im Netz.

Die Struktur der Internen Kommunikation ist klar an der Struktur des Unternehmens ausgerichtet: Die Kommunikationsfachleute sind in der Zentrale (UK IC), in den Geschäftsgebieten und Ländern beheimatet. Die Geschäftseinheiten – die rund 250 »Unternehmen« in den Schnittpunkten der Matrix-Organisation – haben keine offiziellen Ansprechpartner für die Interne Kommunikation. Dazu nutzen sie die Infrastruktur des Landes. Ansprechpartner hat die Interne Kommunikation dennoch auch hier, im Netzwerk der »Freunde«.

1.3.2 Das Zusammenspiel der Player

Wer erfolgreich Interne Kommunikation machen will, muß wie die sprichwörtliche Spinne im Netz der Information sitzen. Viele Player sind ihre Ansprechpartner. Die wichtigsten sind die sogenannten ganz normalen Mitarbeiter. Sie sind die Informanten und die Rezipienten zugleich.

1.3.2.1 Die zentrale Unternehmenskommunikation

Die Interne Kommunikation ist gedanklich und organisatorisch Teil der Unternehmenskommunikation. Auf der anderen Seite ist aber die Unternehmenskommunikation für die Internen Kommunikation ein wichtiger Teil ihres Netzwerkes an Kontakten und Beziehungen. Ohne die Einbeziehung der Abteilungen für Werbung, Messen, Presse und Kunden wäre das Konzept einer Integrierten Kommunikation nicht umsetzbar. Gemeinsam werden die Hauptthemen des nächsten Geschäftsjahres bestimmt, Strategie und wichtige Kampagnen geplant. Gemeinsam werden diese Konzepte dann in virtuellen, das heißt je nach Aufgabe unterschiedlichen, Teams umgesetzt. So ist ein einheitliches Auftreten möglich und der Grundsatz »zuerst werden die Mitarbeiter informiert« gelebte Wirklichkeit.

Interne Kommunikation in einem weiten Beziehungsgeflecht

1.3.2.2 Das Netz der Internen Kommunikation.

Zusammenarbeit wird groß geschrieben zwischen den Kommunikationsfachleuten von Ländern und Geschäftsgebieten sowie der zentralen Internen Kommunikation. Das Netz erfüllt unterschiedliche Aufgaben:

– Informationsaustausch. Motto: Jeder weiß etwas, und alle zusammen wissen mehr. Ob Informationen aus der Geschäftsführung oder den Strategie-Abteilungen, die Interne Kommunikation stellt sie allen zur Verfügung. Umgekehrt informieren die Kollegen aus aller Welt über Wissenswertes aus ihren Einheiten.

Informations- und Erfahrungsaustausch

– Erfahrungsaustausch. Motto: Jeder kann etwas, gemeinsam kann man nahezu alles schaffen. Soll beispielsweise ein Mitarbeiter-Event in München vorbereitet werden, genügt ein Rund-Mail, und UK IC weiß, daß Siemens in Belgien die größten Erfahrungen auf diesem Gebiet hat. Sie haben äußerst erfolgreich die 150-Jahr-Feier für die Mitarbeiter ausgerichtet. Ein Anruf, und die zentrale Interne Kommunikation kann von diesen Erfahrungen profitieren.

– Gegenseitige Unterstützung und Hilfe. Vieles von dem, was in einem Bereich entsteht, können auch andere brauchen. Manches, was in der Zentrale nur mühsam erarbeitet werden kann, ist für die Kommunikation eines Landes oder Geschäftsgebietes ein Klacks. Braucht UK IC beispielsweise für einen Artikel noch das Statement eines Vertriebsmannes aus Hongkong oder ein Foto des Landeschefs von Spanien, dann helfen die Kollegen, es ist für sie auch Arbeit, aber sie tun sich viel leichter.

Gegenseitige Unterstützung zentraler und dezentraler Einheiten

Ein anderes Beispiel: Eine Sonderbroschüre für den Personalbereich soll ganz schnell herausgegeben werden. Den Überblick schreibt die zentrale Interne Kommunikation. Fotos und Unterschrift vom Personalvorstand liegen bereit. Die Kommunikationsfachleute in aller Welt liefern Fotos ihrer Mitarbeiter und Beispiele zum Thema aus ihren Einheiten. Zwei Wochen später liegt die Broschüre den Mitarbeitern vor. Der Personalbereich ist zufrieden, das Netz hat sich bewährt.

Andererseits hat die Zentrale den direkten Zugang zu Geschäftsführung und Headquarter. Ob bei Abstimmungen oder Druck-Freigaben, bei konkreten Anfragen oder auch nur bei der Suche nach einem Video oder einem Ansprechpartner, über die zentrale Interne Kommunikation geht das viel einfacher. Oder ein Geschäftsgebiet braucht ein Kommunikationskonzept, eine leichte Übung für die Zentrale. Aber dieses Geben und Nehmen muß insgesamt ausgeglichen sein. Alle Beteiligten müssen Vorteile aus dieser Zusammenarbeit haben.

Richtlinienkompetenz heißt koordinieren, nicht regieren

– Koordination. Aus einem Fehler hat die Interne Kommunikation im Headquarter schnell gelernt: Man kann nicht seine »Richtlinienkompetenz« einfordern, also in die Arbeit der Kommunikationsabteilungen der Länder und Geschäftsgebiete »hinein regieren« wollen, wenn man selbst nichts zu bieten hat. Die erste Zeit nach der Gründung von Siemens Nixdorf war deshalb schwierig. Offener Meinungsaustausch und die unbürokratische Unterstützung der Länder durch UK IC im täglichen Geschäft haben allmählich das gegenseitige Vertrauen wieder gestärkt. Heute ist es für alle selbstverständlich, Themen, Medien und Kampagnen zu koordinieren, weil inzwischen jeder gelernt hat, daß so vieles einfacher und schneller geht.

Neben diesem inneren Kern der Internen Kommunikation gibt es viele, die Anteil an einer funktionierenden Kommunikation haben. Zuerst sind da die Mitarbeiter. Viele Mitarbeiter schicken ihre Infos, Themen oder Ideen für Artikel der Internen Kommunikation. Und jeder in der Internen Kommunikation hat seine Ansprechpartner, die unabhängig von Hierarchie und Land die Arbeit unterstützen. Meist hat man sich durch Zufall kennengelernt. Vielleicht durch eine Anfrage aus dem Ausland, die prompt beantwortet wurde, oder durch ein Gespräch am Rande einer Recherche. Das Ergebnis ist häufig ähnlich: Bei Problemen hilft man sich gegenseitig, ist von der Kompetenz des anderen überzeugt und gewinnt einen Partner oder sogar Freund, und so weitet sich das Netz der Internen Kommunikation. Nebenbei: In Netzwerk-Organisationen hat die soziale und kommunikative Kompetenz der Mitarbeiter eine sehr viel größere Bedeutung als in heutigen Unternehmens-Strukturen.

Mitarbeiter und Ansprechpartner vor Ort

1.3.2.3 Die Geschäftsführung

Sie und die jeweilige Leitung der Einheiten sind wichtige Partner der Internen Kommunikation. Ist man erst einmal als Kommunikations-Profi anerkannt, geben sie die meisten Informationen sofort weiter. Zum Teil braucht es hier immer noch Überzeugungsarbeit, aber mit Unterstützung des Vorstandes oder der Geschäftsführung fällt es vielen Managern leichter, sich von scheinbar »geheimer Information« zu trennen. Und in einem Unternehmen, in dem der Grundsatz gilt: »Wissen und Information werden erst dann wertvoll, wenn man sie mit anderen teilt«, ist vieles einfacher geworden. Hinzu kommt: Mit jeder positiven Erfahrung, die ein Manager nach Weitergabe relevanter Information gemacht hat, wird er einer offenen Informationspolitik aufgeschlossener gegenüberstehen. So erhält die zentrale Interne Kommunikation tagtäglich

förderliche Haltung der Geschäftsleitung

eine Fülle von Informationen. Sei es als Hintergrund-Information – »aber nicht zur Veröffentlichung« – oder als Input für die Medien. Manche Infos sind nur geeignet, an wenige andere weitergeben zu werden, die ihrerseits (»Vertrauen gegen Vertrauen«) der Internen Kommunikation ihre »vertraulichen Informationen« geben. Das macht UK IC zum wohlinformierten Team, Grundvoraussetzung für gute Kommunikation.

es gibt nur wenig Geschäftsgeheimnisse Letztlich sind heute nur noch wenige Dinge im Unternehmen wirklich geheim: Wenn Gesetze, wie beispielsweise das Börsengesetz, tangiert sind, wenn Vertragsverhandlungen laufen, wenn der Betriebsrat zuerst informiert werden muß, wenn Personen betroffen sind. Seit der Vorstandsvorsitzende auf Veranstaltungen offen und direkt mit den Kunden über die Probleme von Siemens Nixdorf sprach und mit ihnen gemeinsam Lösungen erarbeitete – was von den Kunden übrigens sehr positiv aufgenommen wurde – ist ein weiteres Argument für eine zurückhaltende Informationspolitik ebenfalls vom Tisch.

»Herrschaftswissen« vertrauensvoll weitergeben Es gibt aber immer noch einige, die Information für ihr sogenanntes »Herrschaftswissen« halten. Sie sind aber in der Minderzahl und, was besonders wichtig ist, sie wissen, daß dies vom Unternehmen weder gutgeheißen noch toleriert wird. Ein Beispiel: Alle speziell ans Management gerichteten »Führungskräfte-Informationen« wurden vor vier Jahren abgeschafft. UK IC hatte überprüft, welche Informationen nur für das Management wichtig und interessant sind, nicht aber für die Mitarbeiter. Seither gibt es grundsätzlich nur noch Infos entweder für alle oder für all diejenigen, die sich für sie interessieren. So werden seit dieser Erkenntnis auch wesentliche Ergebnisse der regelmäßigen Geschäftsführungssitzungen – das Protokoll erhält die Interne Kommunikation vorab – in fünf Sprachen und schneller an alle Mitarbeiter verteilt, als sie der einzelne Länderchef auf dem »kleinen Dienstweg« erfahren könnte. Ein Nebenprodukt dieser Entwicklung: Selbst der Chef einer Region liest jetzt die Medien der Internen Kommunikation. Denn da steht eben einiges »aus erster Hand« drin. Diese Entwicklung war keineswegs einfach. Aber auch hier gilt: Mit jeder positiven Erfahrung wächst das

Vertrauen, und Vertrauen gepaart mit Kompetenz und Professionalität ist der Schlüssel zum Erfolg.

1.3.2.4 Personalorganisation und Kampagnen

Bislang hieß es in der Fachwelt immer, daß die Interne Kommunikation entweder im Personalbereich oder im Bereich Presse/Öffentlichkeitsarbeit angesiedelt sein müsse, um wirkungsvoll agieren zu können. Bei Siemens Nixdorf ist man der Überzeugung, daß die zentrale Unternehmenskommunikation der richtige Ort sei. Dennoch ist der Personalbereich einer der wichtigsten Ansprechpartner und Informationsgeber der Internen Kommunikation, natürlich neben Geschäftsführung und allen anderen Mitarbeitern.

Jedes Unternehmen startet immer wieder neue Kampagnen. Für Siemens Nixdorf sind der Wandel der Unternehmenskultur mit den Programmen »Produktivität und Qualität« und »Lebenslanges Lernen« sowie eine Orientierung an Prozessen zentrale Anliegen, die durch Kommunikations-Kampagnen ins Unternehmen getragen werden. Darüber hinaus wollen viele Abteilungen und Bereiche gleichzeitig ihre Botschaften an die Mitarbeiter bringen. Die Interne Kommunikation koordiniert diese Aktionen, unterstützt sie und achtet darauf, daß nicht die eine Kampagne die andere »erschlägt«. Deshalb steht vor jeder Aktion die Beratung.

die Interne Kommunikation fördert und trägt Unternehmenskampagnen

1.3.3 UK IC – Das Team, die Arbeitsweise, die Medien und Angebote der zentralen Internen Kommunikation

»Verändert man ein Medium, muß man alle anderen ebenfalls verändern.« Dieser Grundsatz der Integrierten Kommunikation ist für die Medien von UK IC bindend. Grundsätzlich nutzt das Team alle Möglichkeiten der Kommunikation.

1.3.3.1 Team und Arbeitsweise

Funktionen des Teams der Internen Kommunikation Konkret stehen hinter der Abteilung UK IC, oder besser dem Team Mitarbeiterkommunikation, zur Zeit sechs Mitarbeiter. Sie

- informieren täglich im Intranet
- können bei Bedarf über den INLINE-Ticker aktuelle News direkt auf die Bildschirme vieler Mitarbeiter pushen
- schicken alle 14 Tage den FLASH REPORT per E-Mail an alle Mitarbeiter (6 Seiten in 5 Sprachen)
- geben die Mitarbeiterzeitschrift INLINE heraus, (monatlich, 48 bis 64 Seiten)
- machen bei Bedarf INLINE-Sonderausgaben
- konzipieren und schreiben Broschüren, machen Poster und Videos
- planen Kampagnen und setzen sie um
- organisieren Mitarbeiter-Veranstaltungen und Townmeetings
- unterstützen das Management durch aktuelle Foliensätze und Präsentationen
- beraten die Fachabteilungen in Kommunikationsfragen
- koordinieren, beraten und unterstützen die Macher der Internen Kommunikation in Ländern und Geschäftsgebieten
- sind Informationsdrehscheibe für alle Mitarbeiter
- beobachten die aktuellen Trends und entwickeln Strategien und Konzepte für die Zukunft.

Diese Aufgaben mit einer kleinen Truppe zu bewältigen, funktioniert nur, weil sich die Kompetenzen im Team ergänzen und das Team durch das oben beschriebene Netz unterstützt wird. Außerdem achtet das Team darauf, sich auf die eigenen Kernkompetenzen zu konzentrieren und den Rest entweder extern über Agenturen abzudecken oder sich intern durch die jeweiligen Fachleute helfen zu lassen. Nebenbei: Es ist schon lange keine Schande mehr, zuzugeben, daß man etwas nicht kann und deshalb Hilfe benötigt.

Zwei weitere Grundsätze, welche die tägliche Arbeit ein- **Grundsätze für**
facher machen, bauen aufeinander auf und lauten: **die Alltagsarbeit**

1. »Arbeite nur mit den Besten zusammen.«
2. »Kontrolle ist gut, Vertrauen ist besser.«

Ein weiterer Aspekt kommt hinzu: UK IC hat für den Wandel der Unternehmenskultur Vorbildfunktion. Denn es wirkt wenig glaubwürdig, wenn man Wasser predigt und selbst Wein trinkt. So »verzichtet« die Interne Kommunikation auf einen Vorgesetzten im üblichen Sinne, auf einen Chef, der koordiniert, steuert, informiert und die Abteilung nach außen vertritt. Diese Aufgaben übernehmen die Teammitglieder sowie das »Mittwochs-Meeting«. Hier fallen die über den Tag hinaus reichenden Entscheidungen, der Rest ist Projekt-Arbeit. Das hat viele Vorteile: Benötigt eine Abteilung Beratung oder sollte die Interne Kommunikation in einer Arbeitsgruppe vertreten sein, und von allen anderen Abteilungen kommt der Chef, dann wurde früher auch der UK IC – Chef erwartet. Kam nicht er, so war jeder andere bestenfalls als »Vertreter« akzeptiert. Heute sind alle zufrieden, denn von UK IC kommt ja immer der kompetenteste Fachmann auf dem jeweiligen Arbeitsgebiet.

Alle Aufgaben der Abteilung werden wie Projekte behan- **Einzelaufgaben**
delt. So hat jede Kampagne, jede Ausgabe der Mitarbeiter- **wie Projekte ab-**
zeitschrift oder die Organisation von Townmeetings ei- **wickeln**
nen Projektleiter. Er ist verantwortlich für sein Projekt. Er überwacht das Budget, achtet auf termingerechte Erledigung und sucht sich die notwendige Unterstützung innerhalb des Teams oder bei den Fachleuten im Unternehmen und außerhalb. So entstehen für alle Projekte virtuelle Teams, die sich mit Abschluß der Aufgabe wieder auflösen. Die Information untereinander im Team funktioniert auf Zuruf und durch die Mittwochsmeetings. So ist jeder über alles bestens informiert und auskunftsfähig.

Die oben angesprochenen beiden Grundsätze »Vertrauen« und »Arbeite nur mit den Besten« sorgen für optimierte Prozesse und unbürokratisches Handeln. Als Beispiel sollten die allen Fachleuten der Internen Kommunikation wohlbekannten Abstimmungsprozeduren dienen. Für die Medien gibt es einen einfachen Prozeß:

fachliche Abstimmungen Grundsätzlich werden alle Artikel vom Team bearbeitet. Vor Veröffentlichung erhält die Leiterin der Unternehmenskommunikation die Beiträge der Mitarbeiterzeitschrift. Alle Artikel für die übrigen Medien werden von der Abteilung selbst freigegeben. Wann immer möglich, geht allerdings kein Beitrag hinaus, ohne daß ihn ein weiteres Teammitglied gelesen hat. Gibt es Zweifel, ob alles richtig verstanden wurde, wird die Fachabteilung befragt. Ist das Thema »politisch heiß«, holt sich das Team Rückendeckung in der Geschäftsführung. Selbst eine Freigabe durch den Vorstandsvorsitzenden dauert selten länger als eine Nacht oder ein Wochenende. Denn schließlich ist heute jeder erreichbar, für die Mitarbeiterkommunikation sowieso.

Infos verständlich und zielorientiert Jede Information, die an die Mitarbeiter weitergegeben werden soll, wird auf Kriterien wie Verständlichkeit oder die beabsichtigte Wirkung abgeklopft: Die möglichen Wirkungen liegen im Spektrum von einheitlichem Wissenstand, der Förderung planmäßigen Wandels von Werten, Verhalten und Denken der Mitarbeiter. Oder sie dient der Orientierung und Motivation der Mitarbeiter, insgesamt ist das also eine Frage von Führung. Und natürlich werden alle Informationen im Rahmen der Integrierten Kommunikation in einer aufeinander abgestimmten, koordinierten Weise verbreitet. Das ist ein Vorgehen, das alle Kommunikationsmittel und Zielgruppen im Blick hat.

Jedes Teammitglied wird ausschließlich am Output gemessen. Und, daß sich alle gut verstehen und bestens aufeinander eingespielt sind, darf als sicher gelten. Diese Art des Vorgehens hat zu einer effektiven und effizienten Arbeitsweise geführt, die allerdings hart erarbeitet wurde; denn Vertrauen will verdient werden, auch bei Siemens Nixdorf.

1.3.3.2 Medien und Angebote

Koordination und Beratung sind die Basis, Kampagnen die Kür, Intranet ist Pflicht und Zukunft, genau so wie die Mitarbeiterzeitschrift INLINE, das Flaggschiff der Internen Kommunikation.

INLINE – die Mitarbeiterzeitschrift.

Sie war die erste regelmäßig erscheinende Zeitschrift des Unternehmens und hat sich seither beständig gewandelt. Es gab nie einen Relaunch, aber von Ausgabe zu Ausgabe wurde sie verändert, verbessert, den aktuellen Trends und Gegebenheiten angepaßt. Von der Gestaltung her: Dafür sorgt seit Anbeginn die äußerst kreative Agentur A3 in Gütersloh. Vom Inhalt her: eben entsprechend der Situation des Unternehmens und der hinzugekommenen Medien. Vom Konzept her hat sie sich zu einer Zeitschrift gewandelt, die komplexe Zusammenhänge herstellt, Beiträge mit längerfristiger Aktualität bietet (das Intranet ist in Sachen Aktualität nicht zu schlagen). INLINE gibt so die Richtung vor, setzt Themen auf die Agenda des ganzen Unternehmens und sorgt für Orientierung und Überblick. **in ständigem Wandel**

Die aktuelle Ausgabe – es sind nur noch zwei Monate, bis Siemens Nixdorf am 1. Oktober 1998 in den drei neuen Siemens-Bereichen für »Information und Kommunikation« aufgehen wird – behandelt auf 64 Seiten schwerpunktmäßig die Vorbereitungen auf diese Veränderung: **Veränderungen vorbereiten**

– Artikel aus den Planungsteams; aktuelle Entscheidungen des Steering Commitees;
– die Hintergründe für diese Schritte;
– Meinungen von Mitarbeitern, Geschäftsführung, Kunden und Analysten zum Thema;
– die Vorstellung der neuen Kollegen und Arbeitsfelder;
– aber auch die Werte und Verhaltensweisen, die heute bei Siemens Nixdorf gelebt und die in neuer Aufstellung genauso dringend benötigt werden.
– Andererseits beschäftigen sich die übrigen Artikel mit dem normalen Leben, mit dem täglichen Geschäft, mit den Kunden und den Mitarbeitern, die sich um die Kunden kümmern.

INLINE erscheint monatlich, im Magazin-Format, 5-farbig, 64 Seiten, nimmt Werbung auf – außer von der Konkurrenz, erscheint auf deutsch und englisch, Auflage: 37 000 deutsch, 13 000 englisch; versorgt Mitarbeiter, Pensionäre, Interessierte. Sonderausgaben zu bestimmten Themen sowie aktuelle Ausgaben ergänzen die Zeitschrift. Für manche Länder gibt es zusätzlich länderspezifische Seiten in INLINE.

Pull und Push – das Intranet

150 000 Zugriffe pro Monat Direkt auf der zentralen Homepage von Siemens Nixdorf ist der Button für den FLASH REPORT. Tag für Tag finden die Mitarbeiter hier News aus aller Welt. Interessante Aufträge, Neues von Geschäftsführung und den Planungsteams für die Neuorganisation, Infos zur Strategie, Veränderungen in Bereichen oder einfach nur Meldungen aus der bunten Siemens Nixdorf-Welt. Im Durchschnitt bearbeitet UK IC fünf bis acht Meldungen am Tag und stellt sie ins Intranet. Alle Beiträge sind, wenn möglich, nicht länger als eine halbe DIN A4-Seite. Gibt es zum Artikel weitere Informationen im Intranet, dann wird ein Link dahin gelegt. Am Schluß wird ein Ansprechpartner genannt. Auf diese Weise können die am jeweiligen Thema besonders Interessierten sich schnell und direkt miteinander in Verbindung setzen. Die letzte Analyse hat ergeben, daß im Durchschnitt pro Artikel zwei gute und für das Geschäft relevante Kontakte vermittelt werden konnten. Die Auswertungen ergaben für die letzten beiden Monate durchschnittlich rund 150 000 Zugriffe pro Monat auf die Seiten des FLASH REPORTs. Damit steht er auf Rang 1 – weit vor allen anderen Web-Sites. Dies ist die »Pull-Form« der Informationsbereitstellung, das heißt, der Mitarbeiter muß aktiv werden und sich die Information selbst holen. Ergänzt um Kommentare, Editorial und neuen Meldungen wird der FLASH REPORT alle 14 Tage per E-Mail in fünf Sprachen – deutsch, englisch, französisch, italienisch und spanisch – an die Mitarbeiter geschickt. »Push« – der Mitarbeiter erhält ohne eigenes Zutun die Information.

Außer über den FLASH REPORT stellt die Interne Kommunikation Folien wichtiger Vorträge, Reden, Hintergrundmaterial allen über das Intranet zur Verfügung.

Der Dialog – Friday Foren und Townmeetings

– Wenn ein ganzes Unternehmen auf Kommunikation setzt, kann Information nur ein wichtiger Schritt sein; Meinung entsteht in der Diskussion. Dafür wurde vor rund drei Jahren ein Forum geschaffen: das Friday Forum. Es dient dazu, all diejenigen Dinge zu besprechen, die die Mitarbeiter interessieren, um Abläufe zu verbessern oder die Arbeit in den Zusammenhang von Geschäftsgebiet und Unternehmen zu stellen. Die Regeln sind einfach:

14tägig ein Friday Forum zur Diskussion

– Mitarbeiter laden ihre Kollegen ein, jeder kann jedes Thema auf die Agenda bringen,
– die Atmosphäre ist locker, der Vorgesetzte ist ein Teilnehmer wie alle anderen,
– ein Mitarbeiter moderiert das Forum
– es findet im Normalfall regelmäßig alle 14 Tage statt, weltweit überall bei Siemens Nixdorf.

Noch fallen zwar viel zu selten auch Entscheidungen im Friday Forum, aber die Richtung stimmt. Die Interne Kommunikation unterstützt die Friday Foren mit allgemein relevanter Information, mit Tips und Vorschlägen, und berichtet über gelungene, wirkungsvolle Foren. Nur eines hat sich seit der Einführung verändert: Es heißt zwar noch Friday Forum, findet aber eher selten am Freitag statt.

Vor rund eineinhalb Jahren hat das Friday Forum einen großen Bruder bekommen: das Townmeeting. Organisiert über die Interne Kommunikation sind dies Informations- und Diskussionsforen ganzer Standorte. Meist diskutiert ein Mitglied der Geschäftsführung mit den Mitarbeitern und informiert sie über die aktuelle Situation und die strategischen Herausforderungen der nächsten Monate. Zum letzten Townmeeting in München kamen rund 1 500 Mitarbeiter, um mit dem Vorstandsvorsitzenden zu sprechen.

Informationsforen ganzer Standorte

Mitarbeiter fühlen sich gut informiert Insgesamt – so das Ergebnis der letzten Mitarbeiterbefragung – sind die meisten Mitarbeiter zufrieden mit ihrer Internen Kommunikation und »fühlen sich gut informiert«. Die übrigen wollen schneller, besser und umfassender informiert werden. Das wird gern gehört: »Bleiben Sie ungeduldig und geben Sie sich nicht mit dem Erreichten zufrieden,« ruft der Vorstandsvorsitzende den Mitarbeitern zu. Für die Interne Kommunikation ist dies eine große Herausforderung und die Aussicht auf spannende Zeiten.

1.4 Ausblick – Kommunikation in der Zukunft

Jeder wird sich mit jedem austauschen Wie die Interne Kommunikation von Unternehmen sich weiterentwickeln wird, weiß auch bei Siemens Nixdorf niemand so genau. Sicher ist, das Zusammengehen von geschäftsrelevanter Information und »Nice-to-have-news« wird an Geschwindigkeit zunehmen. Sicher auch: Das Intranet wird zum zentralen Informations- und Kommunikationssystem des Unternehmens – und gleichzeitig wird kein einziges der herkömmlichen Medien verschwinden. Die Kommunikation wird noch direkter werden. Jeder wird sich mit jedem austauschen, unterstützt durch die Technik. Intelligente Agenten werden dem Mitarbeiter aktiv genau die Informationen liefern, die er braucht und für die er sich interessiert. Und sicher ist ganz gewiß: Das wird sehr viel schneller passieren, als man sich das heute vorstellt. Die Interne Kommunikation von Siemens Nixdorf – und ab 1. 10. 1998 bei Siemens – wird alles daran setzen, diese Entwicklung nicht nur zu begleiten, sondern sie mitzuprägen.

2. Ein Flaggschiff, wendig wie ein Surfbrett
Beispiel: »BASF information«

Von Ulrich Nies

2.1 Rahmenbedingungen

Für die weitaus größte Zahl der Unternehmen in Deutschland ist ihre Mitarbeiterzeitschrift das wichtigste Mitarbeitermedium, andere nennen einen Infobrief, das Schwarze Brett oder ihr internes Computernetzwerk. In der BASF und ihren Gruppengesellschaften in aller Welt heißt die Antwort auf die Frage nach dem wichtigsten Medium »unsere Zeitung«, ihr Titel rund um den Globus: »BASF information«. Insgesamt 42 dieser Publikationen werden von den für interne Kommunikation zuständigen Kollegen in den Gruppengesellschaften herausgegeben; mit Auflagen zwischen 200 und 60 000 Exemplaren.

Auch wenn die BASF information einer genauen Überprüfung anhand des Dovifatschen Zeitungsbegriffes nicht standhält (1. disperses Publikum – nein, nur Mitarbeiter und Pensionäre, 2. umfassende Themenauswahl – nein, nur Themen mit Unternehmensbezug), so sehr trifft der Begriff, wenn nur als Konkretisierung »Unternehmen« vorangestellt wird. Denn eine Unternehmenszeitung ist die BASF information allemal. Richtet sie sich doch als Integrationsmedium an alle Mitarbeiter, vom Auszubildenden bis zum Vorstandsvorsitzenden, behandelt sie alle Themen, vom Mitarbeiterporträt über Produkte bis zur Unternehmenspolitik, erscheint sie in Ludwigshafen immerhin zweiwöchentlich und verwendet sie alle journalistischen Stilelemente, die auch in Zeitungen zu finden sind: von Bericht, Meldung und Reportage bis zur Glosse, dem Kommentar und dem Leserbrief. Daß Redaktionsmanagement, Layout und Herstellungstechnik sich ebenfalls an Zeitungsstandards orientieren, ist da nur konsequent.

Zeitung mit allen journalistischen Stilmitteln

131

2.2 Mitarbeiterzeitung zur Information

hohe Glaubwürdigkeit Warum die BASF nicht im feinen Zeitschriftengewande auf ihre Mitarbeiter zukommt, sondern auf schlichtem Zeitungspapier, wenn auch bunt, das hat mehrere Gründe. Da ist zum einen die Unternehmenskultur, die der Aniliner (Anilin ist der volkstümliche Name des Unternehmens im Umfeld Ludwigshafens) als ein »mehr sein als scheinen« erlebt. Da sind aber vor allem handfeste Gründe aus der Kommunikationsforschung. Sie bescheinigen Zeitungsprodukten per se eine höhere Glaubwürdigkeit als prospektartigen Firmenzeitschriften. Außerdem ist eine Zeitung aktueller herzustellen, was, wie Umfragen belegen, ebenfalls für die Glaubwürdigkeit und Akzeptanz eines Mitarbeitermediums entscheidend ist. Der Grundsatz »die Mitarbeiter zuerst« läßt sich mit einer 14tägig erscheinenden Zeitung eher umsetzen als mit einer Monats- oder Vierteljahres-Zeitschrift. Die Vollversammlung der Vertrauensleute am nächsten Tag im Blatt – mit Zeitung ist das kein Problem. Und weil es eine Zeitung ist, findet der Leser hier auch alle ihm bekannten Stilmittel: Berichte, Reportagen und Kommentare. Daß er zu all dem auch noch in kurzer Frist mit Leserbriefen Stellung nehmen kann, macht das Medium in unseren Augen vollends ideal als Basismedium der Mitarbeiterkommunikation.

Historisches und Politisches bei der Titelwahl Wenn wir es dennoch BASF »information« und nicht »kommunikation« nennen, dann hat das sowohl historische Gründe, die für einen eingeführten Titel sprechen, als auch praktische Hintergründe – welcher Titel funktioniert schon international? Und nicht zuletzt ist der Name auch Ausdruck der Offenheit. Denn Kommunikation ist etwas, das in erster Linie direkt zwischen Menschen laufen muß und nicht über ein Medium. Insofern wäre ein Titel, der wie Forum oder Marktplatz von der ersten Funktion des Mediums, zu informieren, ablenkt, nicht nur unehrlich. Er könnte sogar manche Führungskräfte in der Illusion wiegen, Kommunikation sei eine Sache von Medien und professionellen Kommunikateuren. Damit wäre diese Titelwahl sogar in letzter Konsequenz schädlich für die Kommunikation im Unternehmen – zumindest so lange,

Die BASF-Mitarbeiterzeitung

bis alle Führungskräfte die Kommunikation als ihre eigentliche Aufgabe begriffen haben.

2.3 BASF information für die Mitarbeiter der BASF Aktiengesellschaft

Standort Ludwigshafen mit eigener Zeitung Jede BASF-Gesellschaft ist für die eigene Mitarbeiterkommunikation verantwortlich. Für die BASF Aktiengesellschaft, also im wesentlichen den Standort Ludwigshafen, ist die Zentralabteilung Öffentlichkeitsarbeit zuständig. Über ihre Steuerungsaufgaben für die BASF-Gruppe hinaus sind die Mitarbeiter der Einheit Mitarbeiterkommunikation auch Redakteure für die Medien der BASF Aktiengesellschaft. Hauptprodukt ist die Zeitung BASF information. Daneben sind die insgesamt zehn Redakteure auch für Zielgruppenmedien verantwortlich und beraten in zunehmendem Maße Einheiten bei der internen Kommunikation z. B. während Veränderungsprozessen. Der Personaleinsatz für eine Ausgabe der BASF information ist abhängig vom Seitenumfang sowie dem Maß an freien Mitarbeitern. Er liegt derzeit bei etwa 3,5 Mitarbeitern.

2.4 Fakten, Fakten und so weiter...

Druckvorbereitung in der Redaktion mit Hilfen von außen Die BASF information erscheint zweiwöchentlich mit einer Auflage von rund 60 000 Exemplaren im Rheinischen Format. Ihr Umfang liegt zwischen acht und 14 Seiten. Alle Seiten können vierfarbig angelegt werden. Druckerei ist der ortsansässige Zeitungsverlag »Die Rheinpfalz« mit seiner Offset-Rotation. Die Seiten werden von den Redakteuren mit Hilfe des Umbruchprogramms Quark X-Press gestaltet. Lediglich für Anzeigenseiten und zeitraubende Layoutaufgaben, wie das Freistellen von Fotos, unterstützt an zwei Tagen pro Ausgabe ein Grafiker das Redaktionsteam. Dagegen zählt die Herstellung von Grobscans der Abbildungen für die Gestaltung des Layouts zu den Aufgaben der Redakteure. Die Übertragung der Daten an die Druckerei erfolgt per ISDN. Noch in diesem Jahr sollen auch die Feinscans in der Redaktion erstellt werden. Dann muß wegen der gestiegenen Datenmenge auf Cartridges für die Datenübertragung umgestellt werden. Die Drucke-

rei wendet ein Computer to Plate-Verfahren an. Ausbe-
lichtungen, Filmmontagen etc. entfallen.

2.5 Eine Ausgabe entsteht

Der Startschuß für eine neue Ausgabe von BASF information fällt bereits zwei Tage vor Erscheinen der alten Ausgabe (jeden zweiten Donnerstag) mit der Redaktionsrunde. Die meisten Themen bringen die Redakteure bereits in die Runde mit. Damit möglichst wenige Vorgänge
über den Tisch des Herausgebers laufen, hat sich die Redaktion das Unternehmen regelrecht aufgeteilt. Jeder Kollege betreut bestimmte Einheiten, Gesellschaften und
Sonderthemen. Dadurch ist im Laufe der Zeit ein oft intensiver Austausch zwischen den Mitarbeitern der BASF-
Einheiten sowie Gruppengesellschaften und den sie betreuenden Redakteuren entstanden. Die Themenfindung
wird so zu einem fortlaufenden Prozeß, der zudem in enger Abstimmung und in Zusammenarbeit mit den Kollegen von der Pressestelle verläuft. Ergebnis der Runde ist
die vom CvD – in der Regel die verantwortliche Redakteurin – erstellte Themenliste. Diese wird am Tag des Erscheinens der aktuellen Ausgabe in einer sogenannten Pla-
nungskonferenz mit den Vertretern der Vorstandsressorts
sowie des Personal- und Sozialwesens diskutiert und um
deren Vorschläge ergänzt. Neben der Themenfindung
und Abstimmung dient diese Runde zur Blattkritik der aktuellen Ausgabe.

Konzept und Abstimmung

Die »heiße« Produktionsphase beginnt eine Woche vor Erscheinen. Eine Umbruchbesprechung im Beisein der gesamten Redaktion wurde vor zwei Jahren abgeschafft. Sie
ist ersetzt durch das direkte Gespräch zwischen CvD und
dem für eine Seite zuständigen Redakteur. Montags vor Erscheinen werden Seitenausdrucke innerhalb der Öffentlichkeitsarbeit, an das Personalwesen sowie an einen Kor-
rektor verteilt. Deren Rückläufe liegen Dienstag um die
Mittagszeit vor und werden eingebaut. Am Nachmittag gehen bereits feststehende Abbildungen zur Herstellung der
Feinscans an die Druckerei. Bis Mittwoch Nachmittag können Korrekturen vorgenommen bzw. freigehaltene Plätze

**die heiße Pro-
duktionsphase**

im Blatt gefüllt werden. Gegen 14.00 Uhr startet die Übertragung der Daten an die Druckerei. Eine Sichtprüfung am Bildschirm durch den CvD in der Arbeitsvorbereitung der Druckerei beendet zwischen 17.00 und 18.00 den normalen redaktionellen Prozeß. Nach Vorankündigung können eine oder zwei Seiten auch später übertragen werden.

Aktualität durch Produktion in der Zeitungsdruckerei
Bei aktuellen Ereignissen kann der Redaktionsschluß bis weit in die Nacht vor Erscheinen verlagert werden. Grund: Die Arbeitsvorbereitung der Druckerei ist wegen der hauseigenen Zeitungsproduktion bis weit nach Mitternacht besetzt, und der Druck von BASF information erfolgt erst im Anschluß an die Produktion der Tageszeitung des Verlages. Am Vormittag des nächsten Tages liegt die druckfrische Ausgabe an den Toren des Unternehmens. Pensionäre erhalten ihre BASF information am nächsten oder spätestens übernächsten Tag durch die Austräger der Druckerei. Dies bietet bei hoher Zuverlässigkeit einen Kostenvorsprung gegenüber dem Postversand um fast zwei Drittel und in vielen Fällen sogar eine zeitliche Verbesserung.

2.6 Inhalt und Stil: Von Freizeitkluft bis Zweireiher

breites Themenspektrum
Breite – das ist das Motto dieses Absatzes. Breit ist das Spektrum der Themen und ebenso breit auch das der journalistischen Stilmittel. Damit dies alles gut konsumierbar bleibt, bedarf es einer klaren Struktur im Blatt. Der Leser weiß wo ihn welche Themen erwarten, und wird über die bekannte Struktur der Zeitung sowie über Kolumnentitel auf jeder Seite geführt. So gehört Seite 1 naturgemäß den wichtigen Unternehmensthemen. Und da die BASF information kein weltweit erscheinendes Blatt ist, haben durchaus auch lokale Themen des Standortes Ludwigshafen eine gute Chance, Aufmacher zu werden. Gefragt im Zeitungslayout sind viele kurze Beiträge auf jeder Seite. Verpönt sind dagegen Überläufe auf die hinteren Seiten. Fester Bestandteil der Seite 1 ist zudem ein Meldungskasten, der gleichermaßen für Leitartikel, letzte Nachrichten wie für Hinweise auf das Innere des Blattes verwendet wird.

Seite 2 mit Berichten und Hintergründen ist gleichzeitig **inhaltliches** die Heimat der Personalmeldungen und der Leserbriefe. **Seitenprogramm** Seite 3, die erste rechte Aufschlagseite, dient als lokale Aufmacherseite. Fester Bestandteil ist hier die Rubrik »Namen und Notizen«, die all das enthält, was es nicht ganz zur eigenständigen Meldung geschafft hat. Seite 4 nimmt sich bereits der nationalen und internationalen Themen aus der BASF-Gruppe an. Oft muß speziell in der Zeit der Bilanzpressekonferenzen dafür auch noch Seite 5 herhalten. Je nach Umfang folgen jetzt noch Themenseiten über Produkte oder unternehmensweit relevante Konzepte.

Die hinteren Seiten mit Wohnungsanzeigen, der Mitarbeiterchronik, dem betrieblichen Vorschlagswesen und dem lokalen Sport sowie von Zeit zu Zeit auch weiterer Seiten mit bunten Standortthemen entsprechen dem Anzeigen- und Lokalteil von Tageszeitungen: nicht prominent plaziert, aber gut gelesen.

Das Finale bildet eine »Galerie«. Von Kultur über Hobby- **»Annelin« als** porträts bis zum Kreuzworträtsel kann das Auge des Lesers **Glossenfigur** hier spazierengehen. Meist bleibt es als erstes bei der Annelin hängen; einer Glossenfigur, die Menschliches und Bürokratisches aus dem Unternehmensalltag auf die Schippe nimmt.

2.7 Internationales

Berichterstattung über die BASF-Gruppe in der Zeitung für **ein transnationa-** die Mitarbeiter am Standort Ludwigshafen und in den Zei- **les Unternehmen** tungen der Gruppengesellschaften – das ist in einem transnationalen Unternehmen ein nicht immer geliebtes, aber um so wichtigeres Thema. Die BASF hat sich bewußt gegen ein gruppenweites Medium für alle Mitarbeiter entschieden. Wer sich selbst als transnationales Unternehmen definiert, anerkennt damit die kulturelle Vielfalt. Eine brasilianische Mitarbeiterzeitung muß sich mit den Tageszeitungen ihres Landes in Wettbewerb stellen. Umbruchregeln werden rund um den Globus entsprechend der Lebensumstände unterschiedlich interpretiert. Man stelle sich vor, in Japan eine Zeitung im Zeit-Format anzubieten. Wie sollte jemand in einem überfüllten Zug in der Lage sein, dieses »Einmannzelt« aufzublättern? Und wenn die Tageszeitungen in Südamerika mit Karikaturen arbeiten oder die US-Amerikaner sich an US-Today orientieren müssen, sollen sie. Ein gemeinsamer Name wie BASF information sowie ganz entscheidend die Einhaltung der Corporate Design-Regeln für den Umgang mit Schriften und die Nutzung des Logos – das ist ein Muß als optische Klammer. Wichtig ist, daß die Regeln der Corporate Identity und daraus abgeleitet das Corporate Design hierbei nicht als lästiges Regularium abgetan, sondern als Klammer für die Identität des Unternehmens anerkannt werden.

Lokales steht im Mittelpunkt So wie bei der Gestaltung auf regionale Besonderheiten Rücksicht genommen werden muß, so gilt das auch für Inhalte. Lokales muß im Mittelpunkt stehen! Die Mitarbeiter der Gruppengesellschaften müssen sich zunächst einmal selbst und ihre Bedürfnisse in ihren Zeitungen vor Ort wiederfinden. Erst dies sorgt für Akzeptanz der lokalen Medien. Gleichwohl gilt es, die Kommunikations-Interessen der BASF-Gruppe nicht aus den Augen zu verlieren. Werden sie in den vor Ort akzeptierten Medien der Gruppengesellschaften transportiert, dann sehen wir dies quasi als Königsweg.

Themen aus und für die Gruppengesellschaften Rund 20 Prozent des Umfangs einer lokalen Zeitung sollen die Gruppenthemen ausmachen. Die zentrale Koordination dieser Berichterstattung ist Aufgabe der Einheit Mitarbeiterkommunikation der BASF Aktiengesellschaft in Ludwigshafen. Aufgabe der in der Redaktion definierten Ansprechpartner für Gruppengesellschaften ist es gleichermaßen, Themen aus den Gesellschaften zu sammeln und nach Relevanz in der Gruppe weltweit zu verbreiten als auch die Themen der Gruppenberichterstattung in den lokalen Medien mit den dortigen Redakteuren abzusprechen. Zu einem idealen Instrument hat sich auf diesem Feld das Intranet entwickelt. Die Redakeure vor Ort finden hier online in deutscher und englischer Sprache aktuellste Beiträge und Illustrationen. Texte können direkt in das örtliche Umbruchsystem übertragen werden; für Fotos oder Feindaten von Illustrationen sorgt der Kollege in

Ludwigshafen. Der hat aber noch weit mehr zu bieten. Anhand von Schwerpunktthemen, die jedes Jahr neu für alle Ressorts ausgearbeitet werden, macht er auf die Situation der Gruppengesellschaften zugeschnittene Themenangebote. Den Redaktionsschluß des lokalen Kollegen vor Augen, kann er zudem auf Themen hinweisen, die noch nicht publiziert sind und nur auf diesem Weg in den Produktionsprozeß eingespeist werden können. Auf diese Weise trägt er zur Aktualität der Zeitung in den Gruppengesellschaften bei.

2.8 Herausforderungen für Zeitungsmacher

Und mag ein Unternehmen noch so groß sein, viele Ereignisse wie Bilanzpressekonferenzen, Hauptversammlungen oder Wandertage kehren so sicher wieder wie Frühling, Sommer, Herbst und Winter. Und wie der Lokalredakteur einer großen Tageszeitung steht der Mitarbeiter einer Unternehmenszeitung vor der Herausforderung, die gleichen Themen immer wieder neu zu präsentieren. Was machen wir zur Hauptversammlung? So mancher gute Vorschlag des neuen Kollegen oder Volontärs wird in der Redaktionsrunde mit einem »oh, das hatten wir erst vor drei Jahren« auf die Seite geschoben. Die Antwort auf dieses Dilemma kann nur sein: Gut, wandle es ab, mache es auf Deine Art und schau möglichst nicht in die alten Ausgaben. Hinzu kommt, daß der rasche Wandel in den Unternehmen (zumindest in der BASF) auch dazu beiträgt, daß sich die Berichtsgegenstände verändern. Das gilt für internationale Pressekonferenzen, und selbst beim Radwandertag haben sich die Organisatoren einiges Neues einfallen lassen, um Familien und Bungeejumper anzulocken. Außerdem sind die Mitarbeiter anspruchsvoller gegenüber ihrer Mitarbeiterzeitung geworden. Mit Amtsblattjournalismus verkauft man keine regionale Tageszeitung. Und die sind Benchmark für die BASF information. Schneller, bunter und vor allem offener – das sind die Forderungen der Leser. Für Langeweile auf Seiten der Redaktion ist da kein Platz. Jede Verbesserung, jeder Schritt zu mehr Aktualität, Attraktivität und mehr Offenheit ist von der externen Medienlandschaft bereits vollzo-

wiederkehrende Themen im neuen Gewande

gen. Gute Infografiken findet man heute in jeder Tageszeitung. Das gilt ebenso für ein modernes Layout, welches das Lesen erleichtert, statt mit Bleiwüsten nur »kluge Köpfe« anzulocken.

rasanter Verbesserungsprozeß Von der Redaktion einer Unternehmenszeitung fordert dies nicht nur einen kontinuierlichen, sondern vielmehr einen rasanten Verbesserungsprozeß. Möglich ist dies nur mit Partnern im Unternehmen, die einen solchen Prozeß fordern und fördern. Offene und frühzeitige Informationsweitergabe, zügige Abstimmung, der Verzicht auf Fachsprache und die Bereitschaft, auch Kritik zu akzeptieren, sind dabei die Eckpunkte. Kritische Leserbriefe oder Fragen von Mitarbeitern, vor wenigen Jahren noch als Kritik an der eigenen Person mißinterpretiert, werden heute fast durchgängig als ein willkommener Einstieg in die Kommunikation verstanden. Was die Redakteure tun können, unterscheidet sich wenig von den Aufgaben der Kollegen bei Tageszeitungen: Sich an den Bedürfnissen der Leser orientieren, sie zu Wort kommen lassen und Themen professionell zu recherchieren sowie aufzubereiten: Kurze Sätze, kein Fachchinesisch, wenig Fremdworte, aussagekräftige Illustrationen und ein Umbruch, der anregt statt abschreckt.

Interessen des Unternehmens und der Leser Der Spagat zwischen Kommunikationsinteressen des Unternehmens und Leserinteressen ist enger als man vermuten könnte. Es gilt »nur«, den Partnern im Unternehmen klarzumachen, daß der Abdruck einer fachlich korrekten, aber sprachlich unsäglichen Bekanntmachung den eigenen Zielen nicht dient. Und ganz hartgesottenen Kollegen, welche die Meinung vertreten »egal ob die es verstehen – wichtig ist nur, daß ich es offiziell mitgeteilt habe«, muß klar gesagt werden, daß sie damit gegen die Interessen des Gesamtunternehmens verstoßen. Schließlich sind die Glaubwürdigkeit und das Ansehen seines wichtigsten Mediums im Interesse des Unternehmens. Also alles ganz einfach? Nein, ein schwieriger Prozeß, in dem man meist Boden gut macht und leider manchmal ein Stück weit verliert.

Wichtig ist nur, daß man seine Erfolge mit Selbstbewußt- **Beitrag zum** sein und der Gewißheit sucht, daß eine gute redaktionelle **Unternehmens-** Arbeit Beiträge zum Unternehmenserfolg leistet. Schließ- **erfolg** lich ist die Zeitung kein Geschenk an die Belegschaft, son- dern soll für informierte und damit ein Stück weit auch für motivierte Mitarbeiter sorgen.

3. Eine alte Mitarbeiterzeitung, noch immer jung
Beispiel Bosch-Zünder, gedruckt und elektronisch

Von Jens Peter Eichmeier

»Hello. Click in. Here is the BZ-News!« Auf Plakaten stand es, und in Sonderdrucken war es zu lesen, in deutscher und englischer Sprache. So hat die Redaktion des Bosch-Zünders im Februar 1997 den Mitarbeitern der Bosch-Gruppe überall in der Welt angekündigt, daß sie die wichtigsten Informationen aus dem Bosch-Zünder künftig zweisprachig über das firmeninterne elektronische Kommunikationsnetz Intranet verbreiten würde. Der Name des neuen Dienstes: »Bosch-Zünder. News for the employees of the Bosch-Group worldwide«, kurz: BZ-News. Bosch-Zünder-Informationen können nun also an den meisten Standorten in der Welt auf den Bildschirmen von den Mitarbeitern gelesen werden.

erscheint seit 1919 als Bosch-Zünder Der Bosch-Zünder ist eines der ältesten, noch unter dem ursprünglichen Titel erscheinenden Mitarbeiterinformationsmedien in Deutschland. Robert Bosch hat die Zeitschrift, sich einen lang gehegten Wunsch erfüllend, im März 1919 gegründet. Theodor Heuß beschreibt das Blatt in seiner 1945 erschienenen Bosch-Biographie als eine »publizistische Meisterleistung«. Für diese traditionsreiche Mitarbeiterzeitschrift, die seit Anfang der siebziger Jahre im Stile einer modernen Tageszeitung gestaltet ist, hat mit der Elektronik eine neue Ära begonnen, noch mit einer Reihe von Unbekannten.

3.1 Das Intranet kam wie gerufen

ein englisch-sprachiges Medium fehlte Das Intranet kam Mitte der neunziger Jahre wie gerufen. Die kräftig voranschreitende Internationalisierung der Bosch-Gruppe mit mehr als 180 000 Mitarbeitern, davon die Hälfte außerhalb Deutschlands, einem Umsatz 1997 von rund 47 Milliarden DM, Auslandsanteil 65 Prozent, hatte einen Mangel immer deutlicher werden lassen: ein internationales, englischsprachiges Informationsme-

142

dium für Mitarbeiter fehlte. Überlegungen, ein solches ins Leben zu rufen, hatte es schon Anfang der neunziger Jahre gegeben. Doch sie konnten nicht verwirklicht werden. Zu hoch waren die Kosten und zu verzwickt die Vertriebsprobleme für das Organ, das damals selbstverständlich noch als konventionelles Druckerzeugnis gedacht war. Praktisch von heute auf morgen änderte sich die Szene. Das »Wunder« des Intranet ermöglichte es, binnen Sekunden Nachrichten und Fotos weltweit gleichzeitig zugänglich zu machen.

Zunächst war das Intranet etwas ziemlich Unbekanntes, auch Rätselhaftes: konnte es für eine Mitarbeiterzeitung geeignet sein? Die Redaktion gehört zu den Pionieren. Ziemlich schnell war es ihr klar, daß es dem neuen Medium unangemessen wäre, die Artikel eins zu eins unverändert aus dem Bosch-Zünder ins Netz zu stellen. Vielmehr ist sie einen Weg gegangen, der erheblich mehr Arbeit bedeutet, aber dem neuen Medium entspricht. Unmittelbar nach Erscheinen wählt sie das Wichtigste aus dem Bosch-Zünder aus, das an allen Standorten in der Welt die Mitarbeiter interessieren müßte, schreibt die Artikel so um, daß sie überall verstanden werden müßten, und strafft zugleich den Stoff, damit kompakte Informationen entstehen. Dazu gibt es farbige Fotos, die Leben auf den Büro-Bildschirm bringen. Neue Möglichkeiten der Kommunikation über die Grenzen entstehen, dazu auch bisher unbekannte Formen eines »Online-Journalismus«.

Artikel werden für BZ-News umgeschrieben

Von großer Bedeutung ist die Übersetzung. Ein britischer Journalist, der in Deutschland arbeitet, sorgt dafür, daß aus den deutschen Texten Artikel werden, die anglo-amerikanischem Journalismus entsprechen. So erhalten die Übersetzungen eine eigene Farbe und Qualität. Da beide Fassungen allen zur Verfügung stehen, können Sprachkundige das gut überprüfen. Andere haben eine zusätzliche Möglichkeit, ihre Sprachkenntnisse zu verbessern.

Übersetzung ins Englische

Auf die graphische Gestaltung des Bosch-Zünders als Lesehilfe legt die Redaktion seit eh und je großen Wert. Das gilt jetzt auch für die elektronische Ausgabe. Hier nutzt sie die eigens entwickelte Bosch-Intranet-Graphik. Diese ist übersichtlich und kommt ohne die sonst beliebten Spielereien aus. Die Klarheit dient der Orientierung in der Informationsflut, die im Informationszeitalter jeder zu bewältigen hat.

3.2 Inhalte des Bosch-Zünders in BZ-News

Bosch-Zünder will sich nicht selbst Konkurrenz machen

Bisher erscheint in den BZ-News nur das, was bereits im Bosch-Zünder veröffentlicht wurde. Dafür gibt es etliche Gründe. Der wichtigste ist der, daß sich die Redaktion durch Vorabveröffentlichung wesentlicher Teile des Bosch-Zünders nicht selbst Konkurrenz machen will. Doch irgendwann könnte ein Sinneswandel eintreten. Die BZ News könnten zum Nukleus eines Nachrichtendienstes für die Mitarbeiter werden. Denkbar ist, daß darin auch Presseinformationen und der tägliche Nachrichtenspiegel erscheinen. Die Bosch-Zünder-Artikel würden gleich nach ihrer endgültigen Fertigstellung und nicht erst nach Veröffentlichung im Bosch-Zünder in der kompakten »Welt-Fassung« ins Intranet gestellt. Dieser neue Dienst könnte eine Art Schaufenster sein für das, was gerade in der Bosch-Gruppe aktuell und wichtig ist. Die meisten Geschäftsbereiche sind inzwischen mit eigenen Nachrichten und Hinweisen im Intranet vertreten. Wer hat den Überblick? Die BZ-News würden zu einer Art Orientierungshilfe werden, wenn es gelänge, das jeweils wichtigste Neue aus der großen Vielfalt herauszufinden und ins »Schaufenster« zu stellen. Querverweise, die sogenannten Links, würden zu ausführlichen Informationen leiten.

Gefahr des Wildwuchses an Informationen

Die neuen elektronischen Möglichkeiten verlocken, alles und jedes zu veröffentlichen. Schon ist vom »Wildwuchs« und vom »Informationsmüll« die Rede, der sich auch im Intranet wie im Internet ausbreitet. Da droht Gefahr. Es könnte den Nutzern so ergehen wie jenem Wissenschaftler, der Buch auf Buch häufte und schließlich so viel Wissen beieinander hatte, ohne es geordnet zu haben, daß er schließlich überhaupt nichts mehr fand und wieder auf die geordneten Bestände der Universitätsbibliothek angewiesen war. Angesichts dieser Gefahr kann die Frage gestellt werden, ob es denn überhaupt sinnvoll und nützlich sei, zusätzlich zu den Informationen der Geschäftsbereiche und der Zentralabteilungen noch einen aktuellen Nachrichtendienst einzurichten.

Natürlich sind alle Möglichkeiten des neuen Mediums dann verschenkt, wenn es ein Informationschaos erzeugt, in dem sich niemand mehr zurechtfindet und das damit unbrauchbar wird. Wenn aber für Übersicht gesorgt wird, kann der Nachrichtendienst zur unentbehrlichen Hilfe bei der täglichen Arbeit werden. Die Informationen müssen also aufbereitet und gewichtet werden. Das ist das tägliche Geschäft von Redakteuren, ob in den Tageszeitungen, beim Rundfunk und Fernsehen oder schließlich auch bei einer Mitarbeiterzeitung wie dem Bosch-Zünder. In der aktuellen elektronischen Redaktion kommt es gerade angesichts der drohenden Gefahr der Übersättigung mit Informationen darauf an, Orientierungshilfe zu leisten. Das ist die Schaufenster-Funktion.

Orientierungshilfe für die Adressaten

Doch es bleibt die einigermaßen kompliziert zu beantwortetende Frage, wie zielorientiert bestimmte Gruppen die Informationen erhalten können, die für sie nützlich sind. Dies ist vor allem ein technisches Problem. Es müßte ein System installiert werden, das es mit Hilfe von Stichworten jedem Mitarbeiter möglich macht, die Informationen aus der Nachrichtenfülle des Intranet herauszufiltern, die er für seine tägliche Arbeit braucht. Auch könnte es notwendig werden, die technischen Voraussetzungen dafür zu schaffen, daß bestimmte Informationen nur einem Teil der Mitarbeiter zur Verfügung gestellt werden können. An diesen Fragen wird deutlich, daß eine Online-Redaktion immer auch an die technischen Möglichkeiten denken muß, auch wenn sie selbst für diese nicht zuständig ist.

Zielgruppeninfos durch das Intranet

3.3 Neue Aufgaben für die »elektronische Redaktion«

Dies ist allerdings sicher. Die herkömmliche Bosch-Zünder-Redaktion mit ihren vier festen Redaktionsmitgliedern kann die neuen Aufgaben der »elektronischen Re-

zusätzliche Mitarbeiter erforderlich

daktion« allein nicht bewältigen. Sollen die neuen Möglichkeiten systematisch genutzt werden, müssen wohl zusätzlich Mitarbeiter eingestellt werden – es sei denn, das Intranet soll zu Lasten des Printmediums ausgebaut werden. Für den Fall, daß tatsächlich zusätzlich Mitarbeiter eingestellt würden, müßten es ausgebildete Redakteure sein. Zu deren Beruf gehört es, wichtige von unwichtigen Informationen zu unterscheiden und Nachrichten so aufzubereiten, daß sie von allen, auch von schnellen Lesern, gut verstanden werden können. Auch die Nachrichten im Intranet entfalten erst dann ihren vollen Nutzen, wenn sie journalistisch aufbereitet sind. Und darauf kommt es an, soll das neue Medium nicht, wie hier und da befürchtet, zum Spielzeug werden, das teure Arbeitszeit kostet.

»Kiosksystem«
für Mitarbeiter
ohne PC

Zwei Aufgaben sind zu lösen. Hier die Frage, welche speziellen Informationen bestimmten Gruppen wie zugänglich gemacht werden, dort aber die Notwendigkeit, die Allgemeinheit der Firma zu informieren. Was ist mit jenen Mitarbeitern, die keinen PC zur Verfügung haben, keinen Zugang zum Intranet und damit abgeschnitten sind vom Informationsstrom? Zeichnet sich gar eine Zwei-Klassen-Gesellschaft ab? Die kann niemand wollen. Eine Lösung ist in Sicht, wird auch schon hier und da erprobt. Informationstechniker sprechen vom »Kiosksystem«. An zentralen Orten eines Werkes könnten größere Bildschirme aufgestellt werden mitsamt der dazu gehörenden Rechner, Tastaturen und Drucker. Dort würden Mitarbeiter die Informationen wie an einem Kiosk abholen können. Nicht zuletzt auch wegen dieser Möglichkeiten ist es wichtig, daß ein aktueller Nachrichtendienst von Journalisten gemacht wird: knapp, kurz, verständlich und graphisch gut gestaltet. Der Dienst muß also attraktiv sein.

vorerst ein
Nebeneinander
von Bosch-
Zünder und
BZ-News

Noch ist dies Zukunftsmusik. Doch wenn das Tempo der vergangenen fünf Jahre beibehalten wird, dann beginnt die Zukunft schneller als erwartet. Sollten sich tatsächlich die BZ News zum aktuellen Informationsdienst fortentwickeln, dann bestünde die Gefahr, daß der alte, doch jung gebliebene Bosch-Zünder in seiner jetzigen Form zum antiquierten Medium wird, das hinterherhinkt. Das kann nicht sein. Kaum vorstellbar ist, daß die Textmengen als »elektronische Zeitung« eins zu eins ins Intranet über-nommen werden. Das widerspräche den Chancen des neuen Mediums. Auch ist bekannt, daß Nutzer des In-tranet nur ungern lange Stücke am Bildschirm lesen. So muß es also zu einem Nebeneinander kommen: hier das neue Medium des elektronischen Nachrichtendienstes, dort der Bosch-Zünder in neuer Form.

Die erste Nummer des Bosch-Zünders trägt das Datum des **Mitarbeit der** 15. März 1919. Es waren die wirren Monate nach dem Er- **Leser gefragt** sten Weltkrieg. Der Bosch-Zünder bezieht in dieser kon-fliktreichen Zeit von Anfang an eine klare Position und stellt sich auf die Seite derer, die die junge Demokratie ver-teidigen. Bosch-Zünder? Manchem mutet der Name heut-zutage fremd an. Im Geleitwort zur ersten Ausgabe aber heißt es: »Stolz sind wir auch auf den Bosch-Zündapparat, der den Weltruf unserer Erzeugnisse begründete; deshalb soll er auch unserer Zeitschrift den Namen geben.« (Der »Zündapparat« ist der Bosch-Magnet-Zünder, der ent-scheidend zur Motorisierung beigetragen hat.) Die Bosch-Gruppe ist längst über den legendären Zündappa-rat hinausgewachsen, ist zu einem High-Tech-Unterneh-men von großer Vielfalt geworden. Der Titel der Mitarbei-terzeitung ist geblieben. Er soll auch nicht geändert wer-den: ein Markenzeichen bis in die Gegenwart. Von Anfang an hat der Bosch-Zünder einen besonderen Charakter: »Wir denken uns die Zeitschrift nicht als Nachrichtenblatt der Geschäftsleitung. Wir hoffen vielmehr auf rege Mitar-beit der Angestellten und Arbeiter.« Das ist aktuell wie eh und je.

Die mehr als 75 Jahrgänge des Bosch-Zünders sind eine **Fundgrube für** Fundgrube für die Entwicklung des Unternehmens, be- **die Unterneh-** sonders die ersten Jahrgänge sind ein kulturgeschichtli- **mensgeschichte** ches Dokument. Doch nicht nur das. Sie sind auch ein Spiegelbild des technischen Fortschritts.

3.4 Der Bosch-Zünder heute

Die Mitarbeiterzeitung erscheint gegenwärtig in einer Auflage von etwa 80 000 Exemplaren zehnmal im Jahr. Sie ist unentgeltlich. Rentner, die sie anfordern, erhalten sie per Post. Die aktiven Beschäftigten, die den Bosch-Zünder lesen wollen, müssen sich ihn an bestimmten Stellen abholen. Er wird nicht direkt bis an den Arbeitsplatz verteilt. Umso attraktiver muß das Blatt sein. Rote Plakate mit den Hinweisen auf wichtige Beiträge machen an den Standorten auf das Erscheinen der jeweils aktuellen Ausgabe aufmerksam.

keine Freigabe Herausgegeben wird die »Zeitung für die Mitarbeiter der
erforderlich Bosch-Gruppe«, wie es in der Unterzeile des Titels heißt, von der Zentralabteilung Öffentlichkeitsarbeit. Die Redaktion gestaltet den »Zünder« in eigener Regie und Verantwortung von der Planung bis zur Aktualisierung und der Korrektur in letzter Minute. Bis zum Erscheinen kennen nur Herausgeber und die Redaktion den völligen Inhalt und das Aussehen. Eine allgemeine Freigabe durch die Geschäftsführung gibt es also – im Gegensatz zu manch anderem Unternehmen – nicht.

vor allem Bosch- Seit dem Jahr 1976 wird der Bosch-Zünder als Zeitung,
Themen nicht mehr als Zeitschrift, im Rheinischen Format mit fünf Spalten hergestellt. Damit wird der Charakter des aktuellen Nachrichtenorgans unterstrichen und so die Attraktivität gesteigert. Schließlich gilt bei Bosch der Grundsatz, daß – wenn immer es die monatliche Erscheinungsweise zuläßt – zuerst die Mitarbeiter informiert werden und dann die allgemeine Öffentlichkeit. Der »Zünder« ist daher auch wie eine Zeitung geordnet. Umfang: 16 bis 20 Seiten, in besseren Zeiten auch mehr, etliche davon vierfarbig. Die beiden ersten Seiten informieren über die zentralen aktuellen Ereignisse. Viel gelesen ist auf Seite 2 die Spalte »Personelles und Organisatorisches«. Die Seite 3 ist jeweils einem Schwerpunktthema gewidmet, soll analysieren und Hintergründe aufzeigen. Seite vier ist die Wirtschaftsseite, auf der (wenn irgend möglich) über die Branchenentwicklung informiert wird, die für die Bosch-Unternehmensbereiche relevant ist. Es folgen Seiten für die Unternehmensbereiche: Kraftfahrzeugausrüstung, Kommunikationstechnik und Gebrauchsgüter, Produktionsgüter. Die Seite »Forschung, Entwicklung, Technik«, die in anspruchsvoller Weise technische Entwicklungen spiegelt, beendet das erste »Buch«.

Das zweite »Buch« eröffnet mit der markanten Seite, die **Breites Themen-** den Titel »Panorama« trägt – Panorama der Bosch- **angebot** Gruppe. Hier werden Foto-Reportagen veröffentlicht, die in besonderer Weise Bosch-Leben und Bosch-Kultur spiegeln. Es folgen die Seiten »Mensch und Arbeit«, die den Themen zwischen Arbeit und Freizeit, Ausbildung und Fortbildung gewidmet sind, Buntem aus allen Standorten, Kultur -und Sportereignissen. Von besonderem Gewicht ist die »Stiftungsseite« mit Berichten und Reportagen aus der Arbeit der Robert Bosch Stiftung. Zwei- bis dreimal im Jahr erscheint eine Seite, die die Redaktion gemeinsam mit Auszubildenden gestaltet. Sie soll helfen, den Kontakt zu den jungen Leuten herzustellen und zu halten. Auch eine Mitarbeiterzeitung ist attraktiver, je höher ihr Nutzwert ist. Das gewährleisten mehrere Seiten Personalien, Stellenangebote für Mitarbeiter, Kleinanzeigen, meist mehr als eine Seite, Ratschläge der Werkärzte in jeder Ausgabe, Informationen der Betriebskrankenkasse oder aber besondere Tips und Angebote der Mitarbeiterverkaufsstellen »für uns«. Zweimal im Jahr veröffentlicht die Redaktion in einer Beilage einen ganz besonderen Service: die Termine der Freizeitgruppen.

Die Redaktion arbeitet, was ja noch immer nicht für jedes **Arbeiten nach** Mitarbeiterorgan gilt, nach journalistischen Grundsät- **journalistischen** zen. Sie muß also das stets Neue, Aktuelle und Berichtens- **Grundsätzen** werte herausfinden und einordnen. Dem dient auch ein Editorial. In einer Mitarbeiterzeitung, nach der auch Wettbewerber des Unternehmens gern greifen und die häufig in der Presse zitiert wird, stoßen allerdings die journalistischen Arbeitsformen an Grenzen, oft genug eine Gratwanderung zwischen externer und interner Information. Es darf nun einmal nicht alles »zu Markte« getragen werden.

Theodor Heuss hatte geschrieben, der Bosch-Zünder sei **der Bosch-** aus der Geschichte der Werke nicht mehr wegzudenken. **Zünder fördert** Das ist die Frage nach der Präsenz und vor allem Akzep- **das Gespräch** tanz, die sich die Redaktion immer wieder stellt. Eine Mitarbeiterzeitung, die akzeptiert werden will, muß darauf bedacht sein, nicht zu einer Schönwetter- und Jubelzeitung zu werden. Der Bosch-Zünder geht auch deswegen innerbetrieblichen Konflikten nicht aus dem Weg. Er hat über Demonstrationen gegen Kürzungsmaßnahmen in Wort und Bild berichtet und über die Position des Betriebsrates informiert. Ausführlich wird über die jährliche Betriebsräteversammlung berichtet. Auch sonst holt die Redaktion die Meinung der Arbeitnehmervertretung ein. Sie veröffentlicht Leserbriefe, darunter auch kritische. Leserbriefe haben Tradition. Schon in den ersten Ausgaben sind sie zu finden, bezeichnenderweise unter der Rubrik »Meinungsaustausch«. Als Beitrag zur Leser-Blatt-Bindung hat die Redaktion eine Gesprächsrunde kreiert: »Bosch-Zünder im Gespräch«. Diese Tischrunde diskutiert, leider zu selten, mit etwa 20 Mitarbeitern draußen in den Standorten Themen, die im Unternehmen aktuell sind, und berichtet ausführlich darüber. So stellte sich die Redaktion aus Anlaß des 75. Geburtstages des Bosch-Zünders der Kritik von Lesern an einem Standort im Allgäu, weit entfernt von der Schillerhöhe in Gerlingen bei Stuttgart, wo die Geschäftsführung ihren Sitz hat und wo die Zentralabteilungen angesiedelt sind. Am fünften Jahrestag des Falls der Mauer war die Redaktion Gast am Standort im thüringischen Brotterode, um mit Mitarbeitern über ihre guten und auch weniger positiven Erfahrungen mit Bosch und in der »neuen Welt« des vereinten Deutschlands zu sprechen.

interessierte Leser, vor allem ältere Das Institut für Demoskopie in Allensbach hat eine Untersuchung durchgeführt über die Art und Weise, wie Mitarbeiter an ihren Arbeitsplatz kommen. Der Bosch-Zünder hatte diese Umfrage groß angekündigt. Da lag es nahe, zugleich herauszufinden, ob sich die befragten Mitarbeiter im Bosch-Zünder informiert hätten und ob sie diesen überhaupt läsen. Nach dem Urteil von Fachleuten gab es ein überaus positives Ergebnis: 55 Prozent der Belegschaft liest den Bosch-Zünder »immer, fast immer und häufig«. Allerdings weniger erfreulich ist, daß diese Akzeptanz bei den jungen Leuten bis 29 Jahre fehlt. Hier antworten 53 Prozent der Befragten, sie läsen den »Zünder« eher selten. Der Bosch-Zünder muß sich also verändern, nicht zuletzt auch unter dem Druck der immer wichtiger werdenden elektronischen Medien.

3.5 künftige Rollenverteilung

Vor allem muß die Rollenverteilung zwischen BZ-News und dem gedruckten Bosch-Zünder geklärt werden: ein Nebeneinander, aber mit unterschiedlichen Aufgaben. Da tauchen Grundsatzfragen auf, die die Redaktion natürlich nie und nimmer allein klären und entscheiden kann. Sie sind gegenwärtig auch noch nicht so drängend, daß sie bereits endgültig formuliert und schnell beantwortet werden müßten. Doch Perspektiven gibt es. Sollte es tatsächlich zu dem BZ-News-Nachrichtendienst kommen und sollte dieser über das Kiosksystem für alle Mitarbeiter zugänglich sein, dann sind die Teile des Bosch-Zünders, die der Vermittlung von Nachrichten dienen, in der jetzigen Form nicht mehr nötig. Was aber ist die Alternative?

Perspektiven für die Abgrenzung

An die Stelle der reinen Nachrichtenübermittlung tritt das neue Element der Interpretation und ausführlicheren Erklärung der Nachricht. Das geschieht zwar auch jetzt bereits. Doch der Anteil an Analyse, an Hintergrundberichten, Reportagen und Interviews wird erheblich wachsen. Man wird noch mehr Mitarbeiter zu Wort kommen lassen können. Der Forum- und Dialogcharakter des Bosch-Zünders könnte neu bestimmt und verstärkt werden. Auch könnte der informative Gehalt erhöht und das ganze Blatt spannender werden, vielleicht auch ein bißchen unterhaltsam und damit insgesamt attraktiver und leserfreundlicher. Für gute, erklärende Fotos und Fotoreportagen kann mehr Platz geschaffen werden. Das Rheinische Format einer Tageszeitung dürfte allerdings ausgedient haben. An seine Stelle würde ein handlicheres Zeitschriftenformat treten. Vor allem aber könnte jetzt auch im Printmedium die Internationalität besser zur Geltung kommen. Ein besonderer Reiz läge dann darin, daß es zweisprachig wäre. Ein solches Medium müßte nicht monatlich erscheinen. Sechs gediegene Ausgaben könnten reichen. Dann erscheint auch das Vertriebsproblem in einem anderem Licht. Der Bosch-Zünder könnte es sich leisten, länger unterwegs zu sein, ohne an Aktualität zu verlieren und verstaubt zu wirken. Er setzt ja seine eigene Aktualität.

im Bosch-Zünder künftig mehr Interpretation?

151

Doch wird die Mitarbeiterzeitung in der neuen Verfassung noch den alten Titel von 1919 tragen? Dürfte dann nicht die Zeit gekommen sein für einen Namen, der die gesamte neue Bosch-Welt umfaßt? Noch ist es schwer vorstellbar, daß der Titel »Bosch-Zünder« verschwindet – dieser liebgewordene Markenname für eine Mitarbeiterzeitung, die immerhin auf die hundert zugeht.

4. Neue Wege der Mitarbeiterkommunikation über das Intranet
Das *BASF Wide Web*

Von Jens-Georg Fey

4.1 Intranet, eine Bucht im Ozean

Wer vor zehn Jahren prognostiziert hätte, daß es möglich sein würde, den über 100 000 Mitarbeitern eines weltweit vertretenen Unternehmens ohne großen logistischen, personellen oder finanziellen Aufwand zur selben Minute ein und dieselbe Botschaft zukommen zu lassen, den hätte man für verrückt erklärt. Und doch ist diese Unvorstellbarkeit dank der rasanten Entwicklung der Computertechnologie und des Internets in den 80er und 90er Jahren heute in vielen Unternehmen Alltag.

Nehmen wir an, das Internet sei ein Ozean, dessen Wasser durch alle Bereiche der physischen und geistigen Welt fließen. Es ist einerseits seine sehr gehaltvolle virtuelle Ur-Suppe, aber auch ein völlig neuer Verkehrsweg, bei dem Zeit und Raum nur eine untergeordnete Rolle spielen, eben international und buchstäblich world wide. Unternehmen machen sich diese Eigenschaften zunutze. Sie grenzen im riesigen Ozean des Internets ihre eigenen Buchten ab: das firmeninterne Intranet. So bewegen sie sich im selben Wasser, nutzen dieselben Möglichkeiten und sind doch unter sich.

das firmeninterne Intranet

Unter sich sein, das heißt für die BASF: Rund 20 000 Arbeitsplätze bei BASF Aktiengesellschaft haben Zugriff auf das *BASF Wide Web* (Stand: Juni 1998). Von einer mindestens ebenso großen Zahl ist bei den Tochtergesellschaften auszugehen. Eine Grenze ist hier bei weitem noch nicht erreicht. Bis zum Jahr 2000 soll jeder vernetzte Arbeitsplatz-PC innerhalb der BASF-Gruppe an das *BASF Wide Web* angeschlossen sein, und sämtliche für Geschäftsprozesse notwendigen Dokumente und Formulare sollen darin verfügbar sein.

monatlich neue interne Anbieter Nicht nur die Zahl der Nutzer wächst, nahezu monatlich kommen auch neue interne Anbieter hinzu: Von 17 Unternehmensbereichen sind sieben mit je einer Homepage vertreten, von den BASF-Länderbereichen haben sechs von zwölf einen eigenen internen Web-Auftritt. Hinzu kommen zahlreiche Zentral- und Funktionsbereiche, die ihre Leistungen im *BASF Wide Web* anbieten, zum Beispiel der Bereich Personal, die Marktforschung, die Finanzabteilung oder eben auch die für Mitarbeiterkommunikation zuständige Zentralabteilung für Öffentlichkeitsarbeit und Marktkommunikation.

4.2 Die elektronische Mitarbeiterzeitung

»Lesezeichen« bei BASF information online Auf dem Server der BASF-Öffentlichkeitsarbeit gibt es einen klaren Favoriten: *BASF information online*, die elektronische Schwester der zweiwöchentlich erscheinenden Werkzeitung *BASF information*. Rund 70 Prozent aller Zugriffe auf dem Server gelten diesem aktuellen Informationsmedium. Wie regelmäßige statistische Untersuchungen zeigen, surfen 26% aller Nutzer direkt und ohne Umwege über die Abteilungs-Homepage zu *BASF information online*. Daraus ist zu folgern, daß sich das Medium einen festen Leserkreis erobert hat, denn offensichtlich hat sich ein Viertel der Nutzer ein Lesezeichen (»*Bookmark*«) gesetzt. Besucht wird der Server von rund 9000 unterschiedlichen Nutzern (»*unique sites*«) im Monat. Jeder Besucher greift im Schnitt monatlich zwei- bis dreimal auf das Angebot zu. Die durchschnittliche Zugriffszahl pro Tag beträgt 1200. Der beliebteste Tag ist der Montag.

Vorteile des Intranet Das interne Netz bietet der Mitarbeiterkommunikation viele Chancen. Verglichen mit einer Mitarbeiterzeitung sind folgende Vorteile zu erkennen: Das *BASF Wide Web*

- ermöglicht eine tagesaktuelle Berichterstattung auch mit wenig Aufwand
- ist schnell aktualisierbar und korrigierbar
- hat einen internationalen Leserkreis
- bietet 24 Stunden weltweit verfügbare Information.

Möglich ist dies durch eine enge Verzahnung der *Online-Redaktion* mit dem Redaktionsstab der übrigen Mitarbeitermedien. Sobald eine Meldung zum Abdruck freigegeben ist, kann sie vom zuständigen Redakteur *online* gestellt werden. Meldungen, die weltweit von Interesse sind, werden umgehend ins Englische übersetzt und dann in eine englische Parallelausgabe der *BASF information online* eingespeist. Damit dürfte die Mitarbeiterinformation der BASF eines der wenigen tagesaktuellen Medien weltweit sein, das in zwei Sprachen erscheint.

Hier wird eine der bedeutsamsten neuen Anforderungen deutlich, welche die neue Technik an die Mitarbeiterkommunikation stellt: die kontinuierliche aktuelle Berichterstattung. Der Begriff Kontinuität ist hinsichtlich der Nachrichtenfrequenz deutlich enger zu fassen, als man es bei anderen Mitarbeitermedien tun würde. Eine Mitarbeiterzeitung erscheint vielleicht alle zwei Wochen, vier Wochen, vielleicht sogar nur vierteljährlich. Mit dem Intranet nähert sich die Mitarbeiterkommunikation der tagesaktuellen Arbeit der Tagespresse, ja sogar der Agenturen, an. Schließlich sind Aktualität und Schnelligkeit in bezug auf Nachrichten die hervorstechenden Qualitätsmerkmale des elektronischen Netzes. Wenn der Mitarbeiter nicht darauf vertrauen kann, den Möglichkeiten des Mediums entsprechend mit den neuesten Meldungen aus dem Unternehmen versorgt zu werden, wird er es vorziehen, seine Informationen aus der Werkzeitung zu beziehen, die zwei Wochen später erscheint. Das ist sehr viel lesefreundlicher als am Bildschirm, attraktiver aufgemacht und: Die Zeitung kann er mit nach Hause nehmen, das *BASF Wide Web* muß er im Büro konsumieren.

neue Anforderungen an die Mitarbeiterkommunikation

Daß ein Vertrauen in die Aktualität der Mitarbeiterkommunikation im *BASF Wide Web* da ist, wurde am 25. Juli 1997 deutlich: An diesem Tag, das war bekannt, sollte das bis dahin geheime Standortkonzept für das Werk Ludwigshafen vorgestellt werden. Was jedoch niemand wußte: Der Wortlaut des Standortkonzepts wurde zur selben Stunde im *BASF Wide Web* veröffentlicht. Verblüffend war: Die Meldung über das Standortkonzept war die mit Abstand am häufigsten aufgerufene Seite auf dem an die-

Vertrauen in die Aktualität und in die Zuverlässigkeit

sem Tag auch sonst sehr stark frequentierten Server der Öffentlichkeitsarbeit. Daraus ist zu schließen, daß es ein großes Maß an Vertrauen in die Aktualität des Mediums unter den Mitarbeitern gibt und das *BASF Wide Web* als zuverlässige Informationsquelle akzeptiert ist.

BASF Wide Web als Arbeitsmittel Eine zweite neue Anforderung an die Mitarbeiterkommunikation ergibt sich durch die Tatsache, daß einzelne Unternehmenseinheiten das *BASF Wide Web* dazu nutzen, einheitsintern miteinander zu kommunizieren und es als Arbeitsmittel zu etablieren. Sie bauen Datenbanken für ihre Mitarbeiter auf, die einheitsspezifische Informationen enthalten, die für die tägliche Arbeit benötigt werden. Oder sie nutzen es, um sich unternehmensweit darzustellen und eigene Leistungen anzubieten. Oft sind dies eigene kleine weltweite Netze. Als Beispiel sei der BASF-Länderbereich Zentraleuropa genannt. Dessen Homepage verbindet nicht weniger als elf europäische Länder und ist Plattform für den bereichsinternen Informationsaustausch und Arbeits-Datenbank zugleich.

Beratung für die Unternehmensbereiche Derart komplexe und einheitsspezifische Aufgaben zu lösen, würde die personellen Ressourcen einer noch so gut ausgestatteten Abteilung für Öffentlichkeitsarbeit überschreiten. Deshalb greift sie in solchen Fällen den Einheiten vor allem beratend und koordinierend unter die Arme. Sie berät die Unternehmensbereiche in bezug auf Inhalte, Aufmachung, Corporate Identity usw. und gibt Hilfestellung in der Startphase. Organisatorisch behält die Öffentlichkeitsarbeit die Fäden in der Hand, um einen BASF-weiten Auftritt auf qualitativ einheitlich hohem Niveau sicherzustellen.

Erläuterung und Hinführung über die Mitarbeiterzeitschrift Als dritte neue Aufgabe an die Mitarbeiterkommunikation hat sich die intensive Darstellung des *BASF Wide Webs* selbst herauskristallisiert. Seine ständig wechselnden und wachsenden Inhalte bedürfen der Erläuterung, müssen erklärt werden. Nicht jeder Mitarbeiter ist sofort begeistert über das neue Angebot; viele müssen von den Vorteilen überzeugt und so manchem erste Berührungsängste genommen werden. Dies geschieht in erster Linie auf herkömmlichem Weg – durch die etablierten Mitarbeitermedien. So werden die Leser der BASF information regelmäßig über neue Anbieter im *BASF Wide Web* informiert. Web-Adressen halten aber auch, neben wichtigen Telefonnummern, Einzug in die Service-Spalten der Mitarbeitermedien.

4.3 Hat Papier Zukunft?

Das Intranet fügt sich ein in den Kanon der klassischen Mitarbeitermedien. Bei professioneller Betreuung kann es deren Kriterien perfekt erfüllen: es ist kontinuierlich, offen, umfassend und aktuell. Und es bietet darüber hinaus über entsprechend einzurichtende Foren Möglichkeiten zu Feedback und Meinungsaustausch. Dadurch eröffnet es der Kommunikation und der Kultur in einem Unternehmen völlig neue Wege und Möglichkeiten. Diese zu erkennen und zusammen mit aktuellen Entwicklungen auf dem Software-Markt sinnvoll einzusetzen, dürfte eine der großen kommenden Aufgaben der Kommunikationsprofis in den Unternehmen sein.

Feedback und Meinungsaustausch

Mit Sicherheit wird die elektronische Zeitung ihre papierne Schwester nicht ersetzen, sondern nur ergänzen, wo es sinnvoll ist: Wenn es um die Aktualität geht, wenn Schnelligkeit gefragt ist – oder ein rasches Feedback erforderlich. Oder wenn es für kleinere Einheiten wirtschaftlicher erscheint, auf eine Zeitung mit geringer Auflagenzahl zugunsten einer Intranet-Ausgabe zu verzichten. Auch im internationalen Einsatz hat die Information per Intranet eindeutige Vorteile.

Ergänzung, nicht Verdrängung

Es ist auch nicht zu erwarten, daß die *Online*-Kommunikation das persönliche Gespräch der Kollegen untereinander verdrängen oder den mündlichen Dialog zwischen Vorgesetztem und Mitarbeiter ersetzen wird, wie das Beispiel TV zeigt. Schließlich gibt es seit Jahrzehnten Fußballübertragungen im Fernsehen, seit einigen Jahren sogar Special-interest-Sportkanäle: Und doch sind die Fußballstadien voll wie selten zuvor.

5

Interne und externe Öffentlichkeitsarbeit – eine Frage der praktischen Konkordanz
Beispiel: Öffentlichkeitsarbeit der BASF AG

Von Ulrich Nies

»Praktische Konkordanz« – ein Interpretationsprinzip der Verfassungsrechtslehre. Dennoch eignet es sich ausgezeichnet sowohl für die Beschreibung der Konkurrenzsituation zwischen interner und externer Öffentlichkeit wie auch als Lösungsansatz. Das Prinzip der praktischen Konkordanz (Hesse, 1980) wird angewendet auf verfassungsrechtlich geschützte Rechtsgüter, von denen bei Kollisionen untereinander nicht in vorschneller Güterabwägung das eine auf Kosten des anderen realisiert werden darf. Vielmehr verlangt das Prinzip der Einheit der Verfassung die Optimierung beider Güter.

einen Weg zur Zusammenarbeit finden Nicht viel anders als Artikel der Verfassung können Prinzipen der Öffentlichkeitsarbeit und Interessen der Kommunikationszielgruppen aufeinanderprallen. Dabei nutzt es wenig, wenn der Mitarbeiterkommunikateur mit dem bei BASF gültigen Lehrsatz »Die Mitarbeiter zuerst« alle Regeln der Zusammenarbeit mit externen Redaktionen negiert. Gleiches gilt für Pressesprecher, die auf einem »Primat« ihrer Arbeit beharren. Die Berufserfahrung zeigt vielmehr, daß wo der Wille zur Zusammenarbeit besteht, immer ein Weg gefunden werden kann, der den Interessen aller Zielgruppen dient. Im übrigen offenbart die Planung von kommunikativen Großereignissen, daß die Welt weitaus komplexer ist und sich nicht auf die vermeintlich gegensätzlichen Interessen zwischen Pressestelle und Redaktion für Mitarbeitermedien reduzieren läßt.

5.1 Alle Medien wetteifern bei der Nachricht um Platz eins

Das Bemühen um Ausgleich darf freilich die bestehenden gegensätzlichen Interessen und Strukturen nicht außer Acht lassen. Der externe Journalist versucht, als Händler der leicht verderblichen »Ware Nachricht« selbstverständlich die Nase vorne zu haben. Dies gilt sowohl gegenüber den Mitarbeitermedien als auch selbstverständlich verstärkt gegenüber seinen Konkurrenten am Markt. Die Mitarbeiter überregionaler Printmedien sind dabei wegen des früheren Redaktionsschlusses in einem strukturellen Nachteil gegenüber den lokalen Kollegen. Wenig Waffengleichheit besteht auch zwischen den Medien. Während der lokale Hörfunksender eine Meldung innerhalb weniger Minuten in sein laufendes Programm einspeisen kann, muß der Fernsehsender am Ort zunächst ein Team aktivieren, nach geeigneten Bildern und Interviewpartner suchen, den Beitrag schneiden und in aller Regel auf einen späteren Sendetermin – meist der Abend – warten. Damit liegt er immer noch eine Nachtruhe vor der Tageszeitung. An welcher Stelle sich die Mitarbeitermedien einreihen, liegt an diesen selbst.

Nase vorn bei der »Ware Nachricht« aus dem Unternehmen

Hatte die klassische Mitarbeiterzeitschrift mit oft bis zu vier und mehr Wochen Vorlauf kaum eine Chance in diesem Wettbewerb, so kann eine Zeitung wie die »BASF information« noch am Tag vor Erscheinen reagieren. Das ist zwar nur alle zwei Wochen möglich, doch oft lassen sich Ereignisse auch mit dem Erscheinungsrhythmus synchronisieren. Wo das nicht geht, verfügt die BASF Aktiengesellschaft über andere Möglichkeiten. An erster Stelle ist hier die »BASF aktuell«, ein in weniger als zwei Stunden herzustellendes und an den Toren zu verteilendes Infoblatt zu nennen. Eine entsprechende Bereitschaftsorganisation erlaubt die Herstellung dieses Mediums an 365 Tagen rund um die Uhr. Gleichwohl ist damit der Vorsprung des Hörfunks nicht einzuholen; laufen doch in vielen Betrieben die Radioapparate, während die Mitarbeiter erst am Abend bzw. mittags oder morgens die Fabriktore passieren. Ein Fernschreiber in allen Betrieben, der von der werkseigenen Feuerwehr für die Nachrichtenübermittlung genutzt wird, bringt hier, wenn auch in aller Kürze, mehr Vorteile. Weltweit in einem Augenblick verfügbar sind auch die von der internen Redaktion eingestellten Meldungen im Intranet. Immerhin bereits die Hälfte aller Mitarbeiter allein am Standort Ludwigshafen verfügt derzeit über eine

BASF information kann noch am Vortag reagieren

159

Zugriffsmöglichkeit. Während das Radio allerdings kontinuierlich genutzt wird, überprüft der Mitarbeiter in aller Regel nur ein- oder zweimal am Tag das Intranet auf neue Nachrichten. Abhilfe kann hier in naher Zukunft eine sogenannte Push-Technologie schaffen. Sie weist Mitarbeiter während der Bildschirmarbeit auf neue Nachrichten hin. Im Falle von planbaren Ereignissen sind zudem schon heute Kaskadeninformationen durch Mitarbeiterversammlungen und/oder die Verteilung von kommunizierbarem Informationsmaterial an Führungskräfte möglich.

wer wird zuerst informiert? Nur wenig Veränderungen für die Zusammenarbeit zwischen interner und externer Öffentlichkeitsarbeit hat das neue Wertpapierhandelsgesetz mit seinem § 15a zum Umgang mit Insiderinformationen gebracht. Zum einen ist das Gesetz nur auf wenige Ereignisse anwendbar, die eine kursverändernde Relevanz von mindestens 5 % erwarten lassen. Zum anderen sind seine Anforderungen durch eine Vorabsendung an definierte Nachrichtenagenturen zu erfüllen. Andere Faktoren und Zielgruppen haben, wie oben bemerkt, weitaus größeren Einfluß auf die Erstellung von Informationsplänen. Nehmen wir zunächst ein im bestimmten Rahmen planbares Ereignis, etwa eine personalstandsrelevante Strukturmaßnahme oder eine Akquisition bzw. Devestition. Von großem Einfluß auf die Kommunikation sind hier die Regeln des Aktiengesetzes und Betriebsverfassungsgesetzes. Wann muß ein Aufsichtsrat informiert werden, wann der Wirtschaftsausschuß und der Betriebsrat mit seinen Gremien sowie die Vertrauensleute? Ist das Ereignis von Relevanz für die Region, dann stellt sich die Frage nach der Information von politischen Mandatsträgern, kirchlichen Würdenträgern oder anderen Meinungsführern bzw. Organisationen. Und keinesfalls zuletzt: Könnten sich Kunden betroffen fühlen?

Informationsplan gleicht einem Schlachtplan Der Informationsplan eines komplexen Ereignisses mit hoher Relevanz für unterschiedliche Zielgruppen gleicht am Tag der Verkündung einem minutiös ausgearbeiteten Schlachtplan. Wer muß mit wem bis wann gesprochen haben, wann werden welche Mitarbeiter mit welchen Medien informiert? Wer geht zu welchen Veranstaltungen?

Es gilt das Paradoxon: Wer jetzt noch flexibel reagieren will – etwa weil eine Information vorab durchgesickert ist – der muß alles genau geplant und vorbereitet haben. Schon die Suche nach einer Telefonnummer, einem Raum, einer Verteilerliste oder einem Zuständigen kann zu einer Kommunikationskatastrophe geraten. Das »Werkzeug« muß jederzeit einsatzbereit sein.

5.2 Beispiel für einen Ablaufplan zur Information

Das folgende Beispiel für einen Ablauf erhebt keinen Anspruch darauf, ein generell anwendbares Muster zu sein. Zu unterschiedlich sind in der Praxis die Fälle und deren Hintergründe bzw. Begleitumstände.

Kauf einer Gesellschaft:

Zielgruppen extern	Medium	Zeitpunkt	**Bekanntgabe nach außen**
Oberbürgermeister am Unternehmenssitz	Faxbrief	X – 2 Stunden	
A-Kunden	Faxbrief Außendienst tel.	X (10.00 Uhr MEZ) X (Verlauf des Tages)	
Weitere Kunden	Faxbrief	X (10.00 Uhr MEZ)	
Lieferanten	Faxbrief	X (Verlauf des Tages)	
Presse	Presseinformation per Fax zeitgleich durch Käufer und Verkäufer, tel. Beantwortung von Presseanfragen	X (10.00 Uhr MEZ)	
Finanzanalysten	Fax und Telefon	X (nach Zeitzonen)	

Zeitpunkt der Bekanntgabe ist mit X bezeichnet

Bekanntgabe intern

Zielgruppen intern	Medium	Zeitpunkt
Vorstand	Presseinformation per Fax	X – 2 Stunden
Aufsichtsrat	Presseinformation per Post	X
Wirtschaftsausschuß	Presseinformation per Fax	X (10.00 Uhr MEZ)
Mitarbeiter der Gesellschaft		
Obere Führungskräfte der Gesellschaft	Tel. Vorankündigung einer wichtigen Nachricht für den nächsten Tag	X – 1 Tag (nachmittags)
Mitarbeiter	Info auf Basis Presseinformation Infoveranstaltung	X (10.00 Uhr)
PR-Beauftragte der Gruppenges. weltweit	Presseinformation per Fax	X (parallel zur Presse)
Obere Führungskräfte Muttergesellschaft	Presseinformation Per Fax/E-mail	X (parallel zur Presse)
Mitarbeiter Muttergesellschaft	Intranet BASF information	X (bis 11.00 Uhr MEZ) X + 1 Tag
Mitarbeiter BASF Gruppe weltweit	Intranet (s. o.) deutsch/englisch	X (bis 11.00 Uhr MEZ)

5.3 Zusammenfassung

dargestellter Ablauf nur für einen einfacheren Prozeß gültig

Der hier dargestellte Ablauf beschreibt einen einfacheren Prozeß (Keine Meldung nach § 15 a, alle Beteiligten in einer Zeitzone, kein Personalabbau, keine Pressekonferenz), Mitarbeiter und Presse wurden hier zeitgleich informiert. Einen geringen zeitlichen Vorsprung erhielten neben dem BASF-Vorstand auch der Oberbürgermeister am Standort des Unternehmens sowie die Mitarbeitervertretungen. Dieser Ablauf setzt selbstverständlich voraus, daß Aufsichtsrat und Arbeitnehmervertretungen im Rahmen der geltenden Gesetze rechtzeitig informiert bzw. eingebunden waren.

Jede relevante Zielgruppe einer Kommunikationsmaßnahme muß, wie hier geschehen, direkt über ihr bekannte Medien und durch die ihr bekannten Ansprechpartner bedient werden.

Es ist für die externen Medien kein Problem, wenn sie zeitgleich zu Mitarbeitern über ein Ereignis informiert werden. Dies muß jedoch durch Presseinformationen und persönliche Gespräche geschehen. Es wir akzeptiert, wenn ein Unternehmen seine Mitarbeiter selbst informiert. Es wird nicht akzeptiert, wenn externe Medien die Informationen aus Mitarbeiterzeitungen oder –bekanntmachungen entnehmen müssen.

zeitlich angemessene Information der Adressaten

Gleiches gilt auch für alle anderen Zielgruppen. Der Bürgermeister wünscht, die Nachricht nicht aus der Zeitung zu erfahren oder gar von einem Journalisten zu einem ihm nicht bekannten Fakt befragt zu werden. Er wird jedoch kaum Anlaß für Kritik am Informationsverhalten des Unternehmens haben, wenn er von dem Vorstandsmitglied telefonisch informiert wird, mit dem er auch ansonsten Kontakt hat.

interne und externe Informationsansprüche vereinbar

Interne und externe Informationsansprüche sind also keine Widersprüche. Es gilt vielmehr, sie geplant, inhaltlich kongruent, zielgruppengerecht und annähernd zeitgleich zu befriedigen.

6.

Verzahnung zwischen Mitarbeiterkommunikation und externer PR
Beispiel: Bereich Publikationen der DaimlerChrysler Aerospace AG

Von Manfred Knappe

6.1 Ausgangssituation

Zusammenfassung im Bereich Publikationen

»Das Know-how für unsere Periodika ist in einem einzigen Bereich gebündelt – das spart Zeit und Geld, und unsere Redakteure sind in der Lage, zielgruppenorientiert zu schreiben!« Diese Devise, vom ehemaligen Dasa-Kommunikations-Direktor Detmar Grosse-Leege 1993 für alle Publikationen bei der Zusammenführung von Interner Information (aus dem Personalressort), Marketing-Kommunikation und Öffentlichkeitsarbeit ausgegeben, spricht für sich. Bei der DaimlerChrysler Aerospace AG (Dasa, München) hat der frühere Bereich Interne Information/ Kommunikation, nunmehr »Bereich Publikationen«, die Verantwortung für die beiden Haupt-Periodika »aktuell – Zeitung für die Mitarbeiterinnen und Mitarbeiter der DaimlerChrysler Aerospace AG« und »AEROSPACE – Magazin der DaimlerChrysler Aerospace AG«. »aktuell« erscheint zehnmal jährlich und wendet sich nur an Mitarbeiter, das Magazin ist an externe und interne Adressaten gerichtet und erscheint viermal jährlich.

Magazin für Externe auch an Mitarbeiter

Das Magazin, vor allem für die externe Zielgruppe (Interessenten, Kunden, Behörden, Politik und Forschung) in einem anderen Stil als die Mitarbeiterzeitung geschrieben, wird gleichwohl seit 1996 auch als Beilage eben dieser Mitarbeiterzeitung komplett intern verteilt. Zum einen sollen die Mitarbeiter sich damit (noch) mehr Informationen über Produkte und Programme, Technik und Geschichte des Unternehmens erschließen können, zum anderen wird die Leser-Blatt-Bindung der internen »aktuell« durch Beilage des externen »AEROSPACE« nachgewiesenermaßen erhöht.

6.2 Die Situation der Redaktion

Der Vorteile einer gemeinsamen Redaktion für beide Zielgruppen liegt inhaltlich darin, bei der Themenfindung
und beim Nachrecherchieren von den eben nicht monats-
aktuellen Themen entscheiden zu können:

gemeinsame Redaktion

»Das bringen wir als (textlastige) Reportage in die aktuell...« – oder: »Das bringen wir groß illustriert ins vierfar-
bige Magazin!«

Aufwand und Nutzen sind für unsere Redaktion wichtigere Erfolgskriterien als inhaltliche Fragen, und hier ist –
dem Eingangszitat folgend – nur festzustellen: Das einmal
an einem Ort versammelte redaktionelle und zeitungs-
technische Know-how bietet die Synergie für eine Produktion in beide Richtungen. Die Redakteure sind auch nicht
in völlig einseitiger Ausrichtung (nur als Magaziner, nur
als Tageszeitungslokalredakteur, nur als Nachrichtenre-
dakteur, nur als MAZ-Redakteur) auf die Welt gekommen,
sondern haben im Laufe ihres Berufslebens vielleicht bestimmte Schwerpunkt-Erfahrungen gesammelt, jedoch,
als gute Journalisten, keinesfalls Ausschließlichkeit gelernt.

Synergie-Effekte

Der in einem größeren Unternehmen (Konzern) tätige Redakteur genießt den Vorteil, als »Interner« an manche
Vorgänge oder technische Neuentwicklungen besser her-
anzukommen. Er kann deshalb bei entsprechender Motivation und Begabung seinerseits – sowohl für interne wie
für externe Zielgruppen eine Neuerung oder einen unter-
nehmensinternen Prozeß »hautnah« beschreiben – hat jedoch bei Druckfreigabe durch die zuständigen Fachhierar-
chien manche Beckmesserei zu erdulden. Sicherlich hat
daher das Gegenargument – »Abstand verbessert die Sichtweise« – und damit der Einsatz externer »Edelfedern« hier
und dort etwas für sich. Trotzdem: Als BMW 1986 sein
damals neues 7er-Modell (E 32) vorstellte, geschah dies
intern bei den Printmedien (das BMW-Mitarbeiter-Video
gab es damals ja auch noch) durch Berichte und Reportagen sowohl in der Mitarbeiterzeitung als auch in einem
dafür geschaffenen Vierfarbmagazin, beide Printmedien (plus das Videomagazin) von der Redaktion der Mit-

»hautnahes Schreiben«

arbeiterinformation verantwortet. Die Darstellung des neuen 7ers im Jahr 1986 im externen BMW Magazin (damals noch das »M Magazin«) fiel gegenüber Inhalt und Bildmaterial des internen Vierfarbmagazins deutlich ab. Fazit damals: Sowohl das »M Magazin« als auch das interne Magazin wurden auf Weisung von oben eingestellt. Heute gibt es hier anders geartete Nachfolger, aber immer noch keine gemeinsame Redaktion.

6.3 Aufgabenfeld des Bereichs Publikationen

Was aber zählt zum Aufgabenfeld eines Bereichs Publikationen, der sowohl interne als auch externe Medien verantwortet? Hier das Beispiel des Dasa-Konzerns (also DaimlerChrysler Aerospace AG inklusive Airbus, Dornier, MTU München und Eurocopter):

Bereich Publikationen im Dasa-Konzern Interne Aufgaben:

– Mitarbeiterzeitung »aktuell«
– Konzernweite Aushänge
– Konzernweite Mitarbeiterbriefe
– Draufsicht auf Dasa-Geschäftsbereichs-Informationen
– Zuarbeit zu internen Publikationen der DaimlerChrysler-Konzernzentrale
– E-Mail-Infos
– Intranet (»Dasa wide web«)

Externe Aufgaben:

– Magazin »AEROSPACE«
– Dokumente der Luft- und Raumfahrtindustrie (Vortrags- und Fachreihe)
– PR-Broschüre der Dasa (mit jährlicher Aktualisierung)
– »Heritage«-Broschüre (Chronik »Zeit im Flug«/»On the wings of time«)
– Draufsicht auf Dasa-Geschäftsbereichs-Broschüren
– Zuarbeit zu externen Broschüren der DaimlerChrysler-Konzernzentrale
– Internet

Verknüpfungen bei Internet und Intranet Auch bei den neuen Medien, also Internet und Intranet, ist hier die Verknüpfung hergestellt.

Einer der wesentlichen Gründe für diese Zusammenfassung von interner und externer Redaktion ist schnelles professionelles Arbeiten: Bei der Verbreitung von News sind Zeitgewinne/Zeitvorsprünge immens wichtig. Die gemeinsame Redaktion kennt das »wording« des Konzerns, die »Sprachregelungen«, und wie damit umzugehen ist. Dies erfolgt im gemeinsamen Direktionsbereich Kommunikation im engen Schulterschluß mit dem Nachbarbereich »Presse und Information«, der Pressestelle des Hauses. Wenn nun manch einem diese Beachtung des »wording« übervorsichtig oder gar für ihn überflüssig erscheinen mag, so könnte er damit Recht haben. Im Falle der Dasa mit ihren vielfältigen politischen Implikationen und beispielsweise der 1997 heftig geführten Eurofighter-Debatte kann man sich jedoch vorstellen, daß dies ein wichtiges Element der Gesamtkommunikation des Konzerns war und ist. Und: Darüber hinaus spart eine gemeinsame Redaktion noch Geld!

7.

Mitarbeiterkommunikation in kritischen Situationen
Beispiel: Krisenmanagement für die Mitarbeiterkommunikation bei Dasa

Von Manfred Knappe

7.1 Planung der Kommunikationskette

Als die DaimlerChrysler Aerospace AG (Dasa, München) im Herbst 1993 aufgrund der drastisch reduzierten Aufträge sowohl im Verteidigungs- als auch im zivilen Luftfahrtgeschäft Konsequenzen ziehen und die Schließung bzw. Verkleinerung von Standorten verabschieden und verkünden mußte, war die Kommunikations-Kette aus Sicht von Infrastruktur und Technik gut vorbereitet. Der geplante Zeitablauf:

geplanter Zeitablauf

Wochenende
– Erstellen der Texte (parallel) von Presseinfo, E-Mail, Mitarbeiterbrief, Aushang, Pressekonferenz-Statements etc.
– Erster Durchlauf beim Vorstand zum Abstimmen der Texte
– Technische Vorbereitungen bei Druckerei/Kurierdienst

Montag
– Vorstandssitzung mit Beschluß über Maßnahmenpaket
– Freigabe des Textes Mitarbeiterbrief und Druckbeginn

Dienstag
– Vertrauliche Vorinformation von Betriebsrats-Ausschüssen
– Mitarbeiterbrief an Kurierdienst (46 Standorte bundesweit)
– Technische Vorbereitungen Aushang (Fax-Verteiler)
– Druck Presseinformation
– Briefe zur Unterrichtung von Politik, Gewerkschaften etc.

Mittwoch
- Unterrichtung der Aufsichtsratsmitglieder
- Unterrichtung von Konzern-/Gesamtbetriebsrat
- Unterrichtung der Sprecherausschüsse
- Eintreffen/Verteilen des Mitarbeiterbriefes an den Standorten
- Verfaxen des Aushangtexts an ca. 90 Aushang-Koordinatoren
- Absenden interne E-Mail-Info
- Nach diesen Vormittags-Aktionen: Pressekonferenz ab 14 Uhr

Damit hätten die Mitarbeiter die betrüblichen Nachrichten zuerst intern, vom Unternehmen selbst, erfahren, und in Funk und Fernsehen wären Informationen frühestens am Mittwoch spätnachmittags zu hören gewesen.

7.2 Tatsächlicher Verlauf

Dadurch, daß bei der vertraulichen Vorinformation von Betriebsrats-Ausschüssen ein Betriebsratsmitglied, dessen Werk ebenfalls von Schließung bedroht war, sich angesichts des tiefen Schocks für ihn an die vorher abgegebene Vertraulichkeits-Vereinbarung nicht mehr gebunden fühlte, wurde die gesamte Informationskette gesprengt: Dieser Betriebsrat informierte sofort die Presse, was zur Folge hatte, daß die Belegschaften weiterer Werke die für ihren Standort ausgesprochenen Schließungsabsichten aus den Rundfunknachrichten beim Nachhauseweg am Dienstag spätnachmittags erfuhren. Das wurde dann dem Unternehmen als Stillosigkeit angekreidet. Diesen Vorwurf trotz klarer Beweislage aus der Welt zu räumen, wurde (richtigerweise) angesichts der Schließungs- und Personalreduzierungs-Pläne und der notwendigen Debatte über diese wesentlicheren Tatsachen gar nicht mehr groß versucht. Intern fand aber eine Klarstellung statt.

einer plaudert zu früh

169

7.3 Frühe Vorbereitung

Das Krisenmanagement der Internen Kommunikation hatte weit vor den Beschlüssen eingesetzt: Vorstand und Personalbereiche wurden überzeugt, daß in der Mitarbeiterzeitung Berichte zur drastisch verschlechterten Auftragslage unvermeidlich und ohne Beschönigungen erscheinen mußten.

Berichterstattung bereits im Vorfeld

So hatte die Mitarbeiterzeitung im Vorfeld der Vorstandsbeschlüsse zu Schließungen und Personalreduzierungen seit Frühjahr 1993 ausführlich die dramatischen Auftragseinbrüche ebenso beschrieben wie schlußgefolgert, daß Konsequenzen unvermeidlich sein würden. Als die Beschlüsse dann fielen und nach obiger Informationskette darüber informiert wurde, war zwar nicht das Erstaunen, doch das Wehklagen groß.

lautstarke Reaktionen

Trotzdem half dies nicht, die Proteste nach Verkünden der Beschlüsse abzumildern oder gar zu verhindern: Es ist nur eine natürliche individualpsychologische Reaktion, daß ein Bedrohter sich wehrt, ein Betroffener sein Leid klagt. Jemand, der fürchtet, den Lebensnerv abgeschnitten zu bekommen, kämpft bis aufs Messer. In der Masse der Menschen in einem großen Konzern funktionieren diese Verhaltensmuster im übertragenen Sinn. Hinzu kommen hier dann noch die anderen Menschen (Standorte), die sich auch bedroht fühlten und jetzt nicht so stark betroffen sind: Diese Gruppen neigen zu stark ambivalentem Verhalten, lautstarker Solidarität mit den direkt Betroffenen und leisen Gesprächsangeboten an die Gegenseite. Es ist jedenfalls eine Tatsache, daß bei sehr schmerzlichen Beschlüssen trotz bester Vorbereitung durch Sachinformation lautstarke Reaktionen (Proteste und Solidaritätsbekundungen) in keinem Fall zu vermeiden sind.

auf beiden Seiten Flexibilität gefragt

Die Frage ist nur: Wie lange wird wie laut protestiert? Die Antwort hängt von der Flexibilität der Verhandlungspartner und dem Tonfall der Arbeitgeberseite (moderat sachlich oder ebenfalls schrill) ab. Der innerbetriebliche Kommunikationsfachmann wird in jedem Fall die Empfehlung zu moderat-sachlicher Argumentation abgeben, wenn es eine Geschäftsleitung gibt, die solchen Rat überhaupt sucht. Im Fall der Dasa wurden – durch Einbeziehen der Politik – für einige der von Schließung bedrohten Standorte Auffanglösungen (zumindest für große Teile der dortigen Belegschaften) geschaffen, und es wurde im Frühsommer 1994 Einigung zwischen Arbeitgeber- und Arbeitnehmervertretungen über Interessenausgleich und Sozialplan erzielt. Daß innerhalb von nur neun Monaten nach den Beschlüssen diese Einigung erzielt werden und das Unternehmen dadurch drohender Kostenklemmen entkommen konnte – anstatt durch jahrelange mehrinstanzliche Verfahren zu keiner Lösung und noch schlimmeren Folgen zu kommen – lag an der von beiden Seiten bewiesenen Flexibilität und dem sachlichen Ton. Hinzu kam, daß die ja von Arbeitgeberseite herausgegebene Mitarbeiterzeitung durch Dokumentationen und weitere Begleitung des Prozesses nach Verkünden der Beschlüsse die Dinge sowohl aus Arbeitgeber- als eben auch aus Arbeitnehmersicht (allerdings im Verhältnis von ca. 3:1) darstellte, also eben nicht nur die Leitungsebene zu Wort kommen ließ.

7.4 Erfolge bei positiven Nachrichten

Daß geplante Informationsketten im DaimlerChrysler-Konzern auch zu 100 Prozent funktionieren, hat die Information über den Vertrag des beabsichtigten Zusammenschlusses von DaimlerChrysler und Chrysler Anfang Mai 1998 eindrücklich belegt:

Am Montag/Dienstag gab es Infos an die Kommunikatoren, daß am Donnerstag eine große Aktion laufe, am Mittwoch gab es (nach dem es schon im Wall Street Journal stand) früh die internen E-Mails und die Presseinfo, daß Gespräche bestätigt, doch bis zu ihrem erfolgreichen Abschluß nichts weiter verlautbart werde. Am Mittwoch gab es abends die Unterschriften in London und kurz darauf die vorbereiteten Aushänge plus Mitarbeiterbriefe an die Konzern-Kommunikationsstellen, die dann ab Donnerstag per Fax und E-Mail-Info intern verbreitet wurden. So hatte potentiell jeder Mitarbeiter vor Einschalten der Abendnachrichten daheim schon ab vormittags die Mög-

bei positiven Nachrichten klappt die Regie

lichkeit, sich über die Einzelheiten (Grundlagen, Um-tauschverhältnisse) dieses größten Mergers der Industrie-geschichte zu informieren. Die Dasa-Mitarbeiterzeitung »aktuell« mit der geplanten Fusion als Aufmacher wurde am Freitag an den Hauptstandorten von Hamburg bis München verteilt. Aber: Hier handelte es sich schließlich auch nicht um Krisen-Kommunikation, sondern um die Verbreitung einer positiven Botschaft!

8. Ein Unternehmen wird in selbständige Gesellschaften aufgegliedert
Beispiel: Umstrukturierung bei der Hüls AG

Von Petra Mertins

8.1 Ausgangssituation und Rahmenbedingungen

In ihrer sechzigjährigen Geschichte hat sich die Hüls AG in Marl von einem reinen Synthesekautschukhersteller zu einem breit diversifizierten und global tätigen Chemieunternehmen entwickelt, das mit 29.000 Mitarbeitern in Europa, Amerika und Asien tätig ist. Es war eine wechselvolle Geschichte mit Höhen und Tiefen. Der Tiefpunkt der Ergebnisentwicklung war mit dem Geschäftsjahr 93/94 erreicht. Zu diesem Zeitpunkt übernahm als neuer Vorstandsvorsitzender Dr. Erhard Meyer-Galow in Marl das Ruder. Mit einem straffen Kostenmanagement und grundlegenden Restrukturierungsmaßnahmen brachte er den Konzern wieder auf Erfolgskurs. Anhaltender Kostendruck und sich ständig verschärfende Wettbewerbsbedingungen zwangen den Vorstand 1997 dazu, den Konzernumbau konsequent voranzutreiben, um die internationale Wettbewerbsfähigkeit nicht nur zu erhalten, sondern weiter auszubauen. Das war der Startschuß für das sogenannte »Global Fitness Programm«, das den Konzern optimal auf den globalen Wettbewerb vorbereiten sollte. Kernpunkt dieses Programms war die Umstrukturierung des Konzern in eine strategische Chemieholding mit zehn eigenständig am Markt operierenden Gesellschaften zum Jahresbeginn 1998. Heute ist das Produktportfolio weitgehend bereinigt, attraktive und chancenreiche Aktivitäten sind als Kernkompetenzen identifiziert und auf Wachstum ausgerichtet. Und dieses Wachstum soll auf Basis eines neuen Unternehmens geschehen: der Degussa Hüls AG, deren Fusionsprozeß zur Zeit gerade läuft.

Vorbereitung der Umstrukturierung

Die Umstrukturierung von Hüls zu einer Holding mit eigenständigen Einzelunternehmen im operativen Bereich sowie im Dienstleistungssektor hat zu einem erheblichen

Kommunikationsbedarf nach innen wie nach außen geführt.

8.2 Mitarbeiter als wesentlicher Erfolgsfaktor

Veränderungen bewältigen Erfahrungsgemäß treten bei Veränderungen mit großer unternehmenspolitischer Dimension wie zum Beispiel einer Umstrukturierung bei den Mitarbeitern bestimmte Einstellungs- und Verhaltensmuster auf. Je nach Grad der Betroffenheit und Ansiedlung im Hierarchiegefüge schwankt die Haltung zwischen Ablehnung, Verständnis und aktiver Mitarbeit am Prozeß. Dieses Phänomen basiert erstens auf einer Bewältigungs- und zweitens einer Informationsproblematik. Bewältigt werden müssen Änderungen, vielleicht auch Stellen- oder Ortswechsel. Die Informationsthematik beschreibt ein individuelles Gefühl der Hilflosigkeit. Der Mitarbeiter kann nicht abschätzen, was auf ihn zukommt und wie die einzelnen Informationen, die ihn erreichen, einzuordnen sind.

für Transparenz sorgen Deshalb ist es die vorrangige Aufgabe der Internen Kommunikation, für Transparenz zu sorgen und aufzuzeigen, für wen sich was ändert. Die besondere Aufmerksamkeit mußte dabei dem »normalen« Mitarbeiter geschenkt werden, da Führungskräfte der oberen Hierarchieebenen im allgemeinen veränderungsbereiter sind und sich neuen Gegebenheiten schneller anpassen.

Die Hüls AG hat – unter Einbeziehung externer Kommunikationsberater – zur Bewältigung dieses komplexen Themas ein Kommunikationsprogramm entwickelt, in dem die Spezifika, die unterschiedlichen Kommunikationseinflußgrößen, das differenzierte Themenspektrum sowie die individuelle Zielgruppenstruktur der Holding sowie der Tochterunternehmen Berücksichtigung fanden. Besondere Aufmerksamkeit wurde dabei der Internen Kommunikation gewidmet, da die Hüls AG ihre Mitarbeiter als wesentlichen Erfolgsfaktor für das Gelingen eines solchen Prozesses begreift.

8.3 Klammerfunktion Global Fitness

Die Herausforderung bestand darin, mit einer integrierten Kampagne sowohl in der Öffentlichkeit draußen als auch bei allen Mitarbeitern weltweit eine Aufbruchstimmung zu erzeugen und die Basis für einen erfolgreichen Change-prozeß zu etablieren. »Global Fitness« hieß die Klammer, unter der weltweit der Prozeß gestartet wurde. Mit diesem Begriff wurde sowohl intern wie extern die internationale Wettbewerbsfähigkeit als Stoßrichtung des amibitionierten unternehmerischen Konzeptes umschrieben. Extern ging es darum, klare Signale in Richtung Wettbewerber und Meinungsbildner zu setzen, intern darum, nach den harten Phasen der Restrukturierung Akzeptanz für das Vorgehen zu wecken und Motivation zum Zupacken zu erzeugen. **integrierte PR-Kampagnen**

Der Kommunikationsfahrplan griff Meilensteine im Umbau des Konzerns auf, die rund um den Globus in allen Märkten und bei allen Mitarbeitern vorab kommuniziert wurden. Der Startschuß für dieses Projekt fiel am 2. Juli 1997 – nach der Zustimmung durch den Aufsichtsrat. In einer groß angelegten Informationsveranstaltung für Führungskräfte, gefolgt durch eine große Betriebsversammlung, rief der Vorstandsvorsitzende Dr. Meyer-Galow zum Aufbruch zu neuen Ufern auf. Gleichzeitig wurde im Hüls Intranet das Icon »Global Fitness« installiert, das global alle Mitarbeiter kontinuierlich über den Veränderungsprozeß zeitnah informiert. Die Reden Meyer-Galows konnten dort ebenso nachgelesen werden wie die Fortschritte in den einzelnen Projektteams, die sich mit der Neustruktur befaßt haben. **Kommunikationsplan**

Parallel dazu wurde die gesamte Palette der internen Informationsmedien genutzt, um offen und aktuell zu informieren und zu motivieren.

Eine knappe Woche nach der Entscheidung des Aufsichtsrates startete eine dreistufige Anzeigenkampagne, der eine gezielte Pressearbeit und Direct-Mailings an Kunden vorausgingen. Leser in aller Welt begrüße Hüls mit dem Slogan Good Morning. Es war eine augenzwinkernde Kampagne, mit »eye-catchenden« Motiven. Leser von Wirt- **Hüls-Mitarbeiter vorab informiert** schaftsmagazinen und überregionalen Zeitungen in USA, Europa und Asien vernahmen die Botschaft »Hüls ist in Bewegung«. Die Motive aller drei im Abstand von jeweils einem Monat geschalteten Anzeigen haben Hüls-Mitarbeiter vorab wahrgenommen: auf Aufstellern vor Kantinen und Werkstoren, im Intranet und im Mitarbeiter-Magazin Hüls Life, in dem Kampagne und Hintergrund erläutert waren. In diesem ersten Schritt sollten die Mitarbeiter dazu bewegt werden, sich intensiv mit der Neustrukturierung zu beschäftigen. Das Thema sollte ihnen ständig begegnen, und die tägliche Auseinandersetzung sollte alle Mitarbeiter veranlassen, sich für dieses Thema zu öffnen.

Nicht ganz optimal lief die weltweite Verbreitung der Informationen: Die Vertriebsbüros in einigen wenigen Ländern, in denen Anzeigen geschaltet wurden, waren nicht rechtzeitig informiert und wurden durch Anfragen zur Neustrukturierung von Seiten der Kunden überrascht. Hier hätte man, trotz des knappen zeitlichen Rahmens, Prioritäten setzen müssen.

Im September folgte der nächste Schritt: drei Monate nach der Good Morning-Aktion startete die zweite Anzeigenstaffel unter dem Motto Welcome. Im Mittelpunkt der Darstellungen stand diesmal die Präsentation des Gesamtkonzerns mit all seinen neu zu gründenden Töchtern.

Logo gemeinsam entwickelt In der Zwischenzeit hatten die Gesellschaften unter Mitwirkung von Branding Agentur und unter Einbeziehung der Mitarbeiter ihr Logo und ihren Firmennamen entwickelt. Hier sollte in einem zweiten Schritt die Möglichkeit aufgezeigt werden, wie sich die Mitarbeiter am Aufbau ihrer neuen Gesellschaft beteiligen können. Sie sollten fühlen, daß sie ernst genommen und ihre Abwehrhaltung so abgebaut werden.

Eine Woche nach Welcome wurde die nächste Anzeigenstaffel geschaltet. Im Abstand von zwei Tagen stellte sich jede Tochter dem Markt unter dem Motto »Nice to meet you« vor. Im Mittelpunkt der Darstellung stand das Tochterunternehmen als eigenständig am Markt operierende Einheit.

Bereits im Juni hatte man sich auf ein neues Corporate Design geeignet, das parallel zur Umstrukturierung erarbeitet worden war. Es gibt einen einheitlichen Rahmen vor, ohne den Gesellschaften den Spielraum für Eigenständigkeit zu nehmen. Allen Gesellschaften gemeinsam ist der Claim »Discover the link to life«, der Ansatz, unter dem alle internen und externen Aktivitäten stehen: Er soll die Brücke schlagen zum täglichen Leben und verdeutlichen, wo uns die Chemie begegnet und das Leben erleichtert.

einheitlicher Rahmen durch CD

Ziel war, den Namen Hüls als Dachmarke und damit als Gütesiegel für die Einzelunternehmen zu nutzen. Das CD sollte innerhalb seiner formalen Gestaltungsmerkmale eine übergreifende Identität schaffen, gleichzeitig aber auch die Einzelidentität der Unternehmen zulassen.

Hüls als Dachmarke

Die Abstimmung des Corporate Designs ist Hüls weniger gut gelungen. Die Geschäftsführer der neuen Gesellschaften waren in den Prozeß nicht rechtzeitig eingebunden und wurden durch die Präsentation und durch die Vorgabe ihrer Unternehmensfarbe mehr oder weniger vor vollendete Tatsachen gestellt. Das hat anfänglich zu Reibungsverlusten geführt und eine unnötige Abwehrhaltung in der weiteren kommunikativen Beratung der Geschäftsführer erzeugt.

8.4 Zentrale Steuerung der Kommunikation

Zu Beginn und bis zur endgültigen Formierung der neuen Gesellschaften am 1. Januar 1998 war es erforderlich, die Kommunikation zentral zu steuern und gleichzeitig bedarfsgerecht an die individuellen Kommunikationserfordernisse der einzelnen Tochtergesellschaften anzupassen.

Hierbei galt es, die Kommunikation aufeinander abzustimmen, die durchzuführenden Maßnahmen synergetisch miteinander zu verknüpfen bzw. übergreifende

Kommunikationsinstrumente einzusetzen, die die Gesamtthematik optimal transportieren können.

Kommunikationsfunktion der Holding
Die Hüls Holding erfüllt eine Doppelfunktion: Sie dient einerseits dazu, Aufgaben, Merkmale und Vorteile der Holding-Struktur zu vermitteln. Andererseits stellt sie einen wichtigen »Back-up« für die Kommunikation der Einzelunternehmen dar. Entsprechend der Dachmarkenfunktion sollten im Rahmen der Kommunikation für die Holding all diejenigen Themen aufgegriffen werden, die übergeordnete Konzernthemen bzw. Details und Hintergründe der Neustrukturierung betreffen. Gleichzeitig galt es, im Rahmen der Holding-Kommunikation für die Hüls-Familie ein eigenständiges Image aufzubauen.

Deshalb wurden zunächst Positionierungseckpfeiler innerhalb der Kommunikation von Holding und Einzelgesellschaften festgelegt. Dazu gehörten u. a. die Themen

– Wertorientierung
– Ermöglicht Einzelunternehmen die Markführerschaft in jeweiligen Segmenten
– Internationalität
– Discover the link to life – Claim für den human touch.

der Zeitplan
Gleichzeitig wurden die Zielgruppen für die Interne Kommunikation identifiziert und kurzfristig wie dargestellt zeitlich priorisiert:

– Mitarbeiter Holding   9/97 bis 2/98
– Führungskräfte neue Töchter   9/97 bis 2/98
– Führungskräfte bestehender Töchter   10/97 bis 2/98.

die Themen
Innerhalb der Internen Kommunikation, die über Printmedien wie auch über elektronische Medien und Infoveranstaltungen gefahren wurde, wurden sukzessive folgende Themenbereiche aufgearbeitet:

– Holding Strategie
– Vorteile der Hüls Holding allgemein
– Vorteile Holding für die Einzelunternehmen
– Vorteile Holding für die Kunden der Unternehmen
– Auswirkung der Holding auf Einzelunternehmen
– Auswirkungen auf die Mitarbeiter der Holding

– Bedeutung der Holding innerhalb der Chemiebranche
  (intern/extern)
– Zuständigkeitsbereiche der Holding.

Ab September 1997 hat die Konzernkommunikation **die kommunika-**
gleichzeitig zu ihrer Aufgabe als Holding-Bereich auch **tive Beratung**
die kommunikative Beratung und Begleitung des Um- **und Begleitung**
strukturierungsprozesses in den neuen Gesellschaften **bei den**
übernommen. Bereits zu diesem Zeitpunkt haben die Ge- **Veränderungen**
sellschaften begonnen, ihre Mitarbeiter für die neue Gesellschaft zu gewinnen und eine neue Identität aufzubauen. Als erstes wurde für jede neue Gesellschaft ein eigenes Printmedium entwickelt, das die Informationsbe-
dürfnisse der betroffenen Mitarbeiter gedeckt hat. Hier
wurden ähnliche Themen wie in den Holdingpublikatio-
nen aufgegriffen, allerdings aus Sicht der Gesellschaft bearbeitet und die neue Geschäftsstrategie in den Vordergrund gestellt. Dennoch war es wichtig, innerhalb der
Kommunikation für die Einzelunternehmen die Zugehörigkeit zum Hüls-Konzern kontinuierlich und ostentativ
aufzugreifen, um einen Halteanker zu belassen.

Darüber hinaus gab es zusätzliche Maßnahmen wie zum
Beispiel Infoveranstaltungen auf unterschiedlichen Ebenen und zu Beginn des ersten Geschäftsjahres einen persönlichen Brief der Geschäftsführer an ihre Mitarbeiter. In
diesem Brief haben die Geschäftsführer der jeweiligen
Tochtergesellschaften ihre Mitarbeiter über Ziele, Pläne,
Strategien und zukünftige Zuständigkeiten informiert.
Der Brief war darüber hinaus eine Begrüßung der Mitarbeiter. Weiterhin wurden die Mitarbeiter darüber informiert, welche Entwicklungsstufen noch bevorstehen
und welche Auswirkungen diese auf den einzelnen Mitarbeiter haben. Auch der neue Name des Unternehmens
wurde detailliert erläutert.

8.5 Umstrukturierung erfolgreich umgesetzt

Trotz aller Abwehrmechanismen, die hier und da zu er- **motivierte und**
kennen waren, hat sich der Umstrukturierungsprozeß **engagierte**
bei Hüls sehr gut und in atemberaubendem Tempo voll- **Mitarbeiter**

179

zogen. In erstaunlich kurzer Zeit ist es den Geschäftsführern gelungen, für die große Familie Hüls einen mehr als adäquaten Ersatz zu bieten. Es bleibt der Hüls-Verbund. Durch Gründung der Gesellschaften sollte nicht das frühere Miteinander durch ein Gegeneinander ersetzt werden. Dennoch ist beachtlich, wie stark die Identität der eigenen Gesellschaft inzwischen wirkt. Die Mitarbeiter arbeiten motiviert und engagiert für ihre Creanova oder ihr Oxeno. Die Verunsicherung der ersten Wochen ist einem hohen Arbeitseinsatz gewichen. Sicherlich auch, weil die Einheiten jetzt überschaubarer sind.

Die Mitarbeiter bei Hüls haben einen harten Weg hinter sich, aber sie sind gereift aus diesem Prozeß hervorgegangen. Sie haben gelernt, mit Veränderungen positiv und aktiv umzugehen und die Zukunft selbst zu gestalten.

9. Hilfe, wir schaffen es nicht allein! Ein Beratungsbeispiel der Schmidt Consult

Von Robert G. Schmidt

Die Vergabe spezieller Aufträge nach außen ist in der Wirtschaft international gang und gäbe. Spezialisten von außerhalb leisten von jeher bestimmte Arbeiten für Unternehmen: Sie sind Ideen-Zulieferer, sie führen bestimmte »Reparaturen« aus, lösen knifflige Vertragsfragen, beraten bei Finanzierungen, zeigen juristischen wie natürlichen Personen das Fremdbild und vieles mehr.

Die für die Mitarbeiterkommunikation vor allem bei mittelständischen Betrieben Zuständigen sind es, die Hilfe von außen suchen. Nicht selten ist dort die personelle Decke dünn, fehlt es an fachlicher Kompetenz, an durch Vergleiche gesammelter Erfahrung sowie an den notwendigen Instrumenten. Und die Geschäftsführung erwartet meist schon wahre Wunder von oft nur spontanen Aktionen, ein »return of investment« noch vor den eigentlichen Anstrengungen.

Beratungsbedarf im Mittelstand

9.1 Ein Beispiel für viele

Ein klassischer Fall, der im Frühsommer 1996 begann und zur Zeit noch nicht beendet ist, mag dafür ein gutes Beispiel sein. Am Anfang stand ein Telefonat: »Guten Tag, mein Name ist Günter Sahm (Namen verändert), ich bin Personalleiter der Robot Feinmaschinenfabrik in der Nähe von Stuttgart. Wir hatten vor kurzem einen schweren Unfall im Betrieb. Seit dieser Zeit rumort es unter den Mitarbeitern. Es gibt negative Gerüchte über die Sicherheitsstandards, aber auch über anderes. Die Arbeitnehmervertreter bedrängen uns mit Fragen und die Krankenquote ist rapide gestiegen. Dies führt in Einzelfällen dazu, daß wir unseren Lieferverpflichtungen nicht mehr nachkommen können. Nun will der Hauptgeschäftsführer eine Mitarbeiterzeitschrift ins Leben rufen, um mit positiven Mel-

kritische Ausgangslage

dungen gegenzusteuern. Und Sie sollen uns dabei helfen, wenn es geht noch vorgestern.«

eine »schöne Zeitung« machen lassen Ein erstes Gespräch vor Ort bestätigte unsere Befürchtungen. Der Hauptgeschäftsführer, Nachfahre des Firmengründers, »ein Ingenieur und Tüftler«, wie er bekannte, gab sich ungeduldig. Einen Plan hatte er auch schon: »Sie machen uns eine schöne Zeitung, damit wir die Leute beruhigen können. Schildern Sie unseren Betrieb in leuchtenden Farben, damit das dumme Gerede im Betrieb und außerhalb aufhört. Das ist uns einiges wert. Wie 's geht? Dafür sind Sie ja die Fachleute.«

Suche nach einem Fachmann Es dauerte fast einen halben Tag, bis wir darin übereinstimmten, daß eine von außen gemachte Zeitung oder Zeitschrift wohl nicht das geeignete Mittel sein konnte. Für über 250 Mitarbeiter an drei Standorten eine Ausgabe oder zwei und was dann? Die Installation einer Mitarbeiterinformation oder gar Mitarbeiterkommunikation weckt Erwartungen. Werden diese nicht erfüllt, führt das möglicherweise in eine betriebsklimatische Katastrophe. Und wer hatte im Unternehmen die Befähigung, diesen Job zu übernehmen?

Betriebsrat einbeziehen Es bedurfte drei weiterer Besprechungen von insgesamt mehr als zwanzig Stunden, um Vorurteile zurechtzurücken, die Führungsebene von Taktik auf Strategie umzupolen, über die personellen Konsequenzen zu einem Ergebnis zu kommen und die Einbeziehung des Betriebsrates in das Projekt zu bewirken. Der Schreck oder die Angst saß der Firmenleitung wohl arg in den Gliedern, so daß wir am Ende folgende Punkte erreicht hatten:

unser Angebot Wir konnten
- ein umfassendes Konzept erarbeiten mit dem Schwerpunkt auf dem systematischen Aufbau von Kommunikationsmöglichkeiten,
- mit dem Betriebsrat reden, um ihn von unserem Vorhaben und den Vorteilen für Mitarbeiter und Betrieb zu überzeugen,
- den Betrieb und seine Mitarbeiter durchleuchten und Maßnahmen initiieren, die »über den Tag und den Anlaß hinaus« relevant sein sollten,
- einen realistischen Zeitplan erstellen sowie

– einen vertretbaren Etat aufstellen.

Eines der größen Mißverständnisse tat sich in den Gesprä- **nur ein Insider**
chen über das Selbstverständnis einer Agentur bzw. Bera- **kann Erfolg**
tergruppe und dem eines zu beratenden Unternehmens **haben**
auf. Auf die Aussage »Wir können Ihnen helfen, Informa-
tionsinstrumente aufzubauen und Kommunikationsstra-
tegien zu entwickeln, aber wir können und werden das
nicht komplett und für Jahre von außen für Sie machen«,
stießen wir auf Unglaube. »Nun bieten wir Ihnen einen
guten Auftrag an und Sie wollen nicht. Warum?«

Regel eins:
*Nur wer im Unternehmen sitzt, kann auch über das Unterneh-
men glaubhaft und umfassend berichten. Außenstehenden fehlen Informationen, informelle Bindungen und oft auch das be-
triebsindividuelle Verständnis.*

9.2 Die ersten Schritte

Zunächst einmal bestanden wir auf einer Ist-Analyse. **Analyse des**
Ohne Gründe und Zusammenhänge über Zufriedenheit **Ist-Zustandes**
bzw. Unzufriedenheit zu kennen, gehen alle Versuche zu
kommunizieren, zwangsläufig am Ziel vorbei. Gemeinsam mit einem Psychologen-Team bereiteten wir eine Ar-
beitszufriedenheits-Erhebung vor.

Jeder Mitarbeiter sollte zu den Stärken und Defiziten des
Unternehmens, wie er es sah, zur Sinnhaftigkeit seines
Tuns an seinem speziellen Arbeitsplatz sowie zu Ideen
und Verbesserungsvorschlägen befragt und die Ergebnisse
sollten auch veröffentlicht werden.

Die Befürchtungen der Geschäftsleitung hinsichtlich der **Arbeits-**
möglichen Ergebnisse waren erheblich. Wir erblickten ge- **zufriedenheits-**
nau darin jedoch den Grund für die Notwendigkeit einer **analyse**
Arbeitszufriedenheitsanalyse. Die Geschäftsführung ge-
stand ihre Angst, bei den Ergebnissen der Befragung »in
einen Zerrspiegel zu sehen«. Die Mitarbeiter könnten gar
nicht alle Zusammenhänge erkennen und so auch »kein
gerechtes Urteil über das Unternehmen, die Führung und
ihre eigene Situation« abgeben.

Nachdem die Frage geklärt und in unserem Sinne entschieden war, plädierten wir für eine Betriebsversammlung, auf der wir das Vorhaben erläutern konnten und Geschäftsleitung wie Betriebsrat sich hinter das Konzept stellen sollten.

erfolgreiche Betriebsversammlung

Mit Zustimmung aller wurde für Freitagnachmittag eine Betriebsversammlung angesetzt und gleichzeitig verabredet, daß Geschäftsleitung und Arbeitnehmervertretung die Ergebnisse unserer gemeinsamen Vereinbarung unterzeichnen und an den Schwarzen Brettern in allen Werken aushängen. Der Zuspruch war enorm. Von Urlaubern und Kranken abgesehen, erschienen fast 100 Prozent der Mitarbeiter. Alle wollten erfahren, was da im Schwange war.

Regel zwei:

Mitarbeiter sind weniger realitätsfern, als Vorgesetzte oder die Geschäftsführung oft annehmen. Was mit ihnen und ihrem Betrieb geschieht, ist ihnen nicht gleichgültig. Wer also informiert und über Informationen kommuniziert, schafft Zufriedenheit und erschließt sich neue Leistungspotentiale.

9.3 Begleitende Maßnahmen angefaßt

eine interne Koordinationsgruppe

Rasch herrschte Einigkeit über eine Koordinierungsgruppe, die Ideen einbringen, aufnehmen und schließlich auch die Umsetzungsphase betreuen sollte. Neben dem Hauptgeschäftsführer gehörten der Gruppe die Leiter Vertrieb (auch für Werbung zuständig), Organisation, der Betriebsratsvorsitzende und ein Vertreter von uns an. Ein weiterer Platz wurde auf unseren Wunsch freigehalten. Ihn sollte der oder die künftige Kommunikationsfachmann/-frau einnehmen.

ein hauptberuflicher Kommunikateur

Heftige Diskussionen entbrannten über die Besetzung der Stelle. »Das müssen wir mit Bordmitteln machen. Das Ganze kostet so viel Geld, daß wir nicht auch noch neue Leute einstellen können.« Zwar gab der Hauptgeschäftsführer als einer von drei persönlich haftenden Gesellschaftern das Geld, doch alle anderen waren der Ansicht, daß mit Bordmitteln, sprich mit einem in Kommunikationsfragen nicht geübten Mitarbeiter, nur mehr Verwirrung gestiftet würde. Ein Fachmann oder eine Fachfrau sollte her – von außen, versteht sich, und mit praktischer Erfahrung.

Wir bekamen den Auftrag, eine entsprechende Arbeitsplatzbeschreibung zu formulieren und eine geeignete Person auf dem Markt zu suchen.

Regel drei:

Wer kommunizieren will, braucht einen in Kommunikation erfahrenen Experten. Es gilt nämlich, Techniken und Spielregeln zu beachten. Dilettantismus verkehrt den guten Vorsatz in sein Gegenteil.

9.4 Jede Antwort impliziert neue Fragen

Parallel zu den Vorbereitungen der Befragung wurde über begleitende Maßnahmen diskutiert. Alle waren sich darüber einig, daß eine schriftliche Mitarbeiterinformation erfolgen sollte. Da das Unternehmen gut vernetzt und der Versand elektronischer Briefe an Gruppen- und Abteilungsleiter möglich war, wurde sowohl über eine Mitarbeiterzeitschrift als auch über die Information per Mailbox nachgedacht.

eine schriftliche Mitarbeiterinformation

Da über die Information eine Kommunikation erreicht werden sollte, tauchte sofort die Frage nach den Feedback-Möglichkeiten auf. Aus der Vielzahl von Ideen entschied sich die Gruppe u. a. für die Nutzung bereits vorhandener Instrumente. In allen Bereichen gab es sogenannte Postbesprechungen. Montags kamen Geschäftsführung und Abteilungsleiter zusammen. Tags darauf wurde in den Abteilungen und Gruppen mit den Mitarbeitern die den Bereich betreffenden Informationen und Anweisungen besprochen und diskutiert, sofern nicht eine sofortige Besprechung notwendig war.

Postbesprechungen mit Zusatzaufgaben

Diese scherzhaft »Plauderstunden« genannten Treffs mußten nun strukturiert und die Möglichkeit geschaffen werden, Einwände und Ideen zu sammeln und über einen kontinuierlichen Verbesserungsprozeß in das Unternehmen zurückzuführen.

Konsequenzen bedenken An diesem Punkt drohte von Seiten der Geschäftsführung das ganze Unternehmen zu scheitern. Je tiefer wir in der Gruppe über die Konsequenzen des Unterfangens nachdachten, desto mehr notwendige zusätzliche Arbeiten und speziell zu bildende Arbeitsgruppen bauten sich vor uns auf. Wir gaben eine Antwort und als Echo kamen neue Fragen.

Regel vier:

Bevor sich ein Unternehmen zu einem solchen Schritt entscheidet, muß es die Konsequenzen bedenken. Wer, aus welchen Gründen auch immer, auf halbem Wege stehen bleibt, sollte lieber alles beim Alten belassen, um weiteren Vertrauensschaden und enttäuschte Erwartungen bei den Mitarbeitern zu vermeiden.

9.5 Ein Ergebnis, das überraschte

Mitarbeiter fürchten um die Konkurrenzfähigkeit Die Mitarbeiterbefragung, eine Totalerhebung, brachte Erstaunliches zutage: Das Unternehmen stand bei seinen Mitarbeitern in einem guten Ruf. Die Mitarbeiter identifizierten sich sowohl mit Robot als auch mit ihrer Arbeit.

Die negative Reaktion auf den Unfall hatte ganz andere Gründe. Man befürchtete Nachlässigkeit bei der Unternehmensleitung nicht nur in Sicherheitsfragen, sondern auch in anderen Dingen, z. B. bei der Produktqualität. Die Mitarbeiter sahen die Konkurrenzfähigkeit von Robot auf den Märkten gefährdet und damit auch ihre Arbeitsplätze.

Anregungen und Verbesserungsvorschläge Die von der Geschätsführung befürchtete Zerrbild-Katastrophe war ausgeblieben, dafür gab es eine Fülle von Ideen, Anregungen und praktischen Verbesserungsvorschlägen, die bei zuvor schlecht organisierten »Aktionen für mehr Qualität« in den Schubladen geblieben waren. Überhaupt hatte die Befragung so etwas wie einen Ruck durch die Belegschaft ausgelöst.

Regel fünf:
Mitarbeiter wollen gefragt werden. Sie wollen aber auch Konsequenzen aus ihren Meinungen und Anregungen sehen. Je intensiver der Dialog, um so höher auch die Leistungsbereitschaft.

9.6 Der Berater als Moderator

Als wir nach fünf Monaten harter Beratungs- und Umsetzungsarbeit erneut mit der Geschäftsführung zusammensaßen, war die Stimmung schon recht entspannt. In dieser Zeit haben beide Partner die notwendige Aufgabenteilung begriffen. Robot erledigt seine originären Aufgaben nun selbst und verlangt von uns nicht mehr, als wir einzubringen bereit waren. Wir entließen das Unternehmen nicht aus der Verpflichtung, bestimmte Aufgaben »inhouse« zu regeln und zu erledigen. Ein Berater ist Moderator, nicht Mitarbeiter im Alltagsgeschäft.

originäre Aufgaben muß das Unternehmen selbst lösen

Regel sechs:
Es gibt originäre und derivative Aufgaben. Die originären muß (!) das Unternehmen selbst übernehmen. Die derivativen lassen sich »outsourcen«.

9.7 Der Neuen Spielraum lassen

In der Zwischenzeit hatten wir auch eine Fachfrau, eine Diplom-Ingenieurin, gefunden, die aus einem Unternehmen für Bürokommunikation kam und durch ein zusätzliches Studium der Kommunikationswissenschaften die fachlichen Voraussetzungen erfüllte.

Rahmenbedingungen für die Leiterin Kommunikation

Um ihre Ideen nicht im Ansatz zu stoppen, hatten wir nur Rahmenbedingungen für die Tätigkeit, jedoch klare Vorgaben für das Kommunikationsziel sowie das zeitliche Tableau und das Budget definiert.

Gemeinsam mit der Geschäftsführung sowie der Leiterin Kommunikation setzten wir in der Folgezeit nach einer strengen Prioritätenliste das Konzept um. Regelmäßig begehen wir noch heute die einzelnen Betriebsstätten und unterhalten uns mit den Mitarbeitern.

Starthilfen der Berater

Inzwischen hat die Leiterin Kommunikation die Zeitschrift ins Leben gerufen, bei deren journalistischer Aufbereitung sowie technischer Abwicklung wir behilflich sind. Eine Hotline wurde inzwischen installiert und wird rege genutzt. Mehrere Gesprächskreise auf unterschiedlichen Ebenen bilden akzeptierte Foren für die Mitarbeiter. Die Ergebnisse und Fragen werden bei den regelmäßigen Treffen mit uns diskutiert.

Vierteljährlich kommen wir mit den Führungskräften zusammen, moderieren Sitzungen und halten Seminare zu Fragen der Kommunikation. Wir legen Wert darauf, die Lösung und nicht das Problem zu sein und sind uns unserer Position als außenstehende Dienstleister für Robot stets bewußt. So haben wir auch unseren Part in einem Vertrag festgeschrieben. Dabei stand unser Selbstverständnis als Moderatoren im Mittelpunkt.

Hilfe zur Selbsthilfe In Abständen werden wir heute über das Unternehmen informiert. Wir haben jederzeit Zugang zum Hauptgeschäftsführer und zur Leiterin Kommunikation. So können wir »Hilfe zur Selbsthilfe« geben, d. h. selbständiges Handeln fördern. Wir haben das Recht auf umfassende (auch vertrauliche) Information festgeschrieben und behalten uns vor, auch kritische Fragen zu stellen. Wir geben technische Anleitung für die Kommunikation, managen interne und externe Kommunikation und setzen diese teilweise um, wir entlasten interne Stellen arbeitstechnisch, verhindern reinen Aktionismus und machen für die verschiedenen Spielarten der Kommunikation sensibel.

Im Mittelstand fehlt oft Einsicht Beide Seiten haben die Vorteile dieser Arbeitsteilung erkannt. Leider ist ein solcher Prozeß nicht immer so störungsfrei umzusetzen. Es fehlt vielen mittelständischen Unternehmern an der notwendigen Einsicht, daß Kommunikation in alle Bereiche des Lebens hineinreicht. Erst dann, wenn durch äußere Umstände der Leidensdruck die Schmerzgrenze überschritten hat, fällt der Entschluß, es mit Kommunikation zu versuchen.

Der Erfolg zielgerichteter Kommunikation läßt sich an- **Kommunikation**
ders als bei einem Artikel des täglichen Lebens nicht in **setzt Vertrauen**
wenigen Tagen oder Wochen messen. Kommunikation **voraus**
setzt eine gehörige Portion Vertrauen voraus. Und das erwirbt man nicht im Handumdrehen. Vertrauen steht vielmehr am Ende eines längeren Prozesses der Annäherung.
Nur: je später ein Unternehmen zu dieser Einsicht gelangt,
desto länger und auch kostspieliger kann der Weg dorthin
sein.

Regel sieben:
*Die Zusammenarbeit mit einer Agentur vollzieht sich um so
leichter, je mehr Verständnis beide Seiten für die Vorstellungen
und die Möglichkeiten des anderen haben. Beide Seiten müssen
diese Situation am Beginn ihrer gemeinsamen Arbeit abklop-
fen. Geschieht das nicht, endet es meist in gegenseitigen Schuld-
zuweisungen.*

10.

Erfolgsfaktor Kommunikation beim Wandel im Unternehmen
Beispiel: Positive Veränderungen bei der BASF Coatings AG, Münster

Von Klaus-Peter Rieser

Steigerung der Mitarbeitermotivation Aus der grundlegenden Neuorientierung der heutigen BASF Coatings AG, einem Unternehmen der BASF-Gruppe, ergibt sich auch eine anspruchsvolle Aufgabe für die in- und externe Kommunikationsarbeit. Wesentliche Zielsetzungen: Über die vielfältigen Veränderungen schnell und ohne Reibungsverluste informieren, Gerüchten vorbeugen und zur Steigerung der Motivation der Mitarbeiter beitragen. Durch das hohe Engagement der Unternehmensleitung bei allen Kommunikationsaktivitäten bietet der Wandel im Unternehmen gleichzeitig eine Chance zur nachhaltigen Veränderung der bisherigen Kommunikation mit externen Zielgruppen. Ein chronologischer Abriß.

10.1 Situation 1995: Jahresfehlbetrag 80 Millionen DM

L + F-Aktivitäten als ein »buntes Mosaik« Einen Jahresfehlbetrag von etwa 80 Millionen DM bei einem Umsatz von rund 1,7 Milliarden Mark wies der Geschäftsbericht des Jahres 1995 der damaligen BASF Lacke + Farben AG (L+F) aus. Zum Produktportfolio des Unternehmens zählten bis dahin Lacke und Farben, Druckplatten, -farben und Pigmente, eingesetzt in der Automobil-, Verpackungs-, Druck-, Bau-, Holz-, Möbel-, Stahl- und Aluminiumindustrie sowie der Elektro- und Elektronikindustrie. So zahlreich wie die Tätigkeitsfelder waren auch die Standorte – allein in Deutschland waren es neun: Münster, Hamburg, Köln-Bickendorf, Köln-Mülheim, Schwarzheide, Stuttgart-Feuerbach, Besigheim, Würzburg und Willstätt. Ulla Hofmann, Korrespondentin der »Frankfurter Allgemeine Zeitung«, brachte es auf den Punkt, als sie die Aktivitäten der damaligen L+F in einem redaktionellen Beitrag rückblickend als ein »buchstäblich buntes Mosaik« bezeichnete.

10.2 März 1996: Aufbruchsstimmung

Eine strategische und organisatorische Neuausrichtung der L+F, die in den 70er Jahren durch Akquisitionen entstanden war, sollte eine grundlegende Veränderung des gesamten Unternehmens mit sich bringen. Ein Kraftakt, der nur mit dem Engagement aller Mitarbeiter zu erreichen war. Dies hatte Klaus Peter Löbbe, der im Frühjahr 1996 den Vorstandsvorsitz der L+F und gleichzeitig die Leitung des damaligen Unternehmensbereichs Lacke und Farben der BASF-Gruppe übernommen hatte, klar erkannt. Bereits in seiner Antrittsrede im Rahmen einer Betriebsversammlung betonte er die Notwendigkeit einer positiven Aufbruchsstimmung, »die von einem intensivierten Dialog begleitet werden müsse.« Kurz darauf unterstrich er in einem Interview in der monatlich erscheinenden Mitarbeiterzeitschrift »BASF information«: »In die Überlegungen zu Maßnahmen einer Verbesserung werden wir alle Mitarbeiter mit einbeziehen. Wir werden regelmäßig und offen über unsere Fortschritte informieren. Gleichzeitig suchen wir das unmittelbare Gespräch mit Führungskräften und Mitarbeitern. Wir haben einen gemeinsamen Weg zu einem gemeinsamen Ziel: unseren gemeinsamen Erfolg.«

grundlegende Veränderungen

10.3 Mai 1996: Umfassende Reorganisation angekündigt

Im Mai folgte die Bekanntgabe der umfassenden Reorganisation Arbeitsgebiete Bautenanstrichmittel, Drucksysteme, Pigmente und Lacke der L+F. Durch eine Verselbständigung und Zusammenfassung in eigene Gesellschaften zielte das Unternehmen, so der Text der Presseinformation vom 29. 05. 1996, »vor allem auf die Schaffung von Strukturen mit gestrafften Geschäftsprozessen, um die Flexibilität und Kundennähe weiter zu verbessern. Die Arbeitsgebiete sollen dadurch für die spezifischen Markterfordernisse besser gerüstet und ihre Wettbewerbs-

Flexibilität und Kundennähe

fähigkeit langfristig gesichert und ausgebaut werden.« Schon zu diesem Zeitpunkt wies das Unternehmen darauf hin, daß diese Maßnahmen mit einer Reduzierung des Personalstandes am Standort Münster um 400 Mitarbeiter verbunden sein würde. Die Ankündigung im Pressetext, daß dies »sozialverträglich über Frühpensionierungen, unternehmensinterne Versetzungen und unter Ausnutzung von Fluktuationen vorgenommen werden« sollte, bewahrheitete sich bis Ende des Jahres. Dennoch bot diese Ankündigung zunächst Anlaß für viele interne und externe Diskussionen.

10.4 August 1996: Neue Form des Dialogs

Kommunikation mit allen Mitarbeitern Die im März angekündigte offene Kommunikation und die Einbeziehung aller Mitarbeiter setzte Löbbe schnell in die Tat um. Im August 1996 berichtete die »BASF information« über die für das Unternehmen »Neue Form des Dialogs«. Vier von sechs Gesprächsrunden hatten schon stattgefunden, zu denen der Vorstandschef und sein Kollege Werner Bandle jeweils 30 Führungskräfte mit den Worten einluden: »Wir wollen mit Ihnen einen gemeinsamen Weg der Kommunikation gehen und Sie zu einem bereichsübergreifenden Gespräch einladen. Wir wollen mit Ihnen diskutieren, um Ihre Ideen, Ihre Anregungen und Ihre Wünsche kennenzulernen.«

10.5 September 1996: Neuausrichtung

Berater geben methodische Unterstützung Die Titelgeschichte der September-Ausgabe der Werkzeitung beinhaltete eine Informationsveranstaltung, in der Löbbe den Startschuß für die »Strategische und organisatorische Neuausrichtung« gab. Der für das Projekt gewählte Name lautete »FOCUS«. Löbbe: »Er soll ausdrükken, daß wir uns mit aller Kraft auf die Neuausrichtung unserer L+F konzentrieren werden.« Neben den Zielen des Projektes gab er auch bekannt, daß ein Beratungsunternehmen ausgewählt worden sei, das die notwendige methodische Unterstützung bereitstelle. Außerdem präsentierte er das »Kernteam«, das mit der Projektverant-

wortung betraut wurde. Es bestand aus Mitarbeitern der
L+F und der Beraterfirma.

10.6 September 1996: Inforum geboren

Für die interne Kommunikationsarbeit galt es jetzt zum **kontinuierlicher**
einen, das »Kernteam« schnell bekannt zu machen und **Info-Fluß vermei-**
Kontaktmöglichkeiten herzustellen, um somit Anregun- **det Gerüchte**
gen und Ideen aus der Belegschaft dorthin zu lenken.
Gleichzeitig war es wichtig, einen kontinuierlichen Informationsfluß ins Leben zu rufen, um Unsicherheiten zu
begegnen und gegebenenfalls aufkeimenden Gerüchten
so schnell wie möglich entgegenzuwirken. In die nächste
Zukunft gedacht hieß es jetzt auch ein Podium zur Darstellung von Erfolgen zu schaffen, die sich bei der Projektarbeit bald einstellen würden. Die in einer Gruppe erziel-
ten Erfolge sollten selbst und selbstbewußt dargestellt
werden und damit auch andere beflügeln. Daher kündigte
die »BASF information« ebenfalls in der September-Ausgabe eine informelle Gesprächsrunde an, bei der jetzt alle
interessierten Mitarbeiter und der Vorstand künftig regelmäßig zusammenkommen sollten. Ziele: Information
und Diskussion – bereichsübergreifend und ohne Rücksicht auf Hierarchien. Das »Inforum« war geboren.

10.7 September 1996: Mitarbeiterzeitschrift flan-
kiert

Neben den auf das Projekt FOCUS bezogenen Zielen bot **kein zusätzliches**
sich mit dem Inforum auch die Chance der Präsentation **Informations-**
von »Highlights« aus dem Unternehmen, dargeboten von **medium**
Mitarbeitern für Mitarbeiter. Folge: Der Blick »über den
Tellerrand« des eigenen Arbeitsbereichs. Mit dem Inforum
ergab sich eine neue Aufgabe für die Werkszeitung: Das
Flankieren des Inforums. Jede Ausgabe enthielt fortan einen ausführlichen Bericht der Inforum-Veranstaltung
und den Hinweis auf die nächste. Durch diese Öffnung
der Werkszeitung für die Berichterstattung über das FO-
CUS-Projekt vermieden wir, daß ein bei solchen Projekten
oft von Beratungsunternehmen empfohlenes spezielles
Informationsmedium entstand. Als ein wesentlicher Teil

des Unternehmens machten wir FOCUS auch zu einem wesentlichen Teil der Werkzeitung, die sich als Spiegel der relevanten Aktivitäten des Unternehmens versteht.

10.8 November 1996: Inforum in den Betrieben

Inforum auch für »Blaumänner« interessant machen
Die ersten beiden »Inforum«-Veranstaltungen im November und Dezember 1996 fanden noch im »großen Vortragsraum« in dem Verwaltungsgebäude statt, in dem sich auch die Vorstandsetage befindet. Der modern eingerichtete, repräsentative Saal brachte allerdings einen schwerwiegenden Nachteil mit sich: Das Auditorium bestand durchweg aus »Krawattenträgern« – offensichtlich stellte der Raum eine Hemmschwelle für die »Blaumänner« aus den Betrieben dar. Kurzerhand suchten wir gemeinsam mit der Werkleitung und der Arbeitssicherheit ausreichend große Räume in den Betrieben aus, in denen von nun an die Kommunikationsveranstaltungen stattfinden sollten – die Containerreinigung zum Beispiel, eine Lagerhalle und ein Produktionsbetrieb. Von einem nahegelegenen Getränkevertrieb mieteten wir für jedes »Inforum« Bänke und Tische, wie sie zum Beispiel in Biergärten üblich sind. Der Erfolg war nicht nur ein größerer Teilnehmerkreis durch die gewerblichen Mitarbeiter aus den Betrieben, die »hemdsärmelige« Atmosphäre trug dazu bei, daß die Diskussionen lebhafter und angeregter verliefen als bisher. So mancher Referent, der sich in »Management-Deutsch« ausdrückte, mußte lernen, daß sein Auditorium nach einer unmißverständlichen Ausdrucksweise verlangte.

10.9 November 1996: Transport der Botschaften

Kurzberichte durch Poster-Einsatz
Um die Kernbotschaften des Projekts zusätzlich in die Belegschaft zu tragen, und um jedem engagierten Mitarbeiter die Chance zu geben sich zum Projekt zu bekennen, legten wir eine Poster-Serie auf. Da die Poster freiwillig – keinesfalls auf »Verordnung« hin – aufgehängt werden sollten, mußten sie optisch interessant gestaltet sein und modernen Sehgewohnheiten entgegenkommen. Entsprechend dem Stand des FOCUS-Projekts lautete die Bot-

schaft des ersten Posters »Miteinander reden«, wenige Wochen später folgte ein neues Motiv mit dem Slogan »Eigene Meinung sagen«, dann »Zukunft schaffen« und »Mehr bewegen«. Als dann, knapp ein Jahr später, die Umsetzung von Teilprojekten anstand, legten wir zum Abschluß das Poster »Gemeinsam handeln« auf. Letztlich ging es bei jedem der Poster um die Vermittlung des Bewußtseins, daß der Erfolg des Projekts auf dem Engagement jedes einzelnen beruht. Mitnahmebereit ausgelegt wurden die Poster, die auch heute noch vielerorts in Betrieben und Büros hängen, bei den Inforum-Veranstaltungen.

Der Einheit Öffentlichkeitsarbeit wuchs mit dem Inforum die Aufgabe der Organisation der Veranstaltung zu, die von der Themenzusammenstellung bis zur Bekanntmachung der Veranstaltung reicht. Um möglichst viele Mitarbeiter anzusprechen, wird das Inforum heute über die Werkszeitung, die Schwarzen Bretter, mit einem Rundschreiben, durch eine sogenannte Anmeldenachricht für alle Computer-Nutzer und mit im gesamten Werk ausgehängten selbst am Computer erstellten Plakaten bekanntgemacht.

»Öffentlichkeitsarbeit« organisiert die Veranstaltungen

Das Interesse der Mitarbeiter am Inforum spiegelt sich einerseits in der Teilnehmerzahl, die seit der ersten Inforum-Veranstaltung eine insgesamt leicht steigende Tendenz aufweist. Auch wuchs die Zahl der anfangs oft nur schleppend bei der Öffentlichkeitsarbeit zusammengekommenen Themenvorschläge für das Inforum mit der Zeit an. Heute liegen Vorschläge auf mehrere Monate hinaus vor, so daß wir uns dazu entschlossen haben, nicht nur zwei, sondern vier Themen pro Veranstaltung zuzulassen.

nun vier Themen je Inforum-Veranstaltung

Parallel dazu kommen Klaus Peter Löbbe und Werner Bandle dem Kommunikationsbedarf schon mit einer neuen Initiative entgegen. Sie besuchen Mitarbeiter direkt in den Betrieben und diskutieren in zwangloser Atmosphäre mit Mitarbeitern, z.B. mit Schichtmeistern, mit Leuten aus Qualitätssicherung und Labor. Dabei werden aktuelle Projekte besprochen, aber auch aktuelle unternehmenspolitische Entwicklungen. Die Resonanz ist sehr gut, wie ein Betriebsleiter nach einem solchen Chef-Besuch resümiert. Auch die Mitarbeiter nehmen die Initiative an. »Es ist gut, wenn der Vorstand direkt in die Produktion kommt, um aus erster Hand zu hören, was die Leute vor Ort denken«, meint ein Produktionsmann.

10.10 Ab Januar 1997: Medien spiegeln Wandel wider

neues Layout für die Mitarbeiterzeitschrift Als Spiegel des Wandels im Unternehmen und entsprechend der gestiegenen Bedeutung der Kommunikation änderten wir ab Januar 1997 das Erscheinungsbild der Werkszeitung. Ein neues Layout, kürzere Textbeiträge und die durchgängige Illustration mit Farbfotos machen die Mitarbeiterzeitschrift lesefreundlicher als bisher. Viele der genannten »Highlight«-Beiträge aus dem Inforum gaben Stoff für die Öffentlichkeitsarbeit und trugen zur Idee bei, sie in Form eines heute zweimal im Jahr erscheinenden Magazins, dem »Coatings Partner« zu veröffentlichen. Im Titel des Magazins spiegelt sich der mittlerweile in »BASF Coatings AG« geänderte Firmenname, der die globale Identität des Unternehmens unterstreicht.

Coatings als neuer Firmenname Bei einer großangelegten Pressekonferenz im Spätsommer 1997 sagte Klaus Peter Löbbe vor der Presse »Der internationale Begriff für unsere Produkte ist »Coatings«. Deshalb werden wir als Ausdruck unserer internationalen Präsenz und als äußeres Zeichen unserer Neuorientierung künftig im In- und Ausland unter diesem Namen erscheinen. Die BASF Lacke + Farben AG wird ab 1. Oktober 1997 »BASF Coatings AG« heißen, entsprechend ändern sich auch die Namen unserer europäischen Gesellschaften. Alle gemeinsam bilden die europäische BASF Coatings Gruppe. Mit unserem neuen Firmennamen wollen wir unsere grenzüberschreitende Verbundenheit stärker zum Ausdruck bringen und gleichzeitig unseren Mitarbeitern eine bessere Identifikation vermitteln.«

Info-Kampagne mit einem kreativen Berater Das neue Selbstbewußtsein der BASF Coatings spiegelt sich seit Anfang 1998 in einer europaweiten Werbekampagne. »Es geht um das Leistungspaket der BASF Coatings als der kompetente, schnelle, flexible, und verantwortungsvolle Partner mit den Kernkompetenzen Fahrzeuglacke, Autoreparaturlacke und Industrielacke. Und es geht um die BASF Coatings AG als Teil des global tätigen Unternehmensbereichs Coatings der BASF-Gruppe, der Innovationen anstoßen und realisieren kann und muß und dessen Leistungen schwer austauschbar sind«, so Klaus Peter Löbbe. »Darstellen soll sie die BASF Coatings AG als das innovative und zukunftsorientierte, aber auch als das sympathische Unternehmen, das ungewöhnlich ist, das Mut zu Überraschungen und Humor hat«, hieß es bei einer Präsentation der Kampagne bei einem Inforum. Blickfang sind die Objekte des jungen britischen Künstlers Andrew Kingham, der als kreativer Berater und Künstler für international tätige Unternehmen und Institutionen arbeitet.

10.11 BASF Coatings: Erfolgreiches Jahr 1997

Der grundlegende Veränderungsprozeß, der mit Hilfe verschiedener kommunikativer Maßnahmen unterstützt wurde, war erfolgreich. Der Unternehmensbereich Coatings der BASF-Gruppe steigerte im Geschäftsjahr 1997 weltweit Umsatz und Ertrag gegenüber dem Vorjahr erheblich. Er erwirtschaftete 1997 einen operativen Ergebnisswing von 250 Millionen DM. Dieser Erfolg beflügelt auch die Coatings-Mitarbeiter. Der Boden für weitere Veränderungen ist damit bereitet.

Unterstützung durch kommunikative Maßnahmen

11.

Internationalisierung eines Unternehmens Beispiel: Mitarbeiterkommunikation in der künftigen Airbus SCE

Von Manfred Knappe

11.1 Ausgangssituation und Rahmenbedingungen

komplizierte internationale Besitzverhältnisse Ein Spezialfall der Internationalisierung ist Airbus. Hier gibt es seit Bestehen bis zum Jahr 1998 noch keine einheitliche Gesellschaft, sondern nur ein Konsortium zur Vermarktung und Geschäftsführung sowie die vier nationalen Muttergesellschaften. Diese vier operieren in einer Zwitterfunktion: Einerseits üben sie die Aufsicht über Airbus Industrie G. I. E. (Groupement Interet Economique; das entspricht in Deutschland einer Gesellschaft bürgerlichen Rechts – GbR – und ist die Rechtsform des Konsortiums) aus, auf der anderen Seite sind sie je nach ihren Anteilen Entwickler, Teile-Zulieferer bzw. betreiben die Endmontagelinien der Flugzeuge. Die vier sind (mit ihren Anteilsverhältnissen) die staatliche französische Aerospatiale (37,9 Prozent), die aktienmäßig breit gestreute private British Aerospace (BAe; 20 Prozent), die noch staatliche spanische CASA (4,2 Prozent) und die mehrheitlich zum DaimlerChrysler-Konzern gehörende deutsche Dasa (37,9 Prozent).

11.2 Eine neue Mitarbeiterzeitschrift für alle

für jede Einheit eine eigene MAZ? Bisher hat Airbus Industrie (AI) für seine 2 500 Mitarbeiter ein nur englischsprachiges monatlich erscheinendes »FORUM« (8 – 12 Seiten), während die vier Konsorten mit ihren über Airbus hinausgehenden weiteren Aktivitäten ihre eigenen internen Informationssysteme sowie Mitarbeiterzeitungen haben. Bei der Dasa sind das die konzernweite Mitarbeiterzeitung »aktuell« (zehmal jährlich, 20 – 24 Seiten redaktioneller Teil, Berliner Format, Auflage 49 000), die anlaßbezogen erscheinenden »Airbus aktuell«-Informationen (2 – 12 Seiten, DIN A4-Format, Auflage 16 000) der Tochter DA (DaimlerChrysler Aerospace Air-

bus GmbH) und die in einzelnen deutschen Airbus-Wer-
ken quartalsmäßig erscheinenden Publikationen (z. B.
»Varel aktuell«, 4 Seiten, DIN A3-Format, Auflage 1 800).
Ähnlich differenziert ist das Bild bei Aerospatiale, BAe und
CASA.

Schon vor der für 1999 beabsichtigten Gründung einer **Vorbereitung**
einheitlichen Airbus-Kapitalgesellschaft (Airbus SCE – **durch die**
Single Corporate Entity ist der Arbeitstitel), an die alle vier **Arbeitsgruppe**
Partner komplett ihre Airbus-Aktivitäten abgeben und **Interne Kommu-**
dann nur noch als – sicherlich programmatisch mitsteu- **nikation**
ernde – Anteilseigner fungieren, gibt es Arbeitsgruppen
zur Vorbereitung der künftigen gemeinsamen Gesellschaft. Eine davon ist die Arbeitsgruppe Interne Kommunikation. Sie beschäftigt sich mit der internen Information in der Übergangsphase (transition phase), mit den
Maßnahmen und Informationspaketen zum Gründungs-
tag (Day One) und dem Aufbau der Internen Kommunikation in der neuen SCE (after Day One).

In der Übergangsphase haben alle vier Partner-Mitarbei- **textgleiche Bei-**
terzeitschriften sowie das »FORUM« von AI vereinbart, bei **träge in der**
wichtigen Ereignissen einheitliche Beiträge (die sich nur **Übergangsphase**
durch Sprache und zeitungsspezifische Anpassungen unterscheiden) zu veröffentlichen, zum Beispiel das erste Interview des neuen AI – Chefs Noel Forgeard, der im April
1998 antrat, das in den Mai-Ausgaben von »FORUM«, »Le
Groupe Aerospatiale« und Dasa-»aktuell« sowie in den
Juni-Ausgaben der zweimonatlich erscheinenden »No-
ticias CASA« und des BAe-»Arrow« zu lesen war.

Zusätzlich gibt diese Arbeitsgruppe für die gesamte »tran- **ein gemeinsames**
sition phase« nun auch noch anlaßbezogen ein Bulletin **anlaßbezogenes**
mit dem gemeinsamen Titel »integration« heraus – in vier **Bulletin**
Sprachen bei rund 45 000 Auflage (DIN A4-Format, 4 – 8
Seiten) für alle in die neue Firma gehenden Mitarbeiter in
Deutschland, Frankreich, Großbritannien und Spanien.
Dieses viersprachige Blatt ist ein gutes Übungsfeld für
die Produktion der künftigen gemeinsamen Airbus SCE-
Mitarbeiterzeitung. Hier ist an folgendes gedacht:

künftig »Mantel« mit Nationalteilen

8–12 Seiten Zeitungsmantel mit Gesamt-Themen von der neuen Zentrale

4–16 Seiten Nationalteil von der jeweiligen Landesgesellschaft.

Zusätzlich zu dieser Zeitung werden die Werks-Informationen, wie sie besonders in Deutschland und Frankreich bestehen, beibehalten, aber natürlich der (gerade in Entwicklung befindlichen) Corporate Identity der neuen Airbus SCE angepaßt. Noch ungelöst ist die Frage der weiteren Verteilung der Mitarbeiterzeitschriften der nationalen Muttergesellschaften – oder eines Kontingents davon – in den neuen Airbus-Landesgesellschaften.

Widerstände gegen ein gemeinsames Intranet

Airbus SCE wird ihr eigenes Intranet aufbauen. Auch hier stellt sich ein Problem: Unbeschränkter Zugang zu den Intranets der Muttergesellschaften macht Sinn, weil diese jetzt schon über ausführliche Pressespiegel mit Archiv- und Suchfunktionen ebenso wie Produkt- und Geschäfts-Datenbanken in der Landessprache verfügen, die eine neue Airbus Landesgesellschaft gewiß nicht teuer nochmals neu aufbauen müßte. Doch glauben viele Manager den Informations-Technologen nicht, daß es einen wirklich garantiert eingeschränkten Zugriff gibt, also interne Firewalls, die das Weiter-Surfen zu Branchengeheimnissen, die sich ja ebenfalls, paßwortgeschützt, in den einzelnen Firmen-Intranets befinden, verhindern. Und deshalb wird die oben angesprochene sinnvolle Öffnung der Intranet-Teile der Muttergesellschaften, die dem »publishing« dienen, noch der Überzeugungsarbeit der internen Kommunikatoren bedürfen.

11.3 Muttersprache vernachlässigen?

Firmensprache ist nicht Muttersprache

Eines hat sich in den Vorbereitungen von Airbus SCE in der Arbeitsgruppe Interne Kommunikation eindeutig erwiesen: Es reicht nicht – wie der AI »FORUM«-Vertreter zunächst meinte – für die neue Gesellschaft auch interne Publikationen nur in der Firmensprache Englisch herauszugeben! Was soll da der Flugzeugelektriker in Dresden, der Fluggerätemechaniker in Cadiz oder der Werkstoffbe-

arbeiter in Nantes damit anfangen? Nur wenig mehr als
ein Viertel der künftigen rund 40 000 Airbus SCE-Mitar-
beiter hat Englisch als Muttersprache oder behauptet,
Englisch fließend zu beherrschen. Wenn man das Herz
des Mitarbeiters erreichen will, muß man sich der Sprache
bedienen, die er versteht. Da setzte Maria Gill, Leiterin Interne Kommunikation bei BAe, noch eins obendrauf:
»Auch für unsere Werke in Filton und Chester brauchen
wir ein angepaßtes Englisch. Das, was jetzt von der AI
kommt, entspricht nicht unbedingt der Sprache, die
man im Werk versteht.« Nun – gibt es nicht auch im Deutschen dieselben Probleme zwischen dem »O-Ton Zentrale« und dem, was in den Werkhallen oder im Vertrieb
wirklich ankommt?

**Ein Merger – keine Akquisition
Beispiel: 4 000 Mitarbeiter (BASF) und 700 Mitarbeiter (Zeneca) werden eine Firma**

Von Ulrich Nies

12.1 Ausgangssituation

»Wir behandeln es als ein Merger, nicht als Akquisition!« In diesem Satz aus dem Mund des Projektleiters steckt nahezu alles, was die Zusammenführung der Textilfarbstoffaktivitäten von BASF und Zeneca im Jahr 1996 ausmachte. Dabei beschreibt es die Fakten nur sehr ungenau. Denn tatsächlich handelte es sich vom Ansatz um eine klassische Akquisition. Die BASF Aktiengesellschaft hatte das Geschäft der britischen Zeneca-Gruppe mit Textilchemikalien erworben. Rund 700 Zeneca-Mitarbeiter in aller Welt, vom Forscher über den Anwendungstechniker bis zum Vertriebs- und Produktionskollegen traten geschlossen über. Sie galt es zu integrieren in einen gerade restrukturierten Unternehmensbereich der BASF mit weltweit rund 4 000 Mitarbeitern; die Mehrzahl davon in Ludwigshafen.

zwei gleichberechtigte Partner Und dennoch wurde daraus ein Merger – die Zusammenführung zweier gleichberechtigter Partner. In der Rückschau läßt sich festellen, daß jedes andere Vorgehen zum Scheitern verurteilt gewesen wäre. Ein Grund: Mitarbeiter vor allem der Zeneca mit ihrem Wissen um Produkte und Märkte, sowie damit verbunden Kunden und Umsätze wären zu einer leichten Beute für den Wettbewerb geworden.

Zusammenführung, Phase der Verwundbarkeit Keine Frage, Unternehmen in der Phase der Zusammenführung von Geschäften sind verwundbar. Kunden fragen sich, ob sie weiter ihre gewohnten Produkte und Ansprechpartner behalten. Vom Wettbewerb bestärkt wachsen Zweifel an der Kundenorientierung in der Phase der Zusammenführung. Gleichzeitig sind verunsicherte Leistungsträger offen für gute Angebote von außerhalb des Unternehmens. Und generell sinkt in einer Phase der Ungewißheit über die eigene berufliche Zukunft die Motivation der Mitarbeiter. Dabei muß es nicht einmal bis zur Frage des Arbeitsplatzverlustes gehen. Auch der Verlust von bereits vereinbarten oder erkennbaren Entwicklungschancen führt zur Demotivation und damit zu Leistungseinbußen. Die Folge: am Ende des Integrationsprozesses ist der Wert des neuen Unternehmens deutlich geringer als der Wert der zusammengeführten Teile. Statt realisierter Synergien stehen unter dem Strich abgewanderte Leistungsträger, statt neuer Märkte verärgerte Schlüsselkunden und statt neuer Produkte eine demotivierte Mannschaft. Dies zu verhindern ist Aufgabe eines interdisziplinären Integrationsteams.

12.2 Information und Kommunikation sind Schlüsselfaktoren

Die Philosophie des sehr zügig durchgeführten Mergers, wie sie bei BASF wiederholt zum Einsatz kam, schafft in dieser Situation eine gute Basis für einen erfolgreichen Verlauf und Abschluß des Prozesses. Eine schnelle und umfassende Information sowie eine offene Kommunikation sind die Schlüsselfaktoren bei der Umsetzung. Die Kommunikationsfunktion muß daher in der Integrationsphase organisatorisch direkt an die obersten Steuerungsgremien berichten, zu allen Informationen der anderen Funktionen, wie z. B. Logistik, Personal etc. Zugang haben und bei allen kommunikationsrelevanten Tätigkeiten dieser Funktionen eingebunden sein. Es ist Aufgabe der Kommunikationsfunktion die Kongruenz in den Aussagen und schließlich im Verhalten der anderen Funktionen sicherzustellen. Nur so ist eine glaubwürdige und damit erfolgreiche Kommunikation zu gewährleisten. Kommunikation ist hier weniger Sprachrohr als Steuerungsfunktion. Mitarbeiter sind neben den Kunden die wesentliche Zielgruppe in einem solchen Prozeß. Während die Mitarbeiter primär über eigene Medien erreicht werden, kommt bei den Kunden der Pressearbeit sowie der Werbung eine besondere Rolle zu.

Kommunikation als Steuerungsfunktion, weniger als Sprachrohr

Der Bedeutung der Mitarbeiter trug die BASF in dem zu beschreibenden Fall dadurch Rechnung, daß ein Vertreter der Einheit für interne Kommunikation als »main unser« hauptamtlich in das Projekt delegiert wurde. Seine Aufgabe war es den Kontakt zu den anderen Funktionen der Öffentlichkeitsarbeit herzustellen.

12.3 Der Ablauf

Von der Unterzeichnung im Mai bis zum Zusammenschluß im August:

gemeinsame Presseinformationen Absolute Vertraulichkeit ist das Kennzeichen von Verhandlungen bei Firmenverkäufen. Nicht anders war dies bei den Vorbereitungen zur Zeneca-Integration (verkürzte Darstellung – nur das Geschäft mit Textilfarbstoffen wurde erworben). Doch bereits hier wurden gemeinsam mit einem externen, international tätigen Berater, die Grundlagen für die spätere Kommunikation gelegt. Operativ galt es zunächst eine gemeinsame Presseinformation beider Unternehmen vorzubereiten und abzustimmen. In dieser Phase übernahm die Pressestelle von Seiten der Öffentlichkeitsarbeit die Leitungsfunktion. Parallel wurden die organisatorischen Strukturen für die »PMI« (Post Merger Integration) in der oben beschriebenen Form geschaffen.

Startschuß für Kommunikation im Mai:

Hintergrundinformationen Außerdem wurden Präsentationen für »Roadshows« vorbereitet. Und bereits am Tag der Bekanntgabe starteten Mitarbeiter aus der Zentrale in alle Welt, um Mitarbeiter und Kunden der BASF über die Hintergründe des Kaufs und die Pläne zur Integration zu informieren. Besucht wurden gemeinsam mit dem Zeneca-Management auch deren Mitarbeiter und Kunden.

Wichtige Botschaften für die Mitarbeiter:

für die Mitarbeiter
1. Es ist keine Akquisition, sondern ein Merger
2. Wir führen das Beste aus beiden Welten zusammen.
3. Es besteht absolute Chancengleichheit für die Mitarbeiter beider Unternehmen.

4. Der Prozeß der Personalauswahl und die Zusammenführung wird offen und nachvollziehbar sein.
5. Alle anstehenden Entscheidungen werden so schnell wie möglich getroffen. (Konkrete Zeitangaben notwendig)

Wichtige Botschaften für die Kunden:

1. Es ist ein langfristiges Bekenntnis der BASF zum Geschäft mit Textilchemie.
2. Keine kurzfristigen Änderungen bei Ansprechpartnern und Produkten.
3. Zeneca- und BASF-Produkte werden weiterhin verfügbar sein.
4. Die Kunden werden von der Zusammenführung nicht organisatorisch belastet.
5. Durch die vereinten Stärken werden sich Produkte und Service verbessern.

für die Kunden

12.4 Kommunikation mit zukünftigen Mitarbeitern

Bis zur Genehmigung durch die Kartellbehörden und der endgültigen Zusammenführung der Geschäfte mußte die Ansprache der Zeneca-Mitarbeiter über deren Öffentlichkeitsarbeit laufen. Die enge Abstimmung und gleichberechtigte Zusammenarbeit zwischen den Einheiten der BASF und von Zeneca zeigte, daß kulturelle Unterschiede auch zwischen Mitteleuropäern zwar vorhanden sind und berücksichtigt werden müssen – aber kollegial überwindbar sind.

kulturelle Unterschiede, selbst in Europa

Medieneinsatz

Neben bestehenden Medien auf Seiten der BASF wie der Mitarbeiterzeitung »BASF information« und am Tag der Bekanntgabe zeitgleich zum Versand der Presseinformation die Auslage einer BASF aktuell an den Toren wurden auch eigene, speziell initiierte Aktionen gestartet. Dabei handelte es sich neben Informationsbriefen für die Anfangsphase vor allem um telefonische Hotlines in beiden Zentralen sowie um einen elektronischen Briefkasten, der in der Öffentlichkeitsarbeit der BASF auflief. Die einge-

Vermittlung von Gesprächspartnern für die Mitarbeiter

henden Fragen ließen sich in zwei Kategorien einteilen: Fragen nach Informationen zu Ansprechpartnern im Integrationsteam und zu Produkten und Fragen nach dem Integrationsprozeß und damit meist verbunden nach der Zukunft der eigenen Einheit. Die Kommunikation übernahm für beide Kategorien die Vermittlerfunktion. Zwar wurden auf Basis eines bereits vor der Bekanntgabe erarbeiteten Frage- und Antwortkatalogs auch direkt Antworten gegeben. Weitaus wichtiger jedoch war die Vermittlung von Gesprächspartnern für die Mitarbeiter.

persönliche Wichtige Nachrichten – speziell über die eigene berufliche
Gespräche Zukunft – sollten im persönlichen Gespräch von den Vorgesetzten gegeben werden. Deren Information erwies sich damit als ebenso wichtig wie schwierig. Gab es doch in der Übergangsphase nicht viel mehr, als den Verweis auf einen zügig und fair durchzuführenden Prozeß zu berichten. Generell gilt es in einer solchen Phase Situationen zu vermeiden, in denen sich Vorgesetzte gegenüber ihren Mitarbeitern in eine Opferhaltung zurückziehen »die sagen mir doch auch nichts ...«.

Daher empfiehlt es sich, möglichst viele Mitarbeiter aus allen Ebenen in die Prozesse der Zusammenführung einzubeziehen. Auf Fachebene ergeben sich hier mannigfache Möglichkeiten. Positiv daran auch: es gibt Entdeckungen und Überraschungen. Wird nämlich die Gelegenheit zur Mitgestaltung geboten, exponieren sich plötzlich Mitarbeiter auf kreative Weise, die in den bisherigen hierarchischen Strukturen möglicherweise zu wenig Entfaltungsmöglichkeiten hatten.

12.5 Kurz vor dem Ziel eine Pause

externe, neutrale Nur wenige Tage nach der Bekanntgabe des Mergers liefen
Berater alle Prozesse auf Hochtouren. Als sehr hilfreich erwies sich hier der Einsatz des externen Beraters. Seine Vorteile: Neutrale Moderation des Prozesses, weltweite Präsenz und flexible Bereitstellung von Personalressourcen. Vorteil der BASF- und Zeneca-internen Kräfte: Kenntnis der Unternehmenskultur, der internen Logistik, der Informationswege und der handelnden Personen.

Vorläufiger Zielpunkt der Prozesse war Anfang Juli. In der Zwischenzeit galt es auch die Vertriebsmannschaften mit Argumenten für ihre Kundenkontakte zu versorgen. Grundlage waren Interviews mit Außendienstmitarbeitern zu den Sorgen der Kunden sowie zu Gerüchten, die mehr oder weniger gezielt in den Regionen die Runde machten. Als wenig effektiv erwiesen sich von der Zentrale verfaßte Kundenbriefe, die weltweit durch die lokalen Organisationen verteilt werden sollten. Angebliche Mängel in der Übersetzung oder der Hinweis auf Aussagen, die gegenüber einem lokalen Kunden schädlich seien, führten dazu, daß nur wenige dieser Briefe tatsächlich ihre Empfänger erreichten. Konsequenterweise wurde die Taktik geändert. An die Stelle der vorformulierten Briefe trat eine Liste mit Botschaften, die an die Kunden vor Ort abgesetzt werden sollten; ergänzt um lokale Themen und kommuniziert durch Kanäle, die ebenfalls von den lokal verantwortlichen frei ausgesucht werden konnten.

Briefe an Kunden weniger effektiv

Wenige Tage vor der zum 1. Juli geplanten Zusammenführung der Geschäfte meldete die europäische Kartellbehörde weiteren Prüfungsbedarf an. Eine solche Prüfung kann ohne Angaben von Gründen eine Fusion um bis zu drei Monate hinauszögern. In diesem Fall nahm die Prüfung nur einen einzigen weiteren Monat in Anspruch. Informationsbriefe an alle Mitarbeiter sowie die Bitte an den Außendienst, ihre Kunden zu informieren erwiesen sich als ausreichend um diese Zeit zu überbrücken. Wichtig für die Mitarbeitermotivation war, daß alle Prozesse inklusive der Personalauswahl weiterliefen.

Informationsbriefe an die Mitarbeiter

12.6 Event-Day für den 1. August

Die durch die Kartellbehörden ausgelöste Verzögerung war für die interne Kommunikation sogar von Vorteil. Sie erlaubte die bessere Vorbereitung eines »Event-Day's« am Tag der Zusammenführung. Ziel war es, am 1. August in allen Werken und Vertriebsniederlassungen weltweit die Mitarbeiter zu versammeln. Wenn möglich im Rahmen einer gemeinsamen Veranstaltung. Dazu wurden

Verzögerung wurde Vorteil für die Kommunikation

für die bis dahin ausgewählten Leiter der Einheiten Präsentationen vorbereitet. Speziell für ehemalige Zeneca-Mitarbeiter wurden Medienpakete mit Informationen über die BASF-Gruppe vorbereitet.

Video zum weiteren Vorgehen In einem Video stellten sich der Leiter des BASF-Unternehmensbereiches sowie der Leiter des Integrationsteam vor und erläuterten die strategischen Hintergründe der Zusammenlegung sowie das weitere Vorgehen. Daß es dem Unternehmen mit der fairen Personalauswahl ernst war, belegte die erste Ausgabe der Integrationszeitung »We are 1«. Die Vorstellung der neuen oberen Führungsebenen des Bereiches im Bild zeigte eine ganze Reihe ehemaliger Zeneca-Mitarbeiter.

Vorbereitungsaufwand zahlt sich aus Nachfragen ergaben, daß sich der hohe Vorbereitungsaufwand für den Event-Day ausgezahlt hat. Für die meisten der ehemaligen Zeneca-Mitarbeiter war dies der erste offizielle Kontakt mit dem neuen Arbeitgeber. In der aufwendigen Gestaltung dieses Tages erkannten sie die Wertschätzung, welche ihnen ihr neues Unternehmen entgegenbrachte.

12.7 Das Jahr nach dem Event-Day; Fazit

Austausch auf der Arbeitsebene Management-Treffs, internationale Tagungen zur Zielvereinbarung und vor allem ein intensiver Austausch auf der Arbeitsebene bestimmten die folgenden Monate. Von der Kommunikationsfunktion blieben die Hotlines und elektronischen Briefkästen geöffnet. Außerdem gab es im ersten halben Jahr monatlich eine Integrationszeitung in drei Sprachen (Deutsch, Englisch, Portugiesisch). Danach ging man für ein weiteres halbes Jahr auf einen zweimonatlichen Rhythmus.

Steuerung konkreter Maßnahmen durch lokale Stellen Beide Geschäfte wurden erfolgreich verschmolzen. Dafür hat die zu Anfang ausgegebene und konsequent umgesetzte Philosophie des Mergers die Basis geschaffen. Erfolgsfaktoren waren auch der ausgewogene Einsatz von externen Beratern und internen Kräften. Gelernt haben die Beteiligten, daß sich Offenheit und Tempo auszahlen. Gelernt aber auch, daß aus einer Zentrale die Kommunikation eher über Ziele als über konkrete Maßnahmen gesteuert werden kann. Bei einer weiteren Aktion würden die lokalen Kräfte noch intensiver in den Prozeß eingebunden.

13.

Komplexe Probleme im Team lösen
Beispiel: Mitarbeiterkommunikation der BASF

Von Cordelia Krooß

13.1 Ausgangssituation

So sieht der Alptraum eines Mitarbeiterkommunikateurs aus: Er sitzt einem sichtlich angespannten Manager gegenüber. Der gibt ihm unter dem Siegel der Vertraulichkeit einen Auftrag: Sein Unternehmensbereich wird etwa ein Viertel seiner Produktlinien auslaufen lassen. Davon sind mehrere Standorte betroffen. Gleichzeitig wird er einen wesentlich kleineren Wettbewerber, der durch Mißmanagement in die Krise geraten ist, übernehmen. »Mit dem kombinierten Produktportfolio sind wir fit für die Zukunft. Nächste Woche unterschreiben wir den Kaufvertrag. Die Unternehmensleitung gibt uns ein Jahr, dann müssen altes und neues Geschäft erfolgreich integriert sein. Unsere Mitarbeiter und die der anderen Firma wissen noch nichts. An die Presse und an unsere Kunden müssen wir dann wohl auch gehen. Koordinieren Sie das, ist ja Ihr Job. Falls Sie noch Informationen brauchen, wenden Sie sich an unseren Projektleiter. Er kommt übermorgen aus Frankreich zurück.«

13.2 Die Herausforderung: mit Tempo und Komplexität des Wandels mithalten

Mehrwert schaffen Auch wenn dieser Fall fiktiv ist – ähnliche Aufträge können auf jeden zukommen, der sich beruflich mit Interner Kommunikation befaßt. Mehrfach schon wurde es in diesem Buch angesprochen: In der Mitarbeiterkommunikation stehen wir zunehmend vor Herausforderungen, denen wir nicht ausschließlich mit einem Artikel in der Mitarbeiterzeitschrift begegnen können. Sei es der Merger zweier Unternehmen mit unterschiedlicher Kultur, seien es Umstrukturierungen mit drohendem Personalabbau oder der Aufbruch in ganz neue Arbeitsgebiete – der Wandel in den Unternehmen wird immer rasanter. Will die

Mitarbeiterkommunikation einen Mehrwert im Unternehmen schaffen, muß sie diesen Wandel aktiv unterstützen und dabei mit seinem Tempo und seiner Komplexität Schritt halten.

Angesichts dieser Herausforderung stoßen klassische Organisationsformen und Arbeitsweisen der Mitarbeiterkommunikation an ihre Grenzen. Der Werkzeitungsredakteur alter Prägung, der sein Revier gegenüber Pressestelle und Marktkommunikation abgesteckt hat, wird mit dem Erstellen und Umsetzen integrierter Kommunikationskonzepte überfordert sein. Beim Beraten von Kunden im Unternehmen, die vielleicht gar nicht kommunizieren wollen oder nur eine sehr vage Zielvorstellung haben, kommt man mit einer rein journalistischen Ausrichtung nicht voran. Weiterentwicklung zum Kommunikationsberater ist angezeigt. Angesichts knapper personeller Ressourcen sieht sich so mancher Mitarbeiterkommunikateur im Spagat: Einerseits muß das Tagesgeschäft – meist ist das vor allem die Mitarbeiterzeitschrift – weiterlaufen wie bisher. Andererseits arbeitet man immer mehr auch an komplexen Projekten, so nebenher, könnte man meinen, würden nicht solche Projekte dazu neigen, zumindest in der heißen Phase das Gros der Arbeitszeit zu verschlingen.

Weiterentwicklung zum Kommunikationsberater

Eine Patentlösung als einfachen Ausweg aus diesem Dilemma gibt es wohl nicht. In der Mitarbeiterkommunikation der BASF hat sich jedoch ein Instrument zur Bearbeitung komplexer Aufgabenstellungen als sehr hilfreich erwiesen. Sein Name: Modernes Projektmanagement im teamorientierten Ansatz.

ein teamorientierter Ansatz

13.3 Das Instrument: teamorientiertes Projektmanagement

Projektmanagement ist in weiten Teilen angewandter Menschenverstand. Viele Elemente mögen selbstverständlich klingen. Werden sie konsequent eingesetzt, was in der Praxis weit weniger selbstverständlich ist, so lassen sich mit diesem Instrument Projekte flexibel, effektiv und effizient steuern.

Merkmale eines Projekts Ein Projekt ist in diesem Zusammenhang abzugrenzen vom Tagesgeschäft und von Sonderaufgaben, die sich zwar vom Tagesgeschäft abheben, die aber aufgrund der vorhandenen Erfahrung leicht zu lösen sind. Folgende Merkmale zeichnen ein Projekt aus:

- Die Aufgabenstellung ist komplex. Zu ihrer Lösung müssen meist verschiedene Disziplinen zusammenarbeiten.
- Die Aufgabe stellt sich einmalig, es handelt sich nicht um einen regelmäßig wiederkehrenden Vorgang (zum Beispiel die Produktion einer Mitarbeiterzeitschrift).
- Die Aufgabe ist riskant, ein Scheitern ist möglich.
- Zum Lösen der Aufgabe muß Neuland betreten werden. Man kann nicht einfach auf vorhandene Erfahrungen und etablierte Abläufe zurückgreifen.
- Das Ziel ist zu Anfang vage und wird im Lauf des Projekts konkretisiert. Häufig sind Zielsetzung und Rahmenbedingungen in einem dynamischen Umfeld unvorhersehbaren Änderungen unterworfen.

Beispiele Ein klassisches Beispiel aus der Industrie ist die Entwicklung eines Prototyps für ein neues Auto. Typische Projekte in der Mitarbeiterkommunikation sind:

- Kommunikative Unterstützung eines Mergers
- Grundlegende Neukonzeption der Mitarbeiterzeitschrift
- Kommunikationsaktivitäten zur Verankerung des Qualitätsmanagement-Gedankens bei den Mitarbeitern.

Strukturen Für die Projektarbeit sind folgende Strukturen definiert:

- Der Lenkungskreis koordiniert alle Projekte einer Einheit, setzt Prioriäten, teilt personelle und finanzielle Ressourcen zu und entscheidet im Konfliktfall.
- Das interdisziplinäre Projektteam bearbeitet das Projekt und ist verantwortlich für das Ergebnis. Teammitglieder können zum Beispiel Vertreter von Mitarbeiterkommunikation, Pressestelle, Marktkommunikation sowie Vertreter des Auftraggebers sein. Sie entscheiden gemeinsam, wie das Projekt bearbeitet wird.

– Der Teamleiter fungiert als Dienstleister: Er moderiert den Entscheidungsprozeß im Team und ist erster Ansprechpartner für Auftraggeber und Lenkungskreis.

Entscheidend für ein gelungenes Projektmanagement ist, daß in der Anfangsphase eines Projekts ausreichend Zeit in die Planung investiert wird. Die Teammitglieder müssen der Versuchung widerstehen, sich schnell auf die naheliegenden Maßnahmen zu einigen und »einfach loszulegen«. Bei komplexen Aufgabenstellungen liefen sie so Gefahr, wichtige Aspekte zu übersehen, Zeitplan und Budget falsch zu dimensionieren und später aufwendig nachbessern zu müssen. Zumindest in der Öffentlichkeitsarbeit der BASF gibt es einige Beispiele für Projekte, die zunächst nach einem solchen »Schnellschußprinzip« angegangen wurden. Es hat sich meist gerächt.

Ziel der Planungsarbeit zu Anfang eines Projekts ist es, den gesamten Prozeß der Projektabwicklung fundiert zu strukturieren, Optimierungspotential von Anfang an zu nutzen und die Arbeit sinnvoll und gleichmäßig über die Projektlaufzeit – und auf die Teammitglieder – zu verteilen. Folgende Schritte und Werkzeuge haben sich in der Praxis bewährt:

Schritte und Werkzeuge der Planung

– Aktiv geführtes Gespräch mit dem Auftraggeber: Hier holt zum Beispiel der Mitarbeiterkommunikator die nötigen Informationen ein, mit denen alle beteiligten Disziplinen in die Projektarbeit einsteigen können. Oft merkt man erst in späteren Phasen des Projekts, daß in diesem Gespräch wichtige Fragen nicht gestellt wurden, etwa die nach der primären Zielgruppe einer Kommunikationsaktivität.
– Herausarbeiten einer gemeinsamen Informationsplattform und Zielfindung im Projektteam: Erstaunlich viele Projekte verlaufen nicht effizient oder enden mit einem unbefriedigenden Ergebnis, weil schon in dieser frühen Phase Informationslücken offen blieben, das Ziel der Arbeit nicht allen Beteiligten klar war oder einzelne Teammitglieder sogar konträre Ziele verfolgten.
– Feedback an den Auftraggeber: Das Projektteam resümiert sein Verständnis von Ausgangssituation, Ziel-

gruppen der Kommunikation, vorhandenen Einstellungen und deren gewünschte Änderungen bei den Zielgruppen sowie dem gewünschten Erfolg des Kommunikationsprojekts. Hat der Auftraggeber diese Sichtweise bestätigt, kann das Team darauf die weitere Arbeit aufbauen.

– Projektstruktur-Planung: Das Projektteam bricht die Gesamtaufgabe, die es oft als beängstigenden Berg vor sich sieht, in übersichtliche Einzelschritte auf. Gemeinsam wird festgelegt, welche Aufgaben das gesamte Team angehen muß und welche Arbeitspakete einzelne Teammitglieder erledigen können. Wird diese Planung später umgesetzt, führt das zwangsläufig zu integrierter Kommunikation. Wenn etwa Mitarbeiterkommunikateur, Pressesprecher und Marktkommunikateur gemeinsam die Kernbotschaften erarbeiten, führt das zu einem einheitlichen Auftritt gegenüber allen Zielgruppen.

– Sachlogische Ablaufplanung: Das Projektteam legt die Reihenfolge der Einzelschritte fest und macht in Form von Regelkreisen deutlich, wie sich Erreichen oder Verfehlen eines Meilensteins auf die nachgeschalteten Schritte auswirkt. Ziel ist, im Sinne eines zeitsparenden »simultaneous engineering« möglichst viele Arbeiten parallel anzugehen. So kann zum Beispiel nach Freigabe der Kernbotschaften schon das Layout einer Integrationszeitung für die Mitarbeiter entwickelt werden, während die Texte noch entstehen.

– Zeitplanung: Auf dem bisher gelegten Fundament läßt sich ein realistischer Zeitplan erstellen. Auch hieran sollte das Projektteam gemeinsam arbeiten. Wer einen Zeitplan mit entworfen und verabschiedet hat, der ist auch sehr motiviert, ihn einzuhalten.

– Kapazitäten- und Kostenplanung: Auf Basis des Ablaufplans läßt sich leicht erarbeiten, welche Kapazitäten das Projekt in den einzelnen Phasen binden wird. Zu erwartende Engpässe werden jetzt schon deutlich. Bei der anschließenden Kostenplanung kann man gleich Alternativen durchrechnen, die sich zum Beispiel durch die Vergabe einzelner Arbeitspakete (Layout, Texten oder Produktion) an externe Dienstleister ergeben.

An der gemeinsam aufgestellten Marschroute kann sich das Team während des gesamten Projekts entlanghangeln und sich dann auf die inhaltliche Arbeit konzentrieren.

13.4 Projektmanagement etabliert sich in der Mitarbeiterkommunikation der BASF

Projektmanagement in der Mitarbeiterkommunikation der BASF – das ist noch keine abgeschlossene Erfolgsstory, sondern die Momentaufnahme eines laufenden Prozesses. Er begann im Oktober 1995, als das Instrument Projektmanagement in der Zentralabteilung Öffentlichkeitsarbeit und Marktkommunikation der BASF Aktiengesellschaft eingeführt wurde. Bis Anfang 1998 wurden 80 Mitarbeiter geschult, die alle als Mitglieder von Projektteams in Frage kommen. Das Seminar hatten Vertreter der Mitarbeiterkommunikation gemeinsam mit einem externen Trainer an die spezifischen Praxisfragen der Öffentlichkeitsarbeit angepaßt. Für jeden Termin wurde eine interdisziplinäre Teilnehmergruppe zusammengestellt, so daß anhand eines Fallbeispiels wie etwa der Kommunikation eines Mergers die Vertreter von Mitarbeiterkommunikation, Pressestelle, Marktkommunikation und Inhouse-Agentur die gemeinsame Arbeit in einem Projektteam üben konnten. Dabei wurde zum Beispiel deutlich, wie unterschiedlich die verschiedenen Disziplinen an eine Problemstellung herangehen und wie man diese Vielfalt nutzen kann, um im Team zu einem besseren Ergebnis zu kommen, als es mit der Summe der Einzelleistungen möglich wäre. Der intensive Austausch über drei Tage hinweg wirkte sich übrigens spürbar positiv auch auf die alltägliche Kooperation und den Informationsfluß innerhalb der Öffentlichkeitsarbeit aus.

Momentaufnahme eines Prozesses

Besonders fruchtbar war auch ein kurzer Projektmanagement-Workshop mit PR-Beauftragten von Tochtergesellschaften der BASF. Hier wurden die unterschiedlichen Arbeitsweisen und Bedürfnisse der Zentrale, die auch eine Steuerungsfunktion gegenüber den Gruppengesellschaften wahrnimmt, und den Außenposten in aller Welt spürbar. Die Reaktion der Teilnehmer: Sie gaben sich Spielre-

Workshop mit PR-Beauftragten

Checkliste für das Auftragsübernahme-Gespräch

1 Sachverhalt/Ausgangssituation
- Neuigkeitswert
- Aufgabenstellungen
- Budgetvorstellungen
- Zeitvorgaben, kritische Zeitpunkte
- Zielsetzung der Kommunikation

Hintergrund
- Offizielle/inoffizielle Informationen
- Vorgeschichte
- Bisherige Kommunikationsaktivitäten
- Strategische Bedeutung
- Weitere Beteiligte
- konkrete Vorstellungen

2 Betroffene Zielgruppen
- Informationsstand und Einstellungen
- Ziel: Änderung der Einstellungen
- Rangfolge der Zielgruppen

3

4 Zielgruppe Mitarbeiter
- Betroffene Mitarbeiter
- Auswirkungen auf die Mitarbeiter
- Gerüchte, Ängste, Vorbehalte
- Erreichbarkeit der Mitarbeiter
- Möglichkeit für Mitarbeiter-Aktivitäten

5 Zielgruppe Umfeld
- Berührungspunkte mit Behörden, politischen Gruppen
- Auswirkungen auf Nachbarschaft, Eltern, Schulen, Hochschulen, Kirchen
- Klima im Umfeld

6 Zielgruppe Presse
- Zielgruppe/Verteiler
- Termine für Presseveranstaltung
- Zahlen
- Darstellung für Print/TV/Radio

7 Zielgruppe Markt
- Betroffene Zielgruppen
- Strategische Bedeutung von Produkt/Branche
- Markt- bzw. Umsatzanteil
- Marktentwicklung und -potential
- ggf. Produktvorteile, Abgrenzung gegen Konkurrenzprodukte

8 Botschaften
- Botschaften, die vermittelt werden müssen oder nicht vermittelt werden dürfen
- Haupt-/Kernbotschaften

9 Procedere
- Ansprechpartner des Projektteams
- Beteiligung des Auftraggebers im Projektteam
- Abstimmungspartner, Zeitpunkte der Abstimmungen

10 Gretchen-Fragen
- Erwarteter Erfolg des Projekts
- Konsequenzen des Scheiterns

216

geln für die künftige Zusammenarbeit, die von allen unterzeichnet wurden.

Angeregt durch die Auseinandersetzung mit dem Projektmanagement entwickelten die Seminarteilnehmer zwei Werkzeuge, die heute über das unternehmenseigene Intranet der gesamten Abteilung zur Verfügung stehen: eine Checkliste für das Auftragsübernahmegespräch und einen Projektsteckbrief, beide sind hier abgedruckt.

Die Checkliste soll dem Vertreter der Öffentlichkeitsarbeit helfen, das erste Gespräch mit dem Auftraggeber aktiv zu führen und alle wichtigen Informationen über das Projekt zu erfragen. Zu Beginn werden Ausgangssituation und Hintergrund erfaßt. Dabei geht es zum Beispiel um Zielsetzung der Kommunikation, kritische Zeitpunkte, Vorgeschichte und strategische Bedeutung des Sachverhalts, der Gegenstand der Kommunikationsaktivitäten sein soll. Spezifische Fragen zu den Zielgruppen Mitarbeiter, Umfeld, Presse und Markt sollen deren Informationsstand und Einstellungen und ihre gewünschte Änderung aus Sicht des Auftraggebers klären helfen. Das soll jeden Mitarbeiter der Öffentlichkeitsarbeit in die Lage versetzen, die Informationsbasis für alle betroffenen Disziplinen zu schaffen. So kann zum Beispiel ein Mitarbeiterkommunikateur auch die Fragen nach Produktvorteilen und Marktpotential stellen, die seinem Kollegen von der Marktkommunikation den Einstieg in die Projektarbeit erleichtern. Der strategische Vorteil für die Öffentlichkeitsarbeit: Dem Kunden sitzen nicht gleich am Anfang vier Personen, sondern ein einziger Ansprechpartner gegenüber – ein Wunsch vieler Kunden innerhalb des Unternehmens. Damit demonstriert die Öffentlichkeitsarbeit Kompetenz und Geschlossenheit und legt gleichzeitig das Fundament für eine integrierte Kommunikation.

Checkliste für das Auftragsübernahmegespräch

Der Projektsteckbrief ist ein Werkzeug zur kurzen und standardisierten Beschreibung eines Kommunikationsprojekts. Er hilft dem Lenkungskreis dabei, das Projekt freizugeben und seine Priorität einzuschätzen. Gleichzeitig ist er ein geeignetes Hilfsmittel, das Projekt gegenüber dem Auftraggeber, neuen Mitgliedern des Projektteams

Projektsteckbrief

oder deren Vorgesetzten, die sie ja für die Projektarbeit freistellen müssen, zu kommunizieren. Der Projektsteckbrief umfaßt Angaben über Auftraggeber, Zielgruppen, Ausgangssituation, Projektziel, Ressourceneinsatz und zu erreichende Meilensteine.

Projektsteckbrief

	Datum: Korrektur vom:
1. Projektbeschreibung • Projektname • Auftraggeber • Projektbeginn/-ende • Zielgruppen • Priorität (aus Sicht des Einreichers)	
2. Projektteam • **Leiter** • **Team**	
3. Projektziel (ausschließlich durch das Projekt erreichbare Kommunikationsziele)	
4. Maßstab (auf Überprüfbarkeit der Kommunikationsziele achten)	
5. Analyse der Ausgangssituation • Staus quo/Rahmenbedingungen • Wettbewerbsaktivitäten • Bestehende (BASF)Aktivitäten • Eingesetzte Medien • Einstellung u. Verhalten der Zielgruppe	
6. Marktziel (Beitrag dieses Komm.-projekts zum Gesamtziel)	
6. Einschätzung von Chancen und Risiken	
8. Ressourceneinsatz Manpower ZOA-intern Manpower ZOA-extern Budget	
9. Meilensteine	

13.5 Die Praxis: Einsatz von Projektmanagement in der Mitarbeiterkommunikation der BASF

Fallbeispiel 1: Konzept für ein neues Mitarbeitermedium
Der Auftrag des Vorstands kommt im Herbst 1997: Für eine spezielle Zielgruppe innerhalb der Mitarbeiter soll ein neues Medium entwickelt werden. Sowohl bei den Inhalten als auch bei der Gestaltung sollen ganz neue Wege beschritten werden. Der Vorstand will das Konzept im Januar 1998 verabschieden.

Für ein klassisches Projekt ist die Aufgabe nicht komplex genug. Trotzdem entschließt sich die Mitarbeiterkommunikation dazu, Werkzeuge des Projektmanagements anzuwenden, um die Arbeit flexibel und effektiv steuern zu können. Ein Kernteam aus Vertretern der Mitarbeiterkommunikation wird gebildet, ergänzt durch Experten aus mehrerern Fachabteilungen des Unternehmens sowie durch PR-Beauftragte von Tochtergesellschaften der BASF.

Das Auftragsübernahmegespräch führt das Kernteam nicht mit dem Vorstand, sondern mit einem Mitglied des Lenkungskreises, der alle Projekte der Öffentlichkeitsarbeit koordiniert. Ein direktes Gespräch mit dem Vorstand ist in einem großen Unternehmen wie der BASF leider nicht praktikabel. Im Sinne einer klaren Zielvereinbarung zwischen Auftraggeber und -nehmer ist dieses Verfahren aber zu empfehlen, wo immer es möglich ist.

Definition der Aufgabe

In einem Kick-off-Meeting plant das Kernteam die Projektstruktur und den Ablauf der einzelnen Schritte. Beispiele für die definierten Aufgaben sind:

– Mit den Fachabteilungen klären, welche Inhalte für das neue Medium bereitgestellt und intern veröffentlicht werden können
– Prüfen, ob das neue Medium auf elektronischem Weg verteilt werden kann
– Layout für das neue Medium entwickeln (abhängig von der Art der Verteilung)
– Titelvorschläge sammeln

- Mit den PR-Beauftragten der Tochtergesellschaften klären, ob sie eigene Regionalteile des Mediums erstellen können
- Gemeinsam mit der Inhouse-Agentur Vorschläge für ein Layout erarbeiten, das den inhaltlichen und formalen Ansprüchen des Mediums gerecht wird
- Nullnummer des neuen Mediums zusammenstellen
- Feedback von potentiellen Empfängern des neuen Mediums einholen.

Kunden einbeziehen In dieser Planungsphase entdeckt das Kernteam in einem Brainstorming frühzeitig Klippen, die man sonst vielleicht übersehen hätte, etwa die nötige Zustimmung der Rechtsabteilung oder das frühzeitige Miteinbeziehen der Tochtergesellschaften. Da Zeitplan und Verantwortlichkeiten genau festgelegt sind, kann das Kernteam mit minimalem Koordinationsaufwand das Konzept termingerecht fertigstellen. Die gleichberechtige Beteiligung von Anfang an hat zu einem ausgeprägten Teamgeist geführt. Ein Erfolgsfaktor war auch die besonders reibungslose Zusammenarbeit mit der Personalabteilung. Sie liegt unter anderem darin begründet, daß der Vertreter dieser Einheit einige Wochen vorher an einem Projektmanagement-Seminar der Öffentlichkeitsarbeit teilgenommen hat. Ein solches Miteinbeziehen von Kunden aus dem Unternehmen hat sich als sehr fruchtbar für künftige Kooperationen erwiesen.

parallele Arbeitsschritte Das Konzept für das neue Medium wird vom Vorstand verabschiedet. Die Mitarbeiterkommunikateure planen auch die Umsetzung mit Werkzeugen des Projektmanagements. Da das Zeitbudget ausgesprochen knapp ist, erledigt das Projektteam nach dem Prinzip des »simultaneous engineering« möglichst viele Arbeitsschritte parallel mit dem Risiko, daß größere Änderungen zum Beispiel im Inhalt auch das bereits fertige Layout über den Haufen werfen würden. Im März 1998 erscheint die Pilotausgabe für die BASF Aktiengesellschaft, im Mai folgt die erste Ausgabe für die gesamte BASF-Gruppe.

Fallbeispiel 2: Kommunikation des Einstiegs in ein neues
Arbeitsgebiet

Ein Mitarbeiter der Pressestelle ruft Kollegen von der Mit-
arbeiter- und der Umfeldkommunikation zu einer Besprechung zusammen. Sie erfahren von einem vertraulichen
Projekt. Durch die Gründung von Forschungsunterneh-
men will die BASF in ein neues Arbeitsgebiet einsteigen,
das in der Öffentlichkeit nicht unumstritten ist. Das Team
soll ein Kommunikationskonzept für diesen Einstieg erstellen und umsetzen. Auftraggeber ist der entsprechende
Bereich des Unternehmens. Das Projektteam erarbeitet
zunächst eine gemeinsame Informationsplattform. Anhand der Checkliste für die Auftragsübernahme legen
die Teammitglieder fest, welche Fragen noch mit dem Auftraggeber geklärt werden müssen. Dabei geht es zum Beispiel um die strategische Bedeutung der neuen Aktivitäten
oder die Auswirkung auf bereits bestehende Forschungs-
projekte und die damit beschäftigten Mitarbeiter.

Kommunikationskonzept

Auf dieser Informationsbasis stellt jedes Teammitglied
von der Öffentlichkeitsarbeit für seine Zielgruppe folgende Punkte zusammen:

- Bisherige Einstellung gegenüber der BASF (vor allem im
  Hinblick auf den Einstieg in das neue Arbeitsgebiet)
- Einstellung gegenüber der BASF und deren neuen Akti-
  vitäten, die mit Hilfe der Kommunikation erreicht wer-
  den soll
- Kernbotschaften an die Zielgruppe
- Maßnahmen zur Kommunikation dieser Botschaften.

In einem kurzen Workshop trägt das Team die Punkte zusammen. In der gemeinsamen Diskussion, die noch weitere wichtige Aspekte und Verknüpfungen erbringt, werden Kommunikationskonzept, Maßnahmenkatalog und
Zeitplan erarbeitet. Dabei können externe und interne
Kommunikateure ihre Botschaften und den zeitliche Ablauf der Maßnahmen optimal aufeinander abstimmen. So
einigen sich die Teammitglieder zum Beispiel schon in
dieser Phase darauf, die entscheidende Pressemitteilung
einen Tag vor dem Erscheinen der Mitarbeiterzeitung herauszugeben.

**Workshop bringt
Verknüpfung**

Der Auftraggeber akzeptiert die Vorschläge des Kommunikationsteams mit geringen Änderungen. Bei der Umsetzung arbeiten Vertreter von interner und externer Öffentlichkeitsarbeit Hand in Hand. Zwischenschritte wie etwa der Entwurf der Presseinformation oder des Fragen- und Antwortkatalogs werden allen Teammitgliedern zur Verfügung gestellt. Da eine solide Informationsplattform geschaffen wurde, bleiben Nachfragen und Koordinationsaufwand in dieser Phase minimal. Bei dem potentiell kontroversen Thema erweist sich als besonders wichtig, daß die Teammitglieder auf Basis des gemeinsam erarbeiteten Konzepts die gleichen Botschaften an ihre Zielgruppen kommunizieren.

13.6 Wie sich Projektmanagement in der Mitarbeiterkommunikation auszahlt

Teamorientiertes Projektmanagement bedeutet, zunächst etwas mehr Zeit, Denkleistung und Koordinationsaufwand in die Planungsphase zu investieren. Der Einsatz zahlt sich jedoch im weiteren Verlauf der Projektarbeit – und im Ergebnis – eindeutig aus. In der Mitarbeiterkommunikation der BASF haben wir eine ganze Reihe von Vorteilen des Projektmanagements erlebt, die uns dabei helfen, einen Mehrwert für das Unternehmen zu schaffen:

Mehrwert für das Unternehmen durch integrierte Kommunikation

– Projektmanagement macht Teammitglieder zu Mitunternehmern. So konnte etwa bei dem neuen Mitarbeitermedium der äußerst knappe Zeitplan nur eingehalten werden, weil sich jedes Teammitglied persönlich für das gemeinsam gesteckte Projektziel verantwortlich fühlte.

– Projektmanagement hilft beim effizienten Einsatz von Ressourcen. In der Projektplanung legt man fest, welche Schritte das Team angehen sollte, um Doppelarbeit zu vermeiden, und welche Aufgaben von einzelnen Teammitgliedern erledigt oder nach außen vergeben werden können. Zum Beispiel hat es sich bei dem Einstieg in das neue Arbeitsgebiet als sehr zeitsparend erwiesen, die Botschaften für die Kommunikation mit allen betroffenen Zielgruppen im Team festzulegen.

– Projektmanagement fordert eine exakte Zieldefinition und macht damit Erfolge von Kommunikation besser nachprüfbar. Bei dem Einstieg in das neue Arbeitsgebiet waren Zielfindung im Team und die Diskussion mit dem Auftraggeber über die unterschiedlichen Zielauffassungen ein wichtiger Prozeß, der das Kommunikationskonzept und die Kernbotschaften entscheidend verbessert hat.

– Projektmanagement stellt sicher, daß alle Teammitglieder inhaltliche Beiträge leisten und ihre Spezialkenntnisse optimal einbringen können. Diese Vielfalt des Inputs zahlt sich vor allem bei interdisziplinären Kommunikationsprojekten aus.

– Projektmanagement bedeutet Delegation von Verantwortung. Zum Beispiel bei der Entwicklung des neuen Mitarbeitermediums wurde der Leiter der Mitarbeiterkommunikation zwar bei wichtigen Entscheidungen hinzugezogen, konnte aber die Ausarbeitung und Umsetzung des Konzepts dem Projektteam überlassen.

– Projektmanagement fördert die Verzahnung von Pressearbeit, Mitarbeiter-, Umfeld- und Marktkommunikation zu einer integrierten Kommunikation. Alle Kommunikationsmaßnahmen, die in der BASF bisher von interdisziplinären Projektteams erarbeitet wurden, erfüllten idealtypisch die Ansprüche an integrierte Kommunikation.

– Projektmanagement verbessert die Zusammenarbeit verschiedener Kommunikationseinheiten. Die positiven Einflüsse auf Klima und Informationsfluß innerhalb der Öffentlichkeitsarbeit war bereits durch die Seminare spürbar, die für gemischte Teilnehmergruppen angeboten wurden. Jede gemeinsame Projektarbeit verstärkt diese positiven Effekte.

– Projektmanagement fördert Motivation, Kreativität und Selbstverwirklichung. Jedes Mitglied des Projektteams ist nicht bloßer Befehlsempfänger des Projektleiters, sondern gestaltet Planung und Durchführung des Projekts aktiv und gleichberechtigt mit.

Insgesamt ist für die Mitarbeiterkommunikation der BASF das teamorientierte Projektmanagement ein wichtiges Argument für das Selbstverständnis: »Wir sind erfolgreich durch steuerbare Konzepte, Kostenkontrolle, integrierte Kommunikation«.

13.7 Ausblick: Zukunft des Projektmanagements in der Mitarbeiterkommunikation der BASF

Es sind bereits einige Maßnahmen geplant, mit denen wir das teamorientierte Projektmanagement noch stärker in der Mitarbeiterkommunikation und der gesamten Öffentlichkeitsarbeit der BASF verankern wollen:

– Ausbau des Werkzeugkastens Projektmanagement: Neben der Checkliste für die Auftragsübernahme und dem Projektsteckbrief sollen darin eine klare Definition eines Kommunikationsprojekts, Hilfsmittel zur Beschreibung des Projektziels und beispielhafte Abläufe von Projekten enthalten sein. Die Werkzeuge sollen wie bisher von Vertretern verschiedener Disziplinen gemeinsam erarbeitet werden.

– Dokumentation von Projekten: Um Anregungen für kommende Projekte zu geben, sollten Projektverlauf, Hürden und Erfolgsfaktoren kurz und formlos zusammengefaßt werden. Jeder Mitarbeiter der Abteilung soll auf diese Informationen zurückgreifen können.

– Einführung eines Projekt-Coachs: Der Coach soll zum Beispiel bei Konflikten innerhalb des Projektteams oder mit den Vorgesetzten einzelner Teammitglieder eine neutrale Beratung anbieten. Außerdem kann er neue oder unerfahrene Mitarbeiter bei der Anwendung der Werkzeuge des Projektmanagements unterstützen.

– Weiterführendes Seminar: Mitarbeiter der Öffentlichkeitsarbeit, die bereits an einigen Projekten mitgearbeitet haben, sollen hier ihre Erfahrungen austauschen und mögliche Verbesserungen anstoßen.

Beratung in anderen Einheiten Darüber hinaus plant die Mitarbeiterkommunikation in ihrer beratenden Funktion verstärkt auch in anderen Einheiten der BASF die Einführung und Verankerung von Projektmanagement zu unterstützen. Dabei können wir die erfolgreiche Anwendung von Projektmanagement in der eigenen Abteilung als »Verkaufsargument« nutzen.

Die Mitarbeiterkommunikation der BASF vernetzt sich zu diesem Zweck mit der Weiterbildung der BASF, die Seminare zum Projektmanagement organisiert.

Ein Beispiel für eine solche Beratung gibt es bereits: Eine Vertreterin der Mitarbeiterkommunikation wurde von einer Forschungsabteilung gebeten, sie beim Entwurf eines eigenen Kugelschreibers für deren Mitarbeiter zu unterstützen. Das Schreibgerät solle den Mitarbeitern helfen, sich stärker mit ihrer Arbeit zu identifizieren. Die Recherche der Mitarbeiterkommunikateurin ergab, daß diese Abteilung sehr hierarchisch geführt wurde und die Mitarbeiter sich über mangelnde Einflußmöglichkeiten beklagten. Diesen Eindruck spiegelte die Mitarbeiterkommunikateurin zurück an die Abteilungsleitung. Die sah jetzt ebenfalls einen weitergehenden Handlungsbedarf. Zusammen mit der Weiterbildung der BASF empfahl die Mitarbeiterkommunikation ein ganzes Maßnahmenpaket. Ein wichtiger Bestandteil: die Einführung von teamorientiertem Projektmanagement.

14.

Kontinuierlicher Verbesserungsprozeß als Kommunikationsaufgabe
Beispiel Lurgi-Konzern (Anlagenbau)

Von Hans-Rainer Behrenroth

14.1 KVP als Bestandteil des Ideenmanagements

Im Konzern der Metallgesellschaft (mg), zu dem die Lurgi AG als Sparte Anlagenbau gehört, wird das Ideenmanagement flächendeckend eingeführt. Die beiden wesentlichen Elemente des Ideenmanagements (IM) sind der Kontinuierliche Verbesserungsprozeß – KVP und das Betriebliche Vorschlagswesen – BVW.

Mitarbeiter motivieren Im Gegensatz zum KVP gibt es das BVW in den einzelnen Unternehmen bereits seit vielen Jahren. Um die Mitarbeiter stärker für BVW zu motivieren, sind umfangreiche Marketingmaßnahmen hierzu eingeleitet worden, u. a. mit der Erstellung und Verteilung eines BVW-Flyers. Dieser baut auf die neu geschaffene Betriebsvereinbarung auf und macht deutlich, daß Bürokratie bei der Bearbeitung und vor allen Dingen bei der Prämierung von Verbesserungsvorschlägen der Vergangenheit angehören. Der Unterschied zwischen KVP und BVW läßt sich so verdeutlichen:

BVW – Darstellung einer Idee plus einer umsetzbaren Lösung

KVP – Darstellung einer Abweichung/eines Problems/einer Idee ohne Lösung

Wissen kommunizieren Mit diesem entscheidenden Unterschied wird deutlich, daß die Ressourcen der Mitarbeiter erheblich stärker bei KVP als bei BVW genutzt werden können. Mitarbeiter wissen sehr wohl, wo es Probleme/Ideen in ihrem Arbeitsumfeld gibt. Da sie aber oftmals noch nicht einmal einen Lösungsansatz haben, trauen sie sich nicht, ihre Vorgesetzten anzusprechen. Durch gezieltes Ansprechen dieser Situation – z. B. in Abteilungsbesprechungen und Mitarbeiterzeitung – wird die Bereitschaft der Mitarbeiter gefördert, ihr Wissen zu kommunizieren.

14.2 Kommunikation in der Einführungsphase von KVP

Wie in vielen anderen Unternehmen gab es auch bei Lurgi Ansätze zu verschiedenen Veränderungsprozessen, die nicht immer konsequent realisiert wurden. Dieser Umstand führte bei den Mitarbeitern zu Mißtrauen, als sie hörten, KVP soll eingeführt werden. Slogan der Mitarbeiter: »Jetzt soll schon wieder etwas Neues gemacht werden, das dann auch nicht richtig umgesetzt wird!« Bei der Realisierung von Kommunikationskonzepten muß diese Situation besonders berücksichtigt werden.

Mißtrauen und Skepsis

Der Mitarbeiter, der mit dem KVP konfrontiert wird, sieht diese Situation als Bedrohung seiner Position, seiner Macht und seiner Freiheit. Er wird mißtrauisch, skeptisch und ängstlich.

Der Mitarbeiter sucht für sich nach Gründen, warum er nicht an KVP teilnehmen kann oder will, er denkt an Mehrarbeit, Kosten und Zeit und sagt sich, »das funktioniert sowieso nicht«.

Hier setzt die Aufgabe der KVP-Kommunikation ein, sie muß informieren, dokumentieren und letztlich zum Mitmachen motivieren. Die KVP-Kommunikation muß einerseits die Einwände der Mitarbeiter ernst nehmen und aufarbeiten, andererseits muß sie die Chancen des KVP für den Mitarbeiter herausarbeiten, so daß das Gefühl der Bedrohung durch das Neue gemindert wird. Dazu dienen vor allem realistische und sachliche Informationen und das Gespräch unter den Beteiligten, die Kommunikation.

Einwände aufarbeiten

Das Ziel der KVP-Kommunikation ist es, dem Mitarbeiter zum richtigen Zeitpunkt genau die Informationen und Hilfsmittel zur Verfügung zu stellen, die ihn befähigen, aktiv am KVP teilzunehmen. Das bedeutet u. a., die Mitarbeiter zu befähigen, sich in einer konkreten Situation anders zu verhalten, als sie es bisher gewohnt sind.

anders verhalten als gewohnt

Geschäftsführer einbeziehen Zur Schaffung von Akzeptanz ist es wichtig gewesen, als erstes allen Geschäftsführern die KVP-Philosophie und die KVP-Ziele darzustellen. Diese Aufgabe wurde vom KVP-Koordinator – zuständig für den gesamten Lurgi-Konzern – wahrgenommen. Die operativen Gesellschaften nahmen für ihre regelmäßigen Geschäftsführungssitzungen das Thema KVP als zusätzlichen Agendapunkt auf. Bei diesen Gesprächen ist es besonders wichtig, immer wieder auf die Rolle der Vorgesetzten hinzuweisen: KVP zu ermöglichen und zu erreichen, ist unmittelbare Aufgabe jedes Vorgesetzten. KVP-Ziele können damit Teil der persönlichen Jahresziele sein!

14.3 KPV-Philosophie

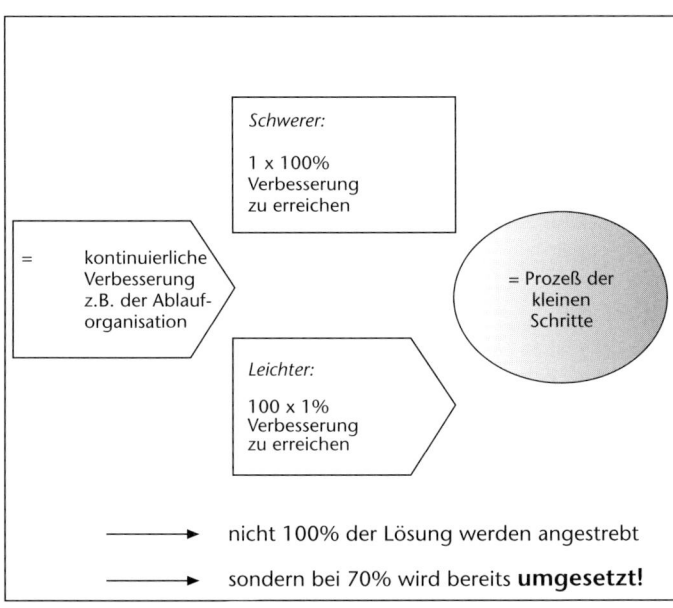

Kontinuierlicher Verbesserungsprozeß – KVP
KVP-Philosophie

Kriterien deutlich machen Mit dieser Darstellung sollen u. a. zwei wichtige Kriterien deutlich gemacht werden: KVP befaßt sich mit Abweichungen/Problemen/Ideen des Arbeitsalltags, die Mitarbeiter oftmals schon im Vorfeld einer Tätigkeit kennen, aber nicht beseitigen. Und zweitens, KVP bedeutet eine schnelle Umsetzung von Lösungen im operativen Geschäftsprozeß, wenn möglich unter Beteiligung der KVP-Teammitglieder.

Ziele des KVP sind:

– kontinuierliche Verbesserung aller Unternehmensbereiche
– direkt von den ausführenden Mitarbeitern
– Veränderungsbereitschaft fördern
– eine Änderung von Einstellung und Verhalten bewirken
– große Wirkung mit kleinen Schritten erzielen
– Kostenbewußtsein aller Mitarbeiter schärfen.

Mit diesen Botschaften konnte den Geschäftsführern deutlich gemacht werden, daß KVP nicht die Dimension der Maßnahmen-Projekte hat, die viele Mitarbeiter über lange Zeitdauer auch von der Tagesarbeit abhalten; denn KVP-Teams bestehen aus vier bis acht Mitarbeitern, die wöchentlich oder alle 14 Tage für eine klar definierte Zeit (1,5 oder 2 Stunden) zusammenkommen. **KVP in kleineren Dimensionen**

14.4 Start der KVP-Teamarbeit

Zur Unterstützung des KVP-Koordinators, der auch andere Aufgabenbereiche betreut, wurde ein zeitlich begrenzter Vertrag mit einem KVP-Beratungsunternehmen abgeschlossen. Im Gegensatz zum herkömmlichen Vorgehen bei der Einführung von KVP war es nicht die Aufgabe des Beraters, flächendeckende Trainings mit allen Mitarbeitern durchzuführen. Abweichend von der Einführung früherer Prozesse soll KVP nicht ab einem bestimmten Zeitpunkt gemeinsam mit allen Mitarbeitern starten! **KVP-Beratungsunternehmen**

KVP ist mit wenigen Teams in den einzelnen Gesellschaften gestartet worden. Durch den daraus bewiesenen Erfolg kommt es langsam – aber sicher – zu einer Wellenbewegung.

Teammitglieder auswählen Aufgrund einer früheren Mitarbeiterbefragung war es nicht schwierig, erste Themen für die ersten KVP-Teams zu definieren. Die Teammitglieder wurden unter Berücksichtigung der einzelnen Schnittstellen und Arbeitsprozesse ausgewählt. Aufgabe des Beraters war gewesen, im Kick off-Meeting die Philosophie und Methodik von KVP darzustellen. Ebenfalls wurde beim Start eine Umfrage zur Erwartungshaltung der Teammitglieder gemacht. Aufgrund der großen Skepsis waren die überwiegenden Aussagen zunächst negativ. Diese Einstellungen änderten sich sehr schnell, meist schon nach zwei Arbeitssitzungen. Es wurde erkannt, daß jeder Mitarbeiter eine Chance hat, aktiv an Verbesserungen des Unternehmens mitzuwirken.

Die Aufgaben des Beraters konzentrierten sich auf seine Moderatorentätigkeit bis zur Erarbeitung von Lösungen. Erarbeitung der fachlichen Inhalte war Aufgabe des KVP-Teams.

14.5 Mitarbeiterkommunikation

alle Mitarbeiter einbeziehen Als die ersten KVP-Teams starteten, waren zwar alle Geschäftsführer und die betroffenen Teams über KVP informiert worden, aber nicht im großen Umfang die Masse der Mitarbeiter. Dieses war bewußt so gesteuert worden, um nicht im Vorfeld Negativeinstellungen zu initiieren. Wichtig für die Schaffung von Akzeptanz war das Vorhandensein von Umsetzungsergebnissen.

Um KVP stärker zu einem Instrument von Mitarbeitern für Mitarbeiter werden zu lassen, war es nach dem Vorliegen der ersten sechs Problemlösungen erforderlich geworden, eine breite Information zu geben. Das Ziel war die Schaffung von Akzeptanz, um darauf aufbauend Mitarbeiter so zu motivieren, daß durch zunehmende Beteiligung KVP zu einem »rollenden« Prozeß wird.

Einsatz der Mitarbeiterzeitung Für einen ersten Artikel zum Thema KVP wurde die Mitarbeiterzeitung »Lurgi Intern« (heute unter dem Titel »Lurgi International«) genutzt. Diese Mitarbeiterzeitung wird weltweit an alle 7000 Lurgi-Mitarbeiter verteilt. Der

KVP-Artikel wurde in Interviewform aufgebaut, um damit auch mögliche kritische Fragen der Mitarbeiter besser darstellen zu können. Zum Beweis, daß KVP tatsächlich im Unternehmen stattfindet, wurde eine Matrix mit KVP-Themen und Ergebnissen dargestellt. Daß dieser Abschnitt über KVP gelesen wurde, zeigt u. a. die Zusendung eines Leserbriefes von einem Mitarbeiter aus der Tochtergesellschaft Lurgi Peking.

Durch den Artikel in der Mitarbeiterzeitung weiß der »Lurgianer«, was unter KVP zu verstehen ist; er kennt aber noch nicht die Werkzeuge, mit deren Hilfe er sich aktiv selber an KVP beteiligen kann. Hier muß deutlich gemacht werden, daß bei der heutigen Aufgabenfülle, bezogen auf weniger Mitarbeiter, ein flächendeckendes Training über mehrere Stunden/Tage nicht möglich ist. Mitarbeiter können nicht über einen längeren Zeitraum aus ihren operativen Tätigkeiten herausgelöst werden. Aus diesem Grund ist eine siebenteilige Flyer-Serie geplant worden mit dem Namen »KVP-Konkret«. Durch die Internationalität des Lurgi-Konzerns ist auch eine englische Ausgabe erforderlich mit dem Namen »CIP-Guide« (CIP – Continuous Improvement Process).

Flyer-Serie statt langes Training

Der KVP-Konkret/CIP-Guide befähigt den Mitarbeiter, sich in einer konkreten Situation so zu verhalten, wie es im Interesse des KVP, des Unternehmens bzw. der Mitarbeiter sinnvoll erscheint. Sehr oft wird bei der Einführung von KVP der Fehler begangen, zu sehr an der Oberfläche in Darstellungen zu bleiben und sich auf allgemeine Botschaften zu beschränken. Die typischen allgemein gehaltenen KVP-Botschaften wie »Problembewußtsein bei den Mitarbeitern schaffen«, »Prozeßorientiertes Denken und Handeln einführen« sind als konkrete Anleitung zu abstrakt und damit für die Praxis wirkungslos.

prozeßorientiertes Handeln

Mitarbeiter wollen fortlaufend aktuell informiert werden. Hierzu gibt es im Lurgi-Haus einen »Info-Turm«. Es handelt sich hierbei um ein DV-gestütztes System, das über zwei Bildschrime – rechts und links vom Mitarbeiterrestaurant – wöchentlich wechselnde Neuigkeiten veröffentlicht. Hier wird immer wieder eine Auswahl an aktu-

Info-Turm DV-gestützt

ellen KVP-Ergebnissen dargestellt. Aktualität in der Kommunikation bedeutet auch, daß KVP ein ständiger Agendapunkt in Geschäftsführungssitzungen und Abteilungsmeetings ist.

14.6 Organisation von KVP

Kommunikation nicht nur zentral gelenkt Zur Sicherstellung der aktuellen Kommunikation reicht es nicht, von einer einzigen zentralen Stelle aus den Prozeß im Konzern zu lenken. Bei Lurgi wurde eine schlanke Organisation aufgebaut, die wie ein Netzwerk die Teams bis hin zum Vorstand darstellt. Einbezogen wurden hierzu die neu gegründeten Abteilungen »Systemtechnik/Organisation«, die es in jeder operativen Gesellschaft gibt.

jeweils der Leitung zugeordnet Wegen der Bedeutung sind diese Abteilungen direkt den Vorsitzenden der Gesellschaften zugeordnet worden. Ein Mitarbeiter in jeder dieser Abteilungen ist KVP-Koordinator für seine Gesellschaft. Wesentliche Aufgabe sind die Steuerung und das fortlaufende Controlling der diversen KVP-Themen. Der Koordinator ist für die Mitarbeiter auch die Schnittstelle zum aktiven Einstieg in KVP.

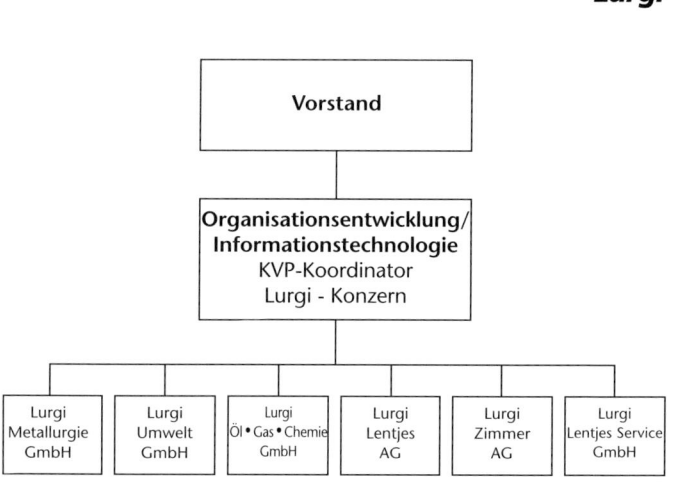

Business Information Management
Organisation im Lurgi-Konzern

Die folgende Übersicht zeigt mengenmäßig den Stand des kontinuierlichen Verbesserungsprozesses im Lurgi-Konzern. Da es nicht Absicht war, KVP schlagartig in allen Gesellschaften zu implementieren, sind auch nicht alle Organisationseinheiten aufgeführt.

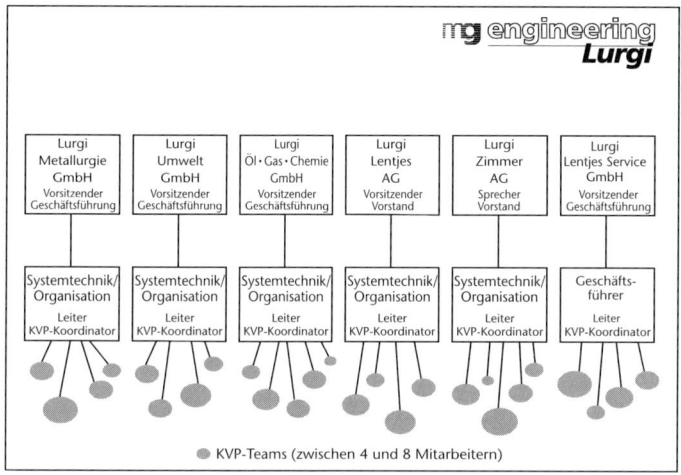

Ideenmanagement – IM
Organisation im Lurgi-Konzern

Durch erste Ergebnisse, die jetzt in den operativen Geschäftsprozessen umgesetzt werden, ist der Beweis erbracht worden, daß KVP funktioniert. Bewußt wird bei KVP von »Themen« und nicht von »Projekten« gesprochen, um die Dimension der Inhalte klein zu halten.

14.7 Umsetzung

Aus der Vielzahl der Umsetzungsthemen soll an dieser **konkretes** Stelle kurz das Thema »Steigerung der Besprechungseffizi- **Beispiel** enz« betrachtet werden. Viele Arbeitsprozesse bei Lurgi müssen schnittstellenübergreifend bearbeitet werden; das bedeutet u. a. eine Vielzahl an Besprechungen. Diese sind nicht immer effizient u. a. aufgrund unzureichender Vorbereitung, Schwachstellen in der Kommunikation, destruktivem Teilnehmerverhalten und Störungen aller Art.

Diese Punkte lassen sich alle mit vielen Kriterien beschreiben. Zur näheren Betrachtung der Mängel und Erarbeitung von Verbesserungsmöglichkeiten wurde ein KVP-Team gebildet. Die sieben Mitglieder kamen standortbezogen aus der Holding und den operativen Gesellschaften. Die Mängel ließen sich schnell zusammenstellen, da sie interessanterweise fast allen Mitarbeitern bekannt sind. Nach Erarbeitung der Verbesserungsideen wurde darüber diskutiert, wie man dieses Thema am besten bewußt macht. Steigerung der Besprechungseffizienz wird nicht dadurch erreicht, daß man eine Darstellung auf einem weißen DIN A4-Blatt verteilt.

mg engineering
Lurgi

Gesellschaft	Themen in Umsetzung	Themen in Bearbeitung	neue Themen	gesamt
Holding	2	3	1	6
Metallurgie	4		1	5
Umwelt	2	1	1	4
Öl · Gas · Chemie	1		1	2
Lentjes	3	2	2	7
Zimmer	2	1	1	4
Lurgi Lentjes Service	2	1	1	4
Bamag	1	1	1	2
gesamt	**17**	**9**	**9**	**35**

Kontinuierlicher Verbesserungsprozeß – KVP

Effizienz von Besprechungen Das KVP-Team hat gemeinsam einen KVP-Flyer erarbeitet: »Ergebnisse und Verbesserungsvorschläge des KVP-Teams Besprechungseffizienz« mit folgenden Abschnitten:

– Was effiziente Besprechungen verhindert
– Was effiziente Besprechungen ausmacht

– Drei Schritte zum Erfolg, nämlich die Vorbereitung, die Durchführung und die Nachbereitung von Besprechungen.
– Ihre persönliche Checkliste (für die Leitenden)

Im Flyer sind noch weitere Tips aufgeführt; z. B. der Hinweis, auf welchem Netzlaufwerk im PC ein Einladungslayout zu finden ist. In diesem Layout sind Vorgaben enthalten wie Beginn und Ende der Besprechung, welche Ziele mit den Agendapunkten erreicht werden sollen, welcher Teilnehmer sich auf welche Punkte vorbereiten soll usw. Um den Bewußtseinsprozeß zu intensivieren, wurde von einem Softwarespezialisten ein sogenannter »Lurgi Meeting Timer« programmiert. Dieses sehr unkompliziert zu handhabende Programm zeigt die Kosten, die eine Besprechung verursacht. Stundensätze, Anzahl der Teilnehmer und eine Zeiteinheit, in der ein akustisches Signal ertönt, sind variabel einstellbar. Es gibt auch die Möglichkeit, ein Signal zu aktivieren, bezogen auf eine Geldeinheit (z. B. nach jeweils 1000 DM).

Kosten von Besprechungen herausgestellt

Dieses Programm ist auf allen neuen Laptops/Notebooks installiert und auch per Diskette für die Teilnehmer verfügbar. Ziel dieser Sensibilisierung ist nicht die Reduzierung von Besprechungen, sondern die Steigerung der Effizienz, die sicherlich auch in der Verkürzung von Besprechungen sichtbar wird.

Besprechungsprogramm auf dem PC

14.8 Weiteres Vorgehen

Allen KVP-Verantwortlichen ist bewußt, daß die Kommunikation der Schlüssel zum Erfolg ist. Die interne und externe Kommunikation muß verstärkt werden. Sie muß glaubwürdig sein und darf nicht Zustände beschreiben, die nicht vorhanden sind. Mitarbeiter würden sehr schnell mißtrauisch werden und sich inaktiv abwartend verhalten.

Kommunikation als Schlüssel zum Erfolg

Mit der Kommunikation wollen wir auch unseren Kunden und Lieferanten deutlich machen, daß wir bei Problemen nicht nur mit Notbehelfen reagieren, sondern »an die

Wurzel des Übels« gehen und grundlegend korrigieren. KVP muß in das Tagesgeschäft integriert werden. So ist z. B. der TOP »KVP« auf jeder Agenda der Geschäftsführungssitzungen.

»Für jeden von uns« Für alle Mitarbeiter des Lurgi-Konzerns gilt folgende Aussage eines Plakates: »KVP bedeutet für jeden einzelnen Mitarbeiter eine Chance, Verbesserungen zu bewirken. KVP – Für jeden von uns!«

mg engineering
Lurgi

	ja	nein
• alle eingeladene Teilnehmer/innen pünktlich anwesend	○	○
• alle Agendapunkte abgearbeitet	○	○
• alle Ziele erreicht	○	○
• wurde weiteres Vorgehen festgelegt	○	○
• waren beauftragte Teilnehmer vorbereitet	○	○
• wurde vereinbarte Zeit eingehalten	○	○
• Beschaffenheit der Präsentationsunterlagen	○	○
• Technische Probleme (Licht, Overhead ...)	○	○
• Störungen durch – Telefonanrufe – Abruf zu Vorgesetzten – zu frühes Gehen	○ ○ ○	○ ○ ○
• sonstiges/neue Ideen	○	○

KVP-Besprechungseffizienz
»Wie hat der/die Leitende die Besprechung erlebt?«

15. Eine gute Investition in die Zukunft
Beispiel: Das Volontariat bei der
BASF AG

Von Ulrich Nies

15.1 Ausgangssituation

Dreizehn Jahre bis zum Abitur, dann ein Hochschulstu-
dium – eventuell zuvor eine Berufsausbildung – studien-
begleitend Praktika bei unterschiedlichen Medien bzw. in
der Öffentlichkeitsarbeit von Unternehmen oder Non-
Profit-Organisationen sowie freie journalistische Mitarbeit im Print- oder Elektronik-Bereich. Vielleicht ein oder
zwei Semester im Ausland und jetzt geht es ans Geldver-
dienen. Halt! Wer sich bei der Zentralabteilung Öffentlichkeitsarbeit und Marktkommunikation der BASF Aktiengesellschaft um ein Volontariat bewirbt anstatt umgehend in der internen oder externen PR zu arbeiten, der
muß noch zwei weitere Jahre »Durststrecke« in Kauf nehmen; das Entgelt entspricht dem von Zeitungsvolontären.
Was er davon hat? Ganz einfach: Er kann in der Praxis die
gesamte Bandbreite der Öffentlichkeitsarbeit und des
Journalismus erlernen, muß nicht alles wissen aber alles
fragen. Kurz: Er muß nicht so lange behaupten PR-Profi zu
sein, bis er wirklich einer ist, sondern darf zugeben, daß
die Welt für ihn oder sie noch Überraschungen bereithält.

**Hochschul-
studium plus,
plus . . .**

Das Ganze ist ein Geschäft auf Gegenseitigkeit. Für die
BASF ist das Volontariat – vier Volontäre werden jährlich
eingestellt – die wichtigste Quelle für den eigenen Nach-
wuchs. Allein in der Einheit Mitarbeiterkommunikation
sind derzeit vier von zehn Mitarbeitern ehemalige Volontäre, darunter auch der Chef. Pressestelle, Marktkommunikation sowie BASF-Gruppengesellschaften sind ebenfalls mit Absolventen durchsetzt. Gleich zwei BASF-Ge-
sellschaften in Deutschland bieten mittlerweile bereits eigene Ausbildungsgänge an.

**Quelle für den
eigenen Nach-
wuchs**

Für die Volontäre ist die zweijährige Ausbildung eine solide Grundlage für ihr Berufsleben, auch außerhalb der

ehemalige BASF-Volontäre sehr gefragt BASF. Die Suche nach Ausgebildeten, die heute nicht mehr im Unternehmen tätig sind, führt quer durch die deutsche Medien- und PR-Landschaft. Öffentlich-rechtliche Rundfunkanstalten, regionale und überregionale Tageszeitungen sowie Zeitschriften haben sich aus dem BASF-Topf bedient. So waren im vergangenen Jahr bei der Bilanzpressekonferenz eines weltweit bekannten Software-Konzerns fünf wichtige Medien durch ehemalige BASF-Volontäre vertreten. Und bei den Personalberatern in der PR-Branche führt die Erwähnung des BASF-Volontariates stets zu einem wohlwollenden »Aha«.

neues Ausbildungskonzept Damit das auch so bleibt, steht dem Ausbildungskonzept jetzt eine Renovierung ins Haus. Denn mit dem Berufsbild müssen sich auch die Ausbildungsinhalte ändern. Schwerpunkt in den vergangenen 15 Jahren war das Erlernen journalistischer Arbeitweisen und Stilmittel. Dabei soll es im Grundsatz auch bleiben. Unverändert sind wir davon überzeugt, daß der Journalismus das beste Handwerkszeug für einen Berufsweg in der Öffentlichkeitsarbeit liefert, und sei es nur, weil er zum Hinterfragen auffordert sowie die geistige Beweglichkeit trainiert. Gleichwohl sind neue Anforderungen hinzugekommen. Wer zum Beispiel Veränderungsprozesse in einem Unternehmen begleiten und fördern will – also Mitarbeiterkommunikation statt ausschließlich –information betreibt – der muß seinen Kunden mehr anbieten als Beiträge in der Werkzeitung oder anderen Medien. Er muß Veranstaltungen planen, Präsentationen vorbereiten, Führungskräfte coachen. Darüber hinaus gilt es, die eigenen Konzepte mit denen anderer Berater zu verzahnen, seien es die Psychologen der Weiterbildung, die Fachleute für Betriebsverfassung aus dem Personalwesen oder die Organisationsentwickler von Unternehmensberatern. Dafür, daß der für interne Kommunikation Zuständige nebenbei die Maßnahmen von interner sowie externer Öffentlichkeitsarbeit und der Kommunikation mit den externen Kunden koordinieren muß – oft im Zusammenspiel mit Kollegen aus aller Welt – dafür bedarf es mehr als »Recherche, Schreiben und Redigieren«.

15.2 Neues und Altes

Neu im Kanon sind Ausbildungsstationen in der Marktkommunikation, der Umfeld-PR oder Politik sowie der
Gruppe für Internet sowie Intranet und andere elektronischen Medien, z. B. CD-ROM. Außerdem nimmt der Volontär künftig an den Seminaren für neu eingetretene
Führungskräfte teil.

neue Ausbildungs-stationen

Dennoch bleibt es unverändert bei zwei Jahren Ausbil-
dungszeit. Angesichts von 30 Tagen Jahresurlaub und zusätzlichen je 10 freien Tagen aus der tarifvertraglichen Ar-
beitszeitverkürzung ist das kürzer als es den Ausbildungs-
planern recht ist. Unverändert bleiben auch die Stationen
Redaktion der Mitarbeiterkommunikation, Pressestelle,
Akademie für Publizistik in Hamburg, eine externe Tageszeitung, eine Fernseh- oder Hörfunkredaktion sowie einige Monate bei der Öffentlichkeitsarbeit einer BASF-
Gruppengesellschaft. Hinzu kommen Seminare des rheinland-pfälzischen Verlegerverbandes für Volontäre.

15.3 Schritt für Schritt

Einstieg ist unverändert die Redaktion für Mitarbeiterkommunikation. Drei Monate lang wird hier Handwerk
trainiert. Meldungen schreiben, redigieren durch den
Ausbildungsredakteur, eventuell neu schreiben oder um-
schreiben. Und das oft mehrfach hintereinander! Nicht
wenige junge Kollegen, die schon viele Jahre als freier Mitarbeiter bei Zeitungen tätig waren und sich als Profi fühlten, mußten hier einen Schock verarbeiten. Gab es doch
in ihren Texten, die bisher problemlos Abdruck fanden,
noch so manches zu verbessern. Die zu erlernenden Stilmittel sind mit denen einer Tageszeitung vergleichbar. Sie
reichen von der Meldung – oft das schwierigste Lernziel –
über den Bericht bis hin zur Reportage und der Glosse.
Weiterer Vorteil der ersten Ausbildungsstation: Hier lernt
man die BASF in all ihren Facetten kennen, vom Betrieblichen Vorschlagswesen über Sicherheitsjubiläen bis zu
Kultur, Sport und Personalwesen.

Einstieg bei der Mitarbeiter-kommunikation

Mitarbeit bei Zielgruppenmedien Durch die Mitarbeit an Zielgruppenmedien wie einem Informationsdienst für Meister oder für Betriebsleiter wird der junge Hochschulabsolvent mit der betrieblichen Realität von Pumpenpools und der Planung von Fremdfirmeneinsätzen konfrontiert. Wichtig dabei: Er lernt diese nicht als Überflieger aus dem Elfenbeinturm einer Verwaltungseinheit oder als Kunde kennen, sondern als Auszubildender, der Service leistet und seine Arbeitsergebnisse, sprich seine Texte, offensiv vertreten muß.

In der Redaktion beendet der Volontär auch seine Ausbildung. Bei diesem zweiten Durchgang sollten ihm bereits Projekte wie zum Beispiel Broschüren oder Themenseiten anvertraut werden.

Pressestelle als zweite Station Zweite Station ist die Pressestelle, meist die für regionale Medien zuständige Einheit. Zum Schreiben und Abstimmen von Beiträgen tritt hier noch die Organisation von Presseterminen und Begleitung von Journalisten bei internen Terminen hinzu. Vor allem gilt es unter oftmals starkem Zeitdruck Presseanfragen zu recherchieren und für die Pressesprecher aufzubereiten. Auch die Pressestelle läuft der Volontär in aller Regel ein zweites Mal an. Meist steht dann je nach Neigung die Einheit zur Betreuung von Fachpresseorganen oder die für Wirtschaftspresse auf dem Programm.

bei externen Partnern An der Akademie für Publizistik in Hamburg nimmt der Volontär an einem einmonatigen Grundkurs für Volontäre von Verlagshäusern teil. Die oft prominenten Referenten zu den Themen Feuilleton, Nachrichtenagenturen, Medienrecht und Reportage geben hier nicht nur Wissen weiter, sondern stehen den Volontären nach praktischen Übungen auch als Sparringspartner zur Verfügung. In der letzten Woche wird unter professioneller Anleitung entweder ein Fernsehmagazin oder eine Hörfunksendung produziert.

Intensiver lernt der Volontär die besonderen Produktionsbedingungen von Hörfunk und Fernsehen bei einem je einmonatigen Praktikum eines regionalen Anbieters kennen.

Eine ganz besondere Bedeutung haben die drei Monate in den Lokal- und Wirtschaftsredaktionen einer regionalen Tageszeitung. Hier geht es um weit mehr als das Kennenlernen von Arbeitsbedingungen auf der anderen Seite des Schreibtisches. Vielmehr sorgt der Zwang zur täglichen Produktion von Beiträgen für eine anderswo kaum zu erlernende Sicherheit im Journalistenhandwerk. Für viele Volontäre brachten die Monate bei der Zeitung den entscheidenden qualitativen Durchbruch.

Lernen bei Lokalredaktionen

Daß die Freiheiten, aber auch die Verantwortung in kleineren Einheiten oft stark zunehmen, erfahren die Volontäre bei ihrem dreimonatigen Aufenthalt in der Öffentlichkeitsarbeit einer deutschen Gruppengesellschaft. Aufgrund der geringeren Personalstärke sind sie hier meist Mitarbeiterredakteur und Pressesprecher in einem.

Die Ausbildungsinhalte in den neu hinzugekommemen Einheiten der Öffentlichkeitsarbeit wie Marktkommunikation, Umfeld-PR und Betreuung Intranet, werden derzeit erarbeitet. Mitarbeit an Projekten wird auch hier im Vordergrund stehen.

neu: Umfeld-PR, Marktkommunikation, Intranet

Einstellungsfragen:

Chancen auf ein BASF-Volontariat haben Hochschulabsolventen unterschiedlichster Fachrichtungen. Biologen und Theologen finden sich ebenso in den Reihen der Ausgebildeten wie Chemiker und Geistes- sowie Sozialwissenschaftler. Wichtig ist, daß aus dem Lebenslauf ein Interesse an Öffentlichkeitsarbeit und/oder Journalismus erkennbar wird. Kurz: Der Jurist mit ständiger freier Mitarbeit in unterschiedlichen Medien hat bessere Chancen als der Publizistik-Student, der bisher nur universitäre Berufspraktika durchlaufen hat. Interessant sind auch Fremdsprachen, besonders wenn sie mit Aufenthalten im Ausland vertieft wurden. Auch eine Berufsausbildung vor dem Studium ist von Vorteil. Was die Einstellung zur Chemie angeht, gilt: Hurratüten sind nicht gefragt, doch wer Fundamentalkritik lebt, sollte sich fragen, ob er sich und die Firma glücklich machen wird.

Chancen auch für fachliche Quereinsteiger

Ausbildung über Bedarf Zur Übernahmesituation gilt: Es wird über Bedarf ausgebildet. Zwar ist das Volontariat das wichtigste Instrument der Nachwuchsrekrutierung. Dennoch werden bei entsprechender Qualifikation auch Quereinsteiger eingestellt. Ein wichtiges Kriterium auch für die Einstellung von Volontären ist die universelle Einsetzbarkeit in der Öffentlichkeitsarbeit. Die flachen Hierarchien in der PR sorgen dafür, daß berufliche Weiterentwicklung nur selten eine hierarchische Entwicklung sein kann. Job Enrichment heißt in den meisten Fällen Übernahme von neuen, interessanten Aufgaben. 30 Jahre Mitarbeiterkommunikation stellen dabei ebenso wenig zufrieden wie die gleiche Zeit als Pressesprecher. Vorteil des BASF-Volontariates ist die universelle Einsetzbarkeit der Ausgebildeten. Dies gilt es zu nutzen und die Mitarbeiter in diesem Sinne weiterzuentwickeln.

16. Der »Maulwurf« kommt dreimal
Beispiel: MAZ der Jakob Maul GmbH – ein mittelständisches Unternehmen

Von Franz Klöfer

Kann und soll ein Unternehmen mit 100 Mitarbeitern eine eigene MAZ herausgeben? »Ja«, hat die Jakob Maul GmbH in Bad König-Zell gesagt. Das Unternehmen fertigt Büroartikel für den Schreibtisch aus Kunststoff und Metall, hat einen Jahresumsatz von 20 Mio DM und einen Exportanteil von 35%. Die erste Ausgabe des »Maulwurf« erschien im September 1987. Zunächst war an ein vierteljährliches Erscheinen gedacht, heute kommt der Maulwurf alle vier Monate heraus, die vorliegende Ausgabe, die 40., stammt vom Juli 1998 und zählt acht DIN A4-Seiten. Aufmachung und Druck sind wenig aufwendig, doch geeignete Fotos werden verhältnismäßig gut wiedergegeben.

16.1 Mitarbeiterinformation im mittelständischen Unternehmen

Die Juli-Nummer ist mit den Ergebnissen der Betriebsratswahlen aufgemacht, bringt weiter Personalien, Aktuelles von einer Büro-Messe, einen Bericht zu ISO 9001, Bericht von einer Wanderung, Meckerkasten und Nachrichten als »Maulschlagzeilen« und ein Bildrätsel. Eine Redakteurin berichtet von einer Seminarerfahrung: Sie stellte dort den »Maulwurf« vor und erntete großes Erstaunen, als sie Firmengröße, Mitarbeiterzahl und Umsatz nannte. So ein »Maulwurf« sei eben in vergleichbaren Unternehmen nicht üblich. Viele mittelständische Unternehmen scheuen sich nämlich, eine eigene Mitarbeiterzeitschrift mit angemessenen eigenen Mitteln aufzubauen, weil sie nur aufwendige Publikationen aus Großbetrieben kennen.

Inhalte des Maulwurf

Die Redakteurin bittet in der Juli-Nummer die Mitarbeiter um Beiträge aus dem eigenen Arbeitsumfeld. Gleichzeitig legt sie einen zweiseitigen Fragebogen bei, um die Wünsche und Interessen der Leser zu erkunden. Zwei Beilagen in Farbdruck, zu Werbezwecken gestaltet, informieren die Mitarbeiter über neue Produkte des Unternehmens.

Information und Gespräch Die Jakob Maul GmbH will mit dem »Maulwurf« vor allem die Interne Information fördern, zusätzlich zu anderen Gelegenheiten wie Gruppengesprächen innerhalb der Arbeitsgruppen, Betriebsversammlungen, Info-Tafeln, Betriebsfeiern, Betriebswanderungen. Während sie den Betriebsversammlungen und den Info-Tafeln keine Bedeutung für die Interne Kommunikation zuschreibt, ist sie für die Mitarbeiterzeitschrift etwas optimistischer. Schon in der ersten Nummer war als Programm neben der Information auch die Kommunikation, das Gespräch angekündigt: »Die Redaktion will dazu Meinungen, Äußerungen... sammeln und veröffentlichen«.

16.2 Auch kritische Beiträge

nicht nur Hofberichte Das Unternehmen ermuntert die Redaktion, kritische Beiträge zuzulassen: »Ziel muß es sein, nicht nur ›Hofberichte‹, sondern auch kritische Beiträge zu bringen. Für den Mitarbeiter sollte sich in der Zeitschrift seine tatsächliche Arbeitswelt widerspiegeln. Deshalb ist jede sachlich gerechtfertigte Kritik zuzulassen ... Verbesserungen im Unternehmen können nur durch das Gegenüberstellen von gegensätzlichen Meinungen erreicht werden.«

Mittelständler wagt mit Erfolg eine MAZ Die Jakob Maul GmbH als ein Unternehmen mit rund 100 Mitarbeitern hat es gewagt, im Vergleich zu großen Mitarbeiterzeitschriften mit einfachen Mitteln ihren »Maulwurf« zu schaffen und inzwischen schon elf Jahre lang erfolgreich erscheinen zu lassen. Es kommt eben bei einer Zeitschrift für die Mitarbeiter eines Unternehmens nicht zuerst auf die Größe der Belegschaft an, sondern auf das Konzept und das Engagement der Redaktion, die diesen Dienst für ihre Kolleginnen und Kollegen und für das Unternehmen selbst als zusätzliche Aufgabe, neben der Tagesarbeit, erbringt. Gute Informationen werden ohne

Rücksicht auf den Aufwand für Layout und Druck von den Adressaten geschätzt, die sehr wohl die betrieblichen Möglichkeiten für ein solches Projekt richtig einzuordnen wissen.

17.

Mitarbeiterkommunikation in einer kleinen Behörde
Beispiel: »Gerichtsnotizen« für das Amtsgericht Groß-Gerau

Von Manfred Franz

17.1 Ausgangssituation und Rahmenbedingungen

Informationen für 110 Mitarbeiter

Das Amtsgericht Groß-Gerau ist ein Gericht mittlerer Größe mit 110 Beschäftigten, 25 Schiedsämtern, 24 Ortsgerichten und einem Gerichtsbezirk mit rund 250.000 Einwohnern. Es liegt im Rhein-Main-Gebiet im Städtedreieck Frankfurt-Mainz-Darmstadt. Die Behördenleitung besteht aus dem Direktor und dem Geschäftsleiter. Die erste Ausgabe der Gerichtsnotizen ist im September 1978 erschienen. Darin wurden die damit verbundenen Absichten wie folgt beschrieben:

Brückenschlag zwischen Amt und Menschen

»Dieses Blatt will weder Zeitung noch offizielles Sprachrohr sein. In dieser schlichten Form soll künftig alle zwei bis drei Monate über Aktuelles aus dem Amtsgericht berichtet werden. Darüber hinaus soll versucht werden, Brücken zwischen Arbeit und Mensch und zwischen den hier arbeitenden Menschen selber zu schlagen. Es sollen einzelne Abteilungen und neue Mitarbeiter vorgestellt werden. Wir wollen Tips für Arbeit, Freizeit, Urlaub und Unterhaltung geben. Der Personalrat, aber auch jeder einzelne Mitarbeiter soll die Möglichkeit haben, Probleme darzustellen und Informationen zu übermitteln, auch wenn es sich nur um einen Hinweis für den Wochenendausflug oder um eine kleine Anzeige handelt.«

ungüstige Bedingungen

Ende der 70er Jahre war die personelle und sachliche Ausstattung der Justizbehörden an einem Tiefpunkt angekommen. Schon damals wirkte der Begriff Motivation wie ein Zauberwort. Motivieren, aber wie? war die Frage. Die Mitarbeiter des Amtsgerichts Groß-Gerau waren unter ungünstigen Bedingungen in vier verschiedenen Gebäuden untergebracht. Das hatte zur Folge, daß zwischen den Bediensteten nur wenige Kontakte bestanden.

17.2 Mitarbeiterzeitschrift als Problemlöser?

Eine Mitarbeiterzeitschrift erschien als geeignetes Instrument, um einerseits die Distanz zwischen Arbeitenden und Arbeit zu verringern, andererseits aber auch im beruflichen Tun einen Lebenssinn zu erkennen. Eine Mitarbeiterin sollte sich beispielsweise nicht nur als Schreibkraft sehen, sondern sich in erster Linie als Mitglied des Amtsgerichts verstehen und sich der gemeinsamen Aufgabe der Rechtsgewährung verpflichtet fühlen. Darüber hinaus sollten die Trennung von Arbeit und Freizeit, von Beruf und Familie wenigstens teilweise überbrückt und die Familienangehörigen einbezogen werden.

Distanz verringern

Durch möglichst umfassende Informationen sollte das Gefühl von Informiertheit entstehen und damit Gerüchten der Boden entzogen werden. Denn nur Kommunikation bringt Transparenz, Berechenbarkeit, Verständnis und Identifikation. Ein gutes Betriebsklima und Arbeitszufriedenheit sind ohne gute Kommunikation nicht denkbar.

Gerüchten den Boden entziehen

Zielgruppen der Mitarbeiterzeitschrift waren und sind vor allem die aktiven Beschäftigen des Amtsgericht, aber auch die Rentner und Pensionäre, die jeweiligen Familienangehörigen und daneben Personen und Behörden, die mit dem Amtsgericht zusammenarbeiten (Bewährungshelfer, benachbarte Amtsgerichte, Obergerichte, Rechtsanwälte).

Zielgruppe ausgeweitet

17.3 Die Arbeitsbedingungen der Redaktion

Alle Redaktionsaufgaben sind heute beim Geschäftsleiter angesiedelt, dem als Mitglied der Geschäftsleitung aktuelle Informationen sofort zugänglich sind. Personalrat und Frauenbeauftragte haben Raum, jederzeit unzensiert zu berichten. Darüber hinaus ist eine eher begrenzte Mitarbeit der Beschäftigten festzustellen. Nachdem anfänglich ein Redaktionsteam bestand, wird die Mitarbeiterzeitschrift inzwischen seit Jahren von einer Ein-Mann-Redaktion herausgegeben. Dieses Modell hat sich als am wenigsten arbeitsaufwendig und als besonders zeitsparend

nur eine Ein-Mann-Redaktion

247

herausgestellt. Gastbeiträge machen nur etwa zehn Prozent der redaktionellen Beiträge aus.

monatlich acht Der Umfang der Mitarbeiterzeitschrift bewegt sich zwi-
DIN A4-Seiten schen vier und zehn DIN A4-Seiten, im Durchschnitt dürften es acht Seiten sein. Die Zeitschrift wird am Einzelplatz-PC des Geschäftsleiters unmittelbar erstellt. Sie erscheint seit 20 Jahren ununterbrochen jeweils zum Monatsanfang. Die Auflage beträgt 200 bis 300 Exemplare, die aus gehefteten, beidseitig bedruckten Einzelblättern bestehen.

In den Gerichtsnotizen sind Artikel aus den unterschiedlichsten Bereichen zu finden. Zum Beispiel:

Themen *Gerichte und Rechtsprechung:* Diese Artikel sollen einen Überblick über die Rechtsprechung als dritte Gewalt verschaffen und dabei auch Geschichte, Rechts- und Geschäftsentwicklung berücksichtigen.

Aus dem täglichen Arbeitsprozeß: Es wird über Arbeitsweisen, Planungen und neue Organisationsformen berichtet. Daneben wird auch der Versuch unternommen, Erlasse und Verfügungen, die in ihrer Amtssprache und mit ihren Verweisen auf frühere Veröffentlichungen oft schwer verständlich bis unverständlich sind, in eine gekürzte und leicht verständliche Form zu bringen, auch wenn dabei unter Umständen Genauigkeit und Vollständigkeit leiden.

Mensch in der Behörde: Im Vordergrund stehen Ereignisse innerhalb der Behörde, die alle oder auch nur einzelne betreffen: zum Beispiel Personalien (Neueinstellungen, Geburtstage, Hochzeiten, Geburten, Todesfälle, Beförderungen, Umsetzungen), Personalrats- und Frauenarbeit, Informationsreisen, Betriebsausflüge und dergleichen.

Maßahmen ver- Weitere Beiträge sind wirtschaftlichen und sozialpoliti-
ständlich und schen Themen gewidmet, ferner Buchbesprechungen, Ur-
nachvollziehbar laubstips und Humorvollem aus dem Gerichtsleben. Dabei
machen bieten die Gerichtsnotizen auch ein Diskussionsforum für unterschiedliche Betrachtungsweisen und Meinungen.

Eine gezielte und umfassende Informationspolitik soll dazu beitragen, erforderliche Maßnahmen verständlich und nachvollziehbar zu machen und damit die Akzeptanz in der Belegschaft zu fördern. Die Redaktion strebt eine ausgewogene, aber durchaus auch kritische Berichterstattung an.

17.4 Die Interessen der Leser

Welche Resonanz haben nun die Gerichtsnotizen? Normalerweise sind Rückmeldungen relativ selten. Wenn eine Ausgabe einmal nicht ganz pünktlich erscheint oder einen Empfänger nicht erreicht, so wird dies wahrgenommen und nachgefragt. Von Seiten der Rentner und Pensionäre wird immer wieder betont, daß die Mitarbeiterzeitschrift eine wichtige Verbindung zum Amtsgericht darstellt und mit großem Interesse gelesen wird.

gute Resonanz bei den Lesern

Bei einer Leserbefragung Anfang 1995 mit einem Fragebogenrücklauf von 38 Prozent gaben 95 Prozent der Befragten an, regelmäßig die Gerichtsnotizen zu lesen. Alle Leser bekundeten Interesse für die Mehrzahl der Beiträge. Im übrigen hielten 98 Prozent eine Mitarbeiterzeitschrift im Hinblick auf die innerbetriebliche Kommunikation für »sehr wichtig« oder »wichtig«. 88 Prozent schließlich fühlten sich durch die Gerichtsnotizen über die wesentlichen Dinge im Amtsgericht informiert.

Leserbefragung

Besonderes Interesse wurde bejaht an den Themen

die Leser wünschen sich ...

- Planungen und Entscheidungen,
- Arbeit des Personalrats und
- interne Veranstaltungen.

Erst dann folgten Themen wie Geburtstage und Einstellungen, Menschen am Arbeitsplatz und
Tätigkeit der Frauenbeauftragten. Das geringste Interesse galt erstaunlicherweise juristischen Fachthemen.

17.5 Wirtschaftliche und technische Rahmenbedingungen

nur Papier- und Kopierkosten Die Justizverwaltung ist finanziell karg ausgestattet. Mittel für eine Mitarbeiterzeitschrift sind nicht vorgesehen. Da die Redaktionsarbeit vom Geschäftsleiter neben seinen anderen Aufgaben zusätzlich und ohne besondere Vergütung erbracht wird, entstehen nur Papier- und Kopierkosten, die mit weniger als 0,50 DM pro Exemplar (ohne Porti) veranschlagt werden.

Engagement des Verantwortlichen Unter den geschilderten Bedingungen erscheint ein solches Projekt auf Dauer allerdings nur aussichtsreich, wenn drei Voraussetzungen bei den für die Herausgabe Verantwortlichen vorliegen:

- Großes persönliches Interesse an der Materie.
- Disziplin, die jeden Monat neu zu beweisen ist.
- Ausdauer; denn es gibt tausend Gründe, ab und zu auf die Herausgabe zu verzichten.

18. Audio-Kassetten zur gezielten Ansprache von Mitarbeitergruppen Beispiel: »RundUmRadio« bei der Unternehmensgruppe Melitta

Von Heinz U. Bredemeier

Eine Mitarbeiterzeitung reicht heute längst nicht mehr aus, um die Informations- und Kommunikationsaufgaben in einem größeren Unternehmen erfüllen zu können. Bereits Ende der 80er Jahre zeichnete sich die Notwendigkeit eines leistungsfähigen Medienmixes in der internen Öffentlichkeitsarbeit ab. Vor diesem Hintergrund begann die Unternehmensgruppe Melitta vor gut zehn Jahren damit, ihr internes Informationsangebot zu erweitern und zusätzliche Instrumente außerhalb des Printbereiches zu schaffen, mit denen auch gezielt ausgewählte Mitarbeitergruppen angesprochen werden konnten. Nach langen Recherchen fanden wir schließlich das Passende für uns: Die Audio-Information.

für ausgewählte Mitarbeitergruppen

18.1 Ausgangssituation

Die zu Ende gehenden 80er Jahre brachten der Unternehmensgruppe Melitta einige strukturelle Veränderungen und zunehmende internationale Aktivitäten. Sie führten zu einem erhöhten Informationsbedarf der Mitarbeiterschaft, der durch die seit 1936 erscheinende Mitarbeiterzeitschrift »Rund um« allein nicht mehr gedeckt werden konnte. Vor diesem Hintergrund entstand auf der Printebene eine internationale Ausgabe der Mitarbeiterzeitschrift in englischer Sprache und ein weiteres Print-Medium, das eine schnelle, kurzfristige Reaktion bei wichtigen Ereignissen in der Unternehmensgruppe zuließ. Was dann noch fehlte, war ein Informationsinstrument, das es ermöglichte, auch spezielle Mitarbeitergruppen gezielt ansprechen zu können.

erhöhter Informationsbedarf

Unsere besondere Aufmerksamkeit in diesem Zusammenhang galt den Außendienstorganisationen innerhalb der

Außendienst als Zielgruppe

Unternehmensgruppe Melitta, die naturgemäß durch die räumliche Trennung von den Firmenstandorten auf ein umfangreiches Informationsangebot aus den Zentralen angewiesen sind. Eine schriftliche Information kam für diesen Mitarbeiterkreis auf keinen Fall in Frage, da die Außendienstler ohnehin schon reichlich mit Papier eingedeckt wurden. Bei unseren Recherchen erfuhren wir, daß verschiedene Unternehmen im In- und Ausland für ihre Außendienstmitarbeiterinnen und -mitarbeiter Audio-Kassetten mit speziellen Themen für diesen Personenkreis produzierten. Einige Probebänder überzeugten uns davon, daß solche Kassetten auch für unsere Vertriebsorganisationen als Informationsinstrument bestens geeignet wären. So begannen wir im Herbst 1991 damit, ein solches Medium für die Außendienste der Melitta-Unternehmen zu konzipieren.

18.2 Die Idee

Testphase mit dem Band Zunächst galt unsere Aufmerksamkeit der nationalen Außendienstorganisation des Unternehmensbereiches Melitta Haushaltsprodukte Europa, der seinen Hauptsitz in Minden, Westfalen, hat. Mit diesen Kolleginnen und Kollegen wollten wir das für uns noch unbekannte Medium ausprobieren. Alle anderen Bereiche sollten nach einer erfolgreichen Testphase ebenfalls mit dem Band versorgt werden. Ziel war es, durch eine Verstärkung der Information des Außendienstes mit Hilfe dieser für ihn exklusiven Informationsquelle, die viermal im Jahr erscheinen sollte, seine Motivation und seine Bindung an das Unternehmen zu erhöhen. Gleichzeitig wollten wir die teilweise langen Fahrzeiten des Außendienstes nutzen, um auf unterhaltsame Weise Basis-Informationen an die Kolleginnen und Kollegen weiterzugeben, die sie – wenn gewollt und notwendig – anhand der generell von den verschiedenen Fachabteilungen übersandten schriftlichen Unterlagen vertiefen konnten. Entsprechend legten wir die Inhalte für die Audio-Information fest.

Nach Rücksprache mit unseren Partnern im Vertrieb des Unternehmensbereiches Melitta Haushaltsprodukte Eu-

ropa wählten wir Themen wie Warenkunde, neue Pro- **Warenkunde**
dukte oder Marktdaten aus. Aber auch Informationen all- **und Marktdaten**
gemeiner Art, die den Kolleginnen und Kollegen im Au- **als Themen**
ßendienst bei ihrer Arbeit hilfreich sein konnten, durften
in der Kassette nicht fehlen. Und: Das alles sollte so attraktiv und locker wie möglich präsentiert werden. Wir wählten dafür die Form einer Radio-Sendung mit einer ausge-
wogenen Mischung aus Wort- und Musikbeiträgen. Bei
unseren Planungen für das erste Band gingen wir von einer »Sendezeit« von insgesamt 30 Minuten aus. Mit diesen
Vorstellungen gingen wir daran, externe Partner für die
Umsetzung unserer Idee zu suchen.

Erste Gespräche mit Agenturen oder größeren Tonstudios **externe**
ließen unser Vorhaben zunächst in weite Ferne ent- **Angebote zu**
schwinden. Die Honorarvorstellungen für eine Produk- **teuer**
tion in mehrfacher, fünfstelliger Größenordnung über-
stieg das uns zur Realisierung der Audio-Information zur
Verfügung stehende Jahres-Budget um einiges. Und das,
obwohl wir einen Großteil der redaktionellen Vorarbeiten
selbst leisten sollten. Eine Analyse der vorliegenden Angebote machte deutlich, daß unsere Pläne nur umgesetzt
werden konnten, wenn wir jede einzelne Ausgabe in eigener Regie produzierten. Diese Erkenntnis stellte uns dann
vor einige Probleme.

18.3 Problemlösungen

Den Partner für die technische Abwicklung der Produk- **Hilfen beim**
tion fanden wir recht bald in einem Ein-Mann-Studio in **lokalen Rund-**
der Nähe von Minden. Größere Schwierigkeiten hatten **funk**
wir damit, die Beiträge rundfunkgerecht aufzubereiten
oder gar zu präsentieren. Niemand von uns hatte zuvor
mit dem Medium Rundfunk zu tun. Dank guter Kontakte
zu den heimischen Pressevertretern fanden wir Hilfe beim
damaligen Chefredakteur des lokalen Radiosenders, der
uns in einem Crashkurs auf die redaktionelle Produktion
vorbereitete. Eine unserer Kolleginnen aus einem anderen
Bereich der Melitta-Öffentlichkeitsarbeit hatte eine
Sprachausbildung absolviert und stellte sich als Modera-
torin zur Verfügung. Einen zweiten Sprecher empfahl uns

eine andere Kollegin. Für den Nachrichtenteil der Sendung stellte uns das Tonstudio einen Profi-Sprecher. Doch wie so oft: Wenn scheinbar alle Schwierigkeiten ausgeräumt sind, stellt sich doch noch ein Problem als hartnäckig heraus. In diesem Fall ging es um die Wahl der Musikbeiträge. Hier waren wir schließlich gezwungen, einen Kompromiß einzugehen.

überwältigende Resonanz Aktuelle Musiktitel waren damals – wenn überhaupt – nur zu hohen Konditionen von den Musikverlagen zu bekommen. Notgedrungen entschieden wir uns dazu, »freie Musik« zu verwenden. Die war zwar nicht hitverdächtig, aber zu annehmbaren Preisen zu bekommen. Unter diesen Voraussetzungen zeigte eine Kalkulation, daß wir pro Produktion mit einer vierstelligen Summe zurechtkamen, da wir keine zusätzlichen Personalaufwendungen berücksichtigen mußten. Die Bearbeitung der geplanten Beiträge konnte problemlos in unsere sonstigen Informations- und Kommunikationsaufgaben eingebunden werden. Dem Start unserer Audio-Information stand somit nichts mehr im Wege. Im April 1992 brachten wir die erste Ausgabe von »RundumRadio« heraus. Die erste Resonanz auf dieses neue Informations-Instrument war überwältigend. Bereits Ende des Jahres wurden weitere Außendienstorganisationen aus der Melitta Gruppe mit diesem neuen Medium versorgt.

nach und nach professioneller Natürlich regten die ersten Erfahrungen mit der Audio-Information schon bald zu einigen Verbesserungen hinsichtlich Themen, Musikauswahl und Layout der »Sendung« an. Außerdem wurden wir bei der Radioarbeit nach und nach professioneller. Das zeigt sich auch darin, daß das Moderatoren-Team seit einiger Zeit nur noch aus Rundfunk-Fachleuten besteht, was sich übrigens nur leicht auf unsere Ausgaben für Honorare ausgewirkt hat. Ende 1996 wagten wir dann erstmals eine Hörerbefragung, deren Ergebnisse weit über unseren Erwartungen lagen.

18.4 Hörermeinung

Die Resultate der Hörerbefragung zeigten deutlich, daß dieses Medium von den Außendienstmitarbeiterinnen und -mitarbeitern voll und ganz akzeptiert wird. Heute hören fast 98 Prozent von ihnen »RundumRadio« regelmäßig. Gut zwei Drittel nutzen dafür die Fahrzeiten im Auto. Die gefragtesten Themen sind Informationen über die Lage der Unternehmensgruppe, über Marktdaten und neue Produkte. Ausdrücklich gewünscht sind darüber hinaus Personalnachrichten (z. B. Jubiläen, Beförderungen). Akzeptiert wird selbst eine bis zum Zeitpunkt der Befragung obligatorische Band-Länge von mehr als 60 Minuten, wenn die Bedeutung der Beiträge dies erfordert. Ausschließlich gute Noten erhielt auch das Moderatoren-Team. Mehr als 80 Prozent der Hörer zeigte sich mit der Präsentation der Sendungen durch die Sprecher zufrieden. Selbst die »freie Musik« wird vor dem Hintergrund der hohen Kosten für die Nutzung aktueller Musikhits durchaus angenommen. Die große Akzeptanz von »RundUmRadio« als Informationsmedium dokumentiert auch der Wunsch der Kolleginnen und Kollegen des Außendienstes, daß die Audio-Kassette fünf- anstatt viermal im Jahr erscheinen soll. Diesem Wunsch und auch anderen Anregungen sind wir gerne nachgekommen.

98% hören regelmäßig

18.5 Fazit

Die Ergebnisse der Umfrage und unsere Erfahrungen aus mehr als sechs Jahren Audio-Information bestärken uns in der Auffassung, daß wir mit diesem Medium über ein hervorragendes innerbetriebliches Informationsinstrument verfügen. Wir sind auch davon überzeugt, daß die Entscheidung, dieses Band selbst zu produzieren, richtig war. Denn auch mit einfachen und geringen Budgets ist einiges in der Medienlandschaft machbar. Letztlich muß bei allen Überlegungen doch immer die Information der Mitarbeiter als Ziel im Vordergrund stehen. Und diese Aufgabe konnten wir mit unserer »selbstgestrickten« Lösung erfüllen, die außerdem noch die fachliche Qualifikation der daran beteiligten Mitarbeiter erhöht. Gerade in einer

ein hervorragendes Informationsinstrument

Zeit, in der die meisten Unternehmen einen Sparkurs fahren und den Rotstift dort ansetzen, wo immer sich eine Chance dafür bietet, läßt dieser Weg die Möglichkeit, ein interessantes Informationsinstrument zu schaffen und trotz eines geringen Budgets einzusetzen.

19.

Spielraum für die journalistische Arbeit abstecken Beispiel: Redaktionsstatut der Schering AG

Von Harald Dudel

Mitarbeiterzeitungen haben mitunter keinen leichten Stand: Werden sie schon in satten Zeiten von manchem ihrer Leser – oder Nichtleser – als »Käseblättchen« tituliert, sind sie in Zeiten von Kostenreduzierung und Personalabbau mehr noch als sonst gefordert. Angesichts unpopulärer Sachverhalte müssen Mitarbeitermedien im Spannungsfeld zwischen Informationsauftrag und Wahrung des Betriebsfriedens verstärkt darauf achten, nicht als »Schönschreiber« und »Hofberichterstatter« ihre Glaubwürdigkeit zu verlieren. Spätestens in derartigen Situationen kann sich ein Redaktionsstatut bewähren, indem es der Redaktion hilft, ihren erforderlichen Spielraum für journalistische Arbeit verbindlich abzustecken und gegebenenfalls zu sichern.

Spielraum abstecken

19.1 Aufgaben des Statuts

Zunächst zur Aufgabenstellung: Es geht beim Redaktionsstatut in der innerbetrieblichen Kommunikation nicht so sehr um Demokratie und Pressefreiheit im allgemeinen, als vielmehr um die Fragestellung, wie sich Führung durch Mitarbeitermedien im Rahmen einer interessengeleiteten Publikation möglichst wirkungsvoll unterstützen läßt. Daraus folgern Überlegungen, wie Mitarbeiterinformation redlich sowie auf Basis guter journalistischer Standards die Unternehmenspolitik im Sinne des Unternehmens möglichst anschaulich vermitteln kann. Und schließlich: »Wie holt die Redaktion die Leser mit ihren Interessen, Fragen, Wünschen, Befürchtungen und Kritikpunkten dort ab, wo sie sich gerade befinden?«

Führung unterstützen

Ein derartiger Ansatz zur Betrachtung eines Redaktionsstatuts mag für Kollegen von Kioskpublikationen vielleicht minimalistisch klingen und Berufsanfänger wo-

teilhabensorientierte Unternehmenskultur

257

möglich ernüchtern, erweist sich aber aus der pragmatischen Sicht des Autors nach vielfältiger Erfahrung mit innerbetrieblicher Kommunikation als angemessen und praktikabel, wie der folgende Text darzulegen versucht.

19.2 Ein Statut ist gut, weil es ist

Wichtigstes Element eines Statuts ist – und dies wird oft übersehen – allein schon die Tatsache, daß sich Unternehmensleitung und Redaktion auf Spielregeln und deren Einhaltung verbindlich verpflichten. Diese Metabotschaft ist im Sinne teilhabensorientierter Unternehmenskultur von erheblicher Bedeutung. Sie signalisiert, daß im Gegensatz zu Willkür und üblichen Schönwetter-Regelungen die Redaktion als Partner ernst genommen wird und ihre Aufgaben, Rechte und Pflichten verbindlich geregelt sind.

19.3 Ein Statut braucht eine Zielsetzung

informieren und Verständnis schaffen Diese Metabotschaft allein reicht noch nicht aus. Es muß eine klar formulierte gemeinsame Zielsetzung hinzukommen, wie sie in der Präambel des Redaktionsstatuts der Scheringblätter definiert ist: Die Scheringblätter »sollen die Mitarbeiter über das Unternehmen und über die mit dem Arbeitsleben zusammenhängenden Fragen informieren, Verständnis für innerbetriebliche und überbetriebliche Zusammenhänge schaffen, die Zusammenarbeit stärken und Gerüchten, Störungen und Spannungen aller Art durch sachliche Aufklärung vorbeugen oder sie beseitigen helfen.«

solide Grundlage »Der Redaktionsausschuß berät und unterstützt die Redaktion auf der Grundlage dieses Statuts. Der Vorstand empfiehlt allen Stellen der Schering AG, die Redaktion mit Informationen aus dem Unternehmen zu versorgen und sie bei der Beschaffung von Informationen nach besten Kräften zu unterstützen.«

Manager als Partner gewinnen Mit einer derartig weitgehenden Festlegung erhalten die Redakteure eine solide Grundlage für ihre tägliche Arbeit, die beispielsweise eine (bei Mitarbeitermedien eher seltene) regelmäßige Berichterstattung über Betriebsversammlungen und die dort vorgetragenen Kritikpunkte ermöglicht. Die zitierte Präambel erweist sich spätestens dann als hilfreich, wenn es gilt, zugeknöpfte Manager zur Unterstützung einer innerbetrieblichen Veröffentlichung aus ihrem Bereich sowie für unbequeme Fragestellungen zu gewinnen. Nicht zu unterschätzen ist auch der zweite Schritt: Diese Manager müssen auch noch als Abstimmungspartner zur Freigabe des Manuskripts gewonnen werden, was ebenfalls zu den vereinbarten Spielregeln gehört.

19.4 Der Vorstand muß mit im Boot sitzen

Natürlich sind es gegenüber schwierigen Ansprechpartnern nicht immer nur die guten Worte, die überzeugen. Der Journalist hat es im Unternehmen, sofern es sich nicht gerade um einen Zeitungsverlag handelt, größtenteils mit journalistischen Laien zu tun, die mitunter populäre wie offene Darstellungen als »Bildzeitungsstil« abqualifizieren, andererseits aber bezüglich des ihnen unterstellten Bereichs Entscheidungsgewalt besitzen. Auf ihre Mitwirkung ist der Redakteur angewiesen. So wirkt sich, wenn im Zwiegespräch mit dem Abstimmungspartner Präambel-Erläuterung und Medienpädagogik gänzlich versagen sollten, im Rahmen einer Unternehmenshierarchie nicht zuletzt die Tatsache aus, wen die Redaktion mit im Boot hat beziehungsweise wer hinter dem Statut steht. Im Falle der Scheringblätter ist es der Vorstand, der auch die Besetzung des Redaktionsausschusses festgelegt hat.

der Vorstand steht hinter dem Statut

»Der Redaktionsausschuß setzt sich zusammen aus je einem vom Vorstand und vom Zentralen Personalwesen der Schering AG bestimmten Mitglied, einem Mitglied des Gesamtbetriebsrats, dem Leiter der Abteilung Öffentlichkeitsarbeit bzw. einem von ihm bestimmten Mitglied der Abteilung Öffentlichkeitsarbeit und dem verantwortlichen Redakteur der Scheringblätter.« Und, damit keine Zweifel über die Aufgabenstellung dieses Gremiums aufkommen, heißt es gleich im Anschluß: »Der Redaktionsausschuß berät und unterstützt die Redaktion auf der Grundlage dieses Statuts.«

Zusammensetzung des Ausschusses

Beraten und unterstützen Dieses Beraten und Unterstützen ist neben dem auch vorhandenen Kontrollaspekt durchaus wörtlich zu nehmen; denn es gibt manchmal Verästelungen eines Themas, etwa anstehende Beförderungen, geplante Umorganisationen sowie verdeckte Rivalitäten zwischen Funktionen und Personen, die ein Redakteur nicht immer kennen, geschweige denn voraussehen kann. In diesem Sinne sichert ein Ausschuß die Redaktion vor Mißverständnissen, unbewußten Tritten in Fettnäpfchen und späterem Ärger weitgehend ab.

Chefredakteur hat den Vorsitz Hinzuzufügen ist, daß bei derartigen Diskussionen die Redaktion im Ausschuß volles Rede- und Stimmrecht genießt, dieses bei kontroversen Diskussionen auch selbstbewußt wahrnimmt sowie als Einladende – vertreten durch den Chefredakteur – den Vorsitz inne hat. Ebenfalls bewährt hat sich (insbesondere bei Rückfragen) die Praxis, daß die Redaktion mit einem zweiten Redakteur sowie einer Sekretärin zur Protokollführung vertreten ist – beide allerdings ohne Stimmrecht.

19.5 Ein Ausschuß will optimal vorbereitet sein

der Ausschuß entscheidet Doch nun genug der Vorfeldregelungen und Besetzungen! Spätestens dann, wenn auf dem Kalender eine Ausschußsitzung heranrückt – in der Regel zehn Tage vor Erscheinen des Blattes – wird es für die Redaktion ernst, denn: »Die Redaktion übersendet jedem Ausschußmitglied sämtliche Artikel, die für die Veröffentlichung bestimmt sind ... Der Redaktionsausschuß entscheidet darüber, ob Artikel, Fotos und Zeichnungen von unternehmenspolitischer Bedeutung und Artikel, gegen deren Veröffentlichung von einer anderen Stelle der Schering AG grundsätzliche Einwände erhoben worden sind, in der vorliegenden oder in abgeänderter Fassung veröffentlicht werden können oder nicht. Der Redaktionsausschuß hat bei seiner Entscheidung auf das Gesamtinteresse der Schering-Gruppe Rücksicht zu nehmen.«

Manuskripte vorab an die Mitglieder Nachdem also die Ausschußmitglieder die rund 40 Manuskripte in vier Portionen an vier Vortagen bekommen und bis zur Ausschußsitzung gelesen haben, folgt in der Regel eine ein- bis knapp zweistündige Sitzung, was Professionalität und Disziplin aller Beteiligten, Hintergrundwissen der Redakteure zu ihren Manuskripten sowie eine konzentrierte Sitzungsleitung erfordert.

Hierzu gehören vor allem auch so weit wie möglich endredigierte Versionen (was schon aus Aktualitätsgründen nicht immer einfach ist) aller Manuskripte. Nichts ist zeitfressender und für Redakteure peinlicher, als wenn hochbezahlte Ausschußmitglieder über schlecht redigierte Manuskripte diskutieren müssen. Außerdem liegt hier die Gefahr, daß auf diesem Weg der Redaktion im Ausschuß unversehens eine Art von Überredaktion erwächst.

endredigierte Vorlagen erleichtern die Arbeit

Im übrigen hat es sich als hilfreich erwiesen, vor einer Sitzung alle Manuskripte zu kennzeichnen (Ausstellungsbesprechungen des Kunstvereins etc.), die nach Ansicht der Redaktion nicht von hoher unternehmenspolitischer Relevanz sind. Hiermit wird einerseits der Vorlagepflicht Genüge getan, andererseits aber die Sitzung um einiges beschleunigt.

19.6 Ein Veto wirkt im Vorfeld

»Gegen eine Entscheidung der Mehrheit des Redaktionsausschusses, daß Artikel, Fotos und Zeichnungen in der vorliegenden oder in abgeänderter Fassung veröffentlicht werden können oder nicht, kann jedes Ausschußmitglied Einspruch einlegen. Wird Einspruch erhoben, dann entscheidet das für die Abteilung Öffentlichkeitsarbeit zuständige Vorstandsmitglied darüber, ob der betreffende Artikel, das betreffende Foto oder die betreffende Zeichnung in der vorliegenden oder in abgeänderter Form veröffentlicht werden kann oder nicht.«

Einsprüche nur mit guter Begründung

Auch wenn die Diskussionen im Ausschuß häufig lebhaft und engagiert verlaufen, wird von der Möglichkeit dieses Einspruchs (Veto) äußerst selten Gebrauch gemacht (wer will schon den Vorstandsvorsitzenden mit Fragen zu einem Manuskript belästigen?), doch schon die Ankündigung eines Vetos (auch dies passiert nicht oft) vermag verhärtete Fronten aufzubrechen.

mehrheitsfähige Vorlagen sind gefragt Spätestens hier obliegt es der Redaktion, im Sinne der eingangs erwähnten »Unterstützung von Führung« sowie des »Abholenmüssens der Leser« überzeugend für Inhalte und Darstellungsform der eingereichten Artikel zu argumentieren, sich den Gedankengängen der anderen Ausschußmitglieder zu öffnen sowie mehrheitsfähige Formulierungen vorzuschlagen. Auf diese Weise konnten im Zusammenspiel der Beteiligten auch bei kontroversen Positionen durchweg tragbare Formulierungen gesucht und gefunden werden.

Ausschußmitglieder sind die ersten Leser Wichtiger als derlei spektakuläre Vetofragen sind indes die tagtäglichen Erfahrungen. Vor allem sollten Redakteure eines nie vergessen: Die durch das Statut bestellten Ausschußmitglieder sind nicht nur wichtige Repräsentanten des Unternehmens, sie sind die ersten Leser unserer Manuskripte. Da diese Vor-Leser unterschiedliche Aspekte des Unternehmens repräsentieren und überdies der Mitarbeiterzeitung in der Regel wohlwollend gegenüberstehen, ist deren Urteil hohe Aufmerksamkeit zu schenken.

19.7 Ein Modell auch für die Zukunft?

arbeitsintensiv und doch lohnend Fazit: Aus Sicht der Redaktion hat sich diese zwar arbeitsintensive, aber im Endeffekt lohnende Arbeitsweise eindeutig bewährt. Ob dieses auf eine monatlich für Deutschland erscheinende Zeitung zugeschnittene Modell angesichts von Globalisierung, E-Mail- und Intranet-Kultur allerdings Bestand haben kann, ist unter den Aspekten gesteigerter Aktualität sowie fehlender räumlicher Konzentration möglicher global verteilter Ausschußmitglieder für weltweite Veröffentlichungen durchaus die Frage.

Zweifelsohne aber wird das hier vorgestellte Redaktionsstatut bei der Neudiskussion um entsprechende Abstimmungs- und Steuerungsmodelle im globalen Umfeld eines Intranets seinen Platz als erfolgreiches Modell mit hoffentlich inspirierender Wirkung für neue Regelungen behalten.

PS: Das Statut im Wortlaut kann von Kollegen und Studenten der innerbetrieblichen Kommunikation per E-Mail direkt vom Autor abgefordert werden unter: *Harald.Dudel@schering.de*

19.8 Tips für Statut und Ausschuß

Achten Sie bei einem Statut auf klare, unzweideutige Regelungen mit Zielsetzung, Aufgabenstellung und Verantwortlichkeiten.

Machen Sie Ihren Einfluß dafür geltend, daß das Gremium von oberster Stelle eingesetzt sowie hochrangig besetzt ist.

Prüfen Sie vor allem die Widerspruchsregelungen und die dafür vorgesehenen Fristen.

Sorgen Sie dafür, daß wirklich nur unternehmenspolitisch relevante Manuskripte im Ausschuß diskutiert werden. Vergessen Sie aber die Fotos (beispielsweise Schutzkleidung unter dem Aspekt der Arbeitssicherheit!) nicht.

Ausschußmitglieder sind Ihre ersten Leser – behandeln Sie diese auch entsprechend!

**Orientierung geben
Beispiel: FERRUM, eine überbetriebliche
Mitarbeiterzeitschrift von PfalzMetall**

Von Jürgen Fielstette

20.1 Ausgangssituation und Rahmenbedingungen

»Wer Arbeitsplätze will, muß Arbeitgeber wollen.« Dieser
Appell von Johann Philipp von Bethman beinhaltet die
Bereitschaft, sich mit der Sichtweise der Arbeitgeber auseinanderzusetzen und die eigene, interessengeleitete
Sichtweise auf den Prüfstand zu stellen. Aus Arbeitgeber-
sicht stellt sich dabei die Frage, wie für Aussagen der Un-
ternehmerseite auf dem begehrten Markt der Meinungen
ein angemessener Platz zu erreichen und zu sichern ist.
Dazu gehört mehr als die Darstellung des Zustandes oder
der Probleme, mit denen die Wirtschaft, die eigene Branche oder einzelne Firmen zu kämpfen haben. Es geht im
Kern um überzeugende Positionen zu Fragen der Zeit.

**Meinung über
Tatsachen**
Das ist an sich nichts Neues. Vor fast 2000 Jahren schrieb
der griechische Philosoph Epiktet: »Nicht die Tatsachen,
sondern die Meinung der Menschen über die Tatsachen
sind von entscheidender Bedeutung«. Verkürzt gesagt
war das Epiktet-Zitat der Anstoß, daß der Verband der pfälzischen M+E-Industrie im Oktober 1978 das Experiment
einer überbetrieblichen Mitarbeiterzeitschrift unter dem
Titel FERRUM startete. Überbetrieblich deshalb, weil die
Metall- und Elektroindustrie der Pfalz zu beinahe 90 Prozent von mittleren und kleineren Unternehmen geprägt
wird. Firmen mit mehr als 500 Beschäftigten haben in der
Region fast schon den Status eines Großunternehmens.
Für die wenigen Mitgliedsunternehmen, die selbst eine
Mitarbeiterzeitschrift herausgeben, ist FERRUM eine Ergänzung mit dem Schwerpunkt Wirtschafts- und Sozialpolitik, doch für die meisten Adressaten ist die Zeitschrift
das einzige Printmedium von der Arbeitgeberseite. Hier
steht an der Stelle des einzelnen Unternehmens als Herausgeber die Gruppe der branchenverwandten Unternehmen der Region.

20.2 Erscheinungsbild und Inhalt des Blattes

FERRUM erscheint monatlich mit einem Umfang von 12 Seiten im Format 21×28, also etwa DIN A4, geheftet. Nach einem Relaunch im Sommer dieses Jahres – als Konsequenz einer von Professor Klöfer durchgeführten Akzeptanzuntersuchung, gekoppelt mit einem Benchmark-Test – sind Titel und Rücktitel wie auch das Kernprodukt, das Firmenportrait, farbig gestaltet. Für die anderen Seiten steht die Schmuckfarbe blau als Gestaltungselement zur Verfügung. Das große Titelfoto – in der Regel eine Detailaufnahme eines Produktes des Unternehmens, das Gegenstand des aktuellen FERRUM-Portraits ist – wird ergänzt durch Hinweise auf die wichtigsten Beiträge im Heft.

großes Firmenporträt als wichtigster Beitrag

Auf der Seite 2 finden sich Inhaltsverzeichnis, Impressum und Namenskommentar des verantwortlichen Redakteurs. Seite 3 unter der Dachzeile »Blickpunkt« bestimmen erste Nachrichten, möglichst mit Bezug zu Ereignissen und Personen aus der M+E-Industrie der Pfalz. Die Seiten 4 und 5 behandeln in der Regel ein sozial- oder wirtschaftspolitisches Thema. Wichtig dabei ist ebenfalls der Bezug zur Region.

Auf den beiden Innenseiten 6 und 7 folgt das »FERRUM-Portrait«, eine groß, bebilderte Reportage eines Mitgliedsunternehmens von PfalzMetall und dessen Produkten. Die Seiten 8 und 9 mit der Dachzeile »Nahaufnahme« sind ebenfalls durch Nachrichten und Kurzinformationen aus und über die Mitgliedsunternehmen des Verbandes geprägt. Seite 10 nimmt sich als »Brennpunkt« eines aktuellen politischen oder wirtschaftlichen Themas an, beispielsweise die Benzinpreis-Diskussion. »Historische Geschichte(n)« oder Hintergrundberichte rund um den Sport wechseln sich auf der Seite 11 ab. Der Rücktitel – Seite 12 – ist reserviert für eine informative Grafik zu Wirtschaft und Sozialpolitik.

Firmennachrichten aus der Region

20.3 Bindung an die Region Pfalz

Die Positionierung von FERRUM läßt sich aufgrund dieser Beschreibung eindeutig nachvollziehen. Es geht ohne

Wirtschafts-politik aus regionaler Sicht Umschweife um die Vermittlung von wirtschafts- und sozialpolitischen Informationen und Einschätzung aus der Sicht des pfälzischen M+E-Arbeitgeberverbandes, konkretisiert am Beispiel von Mitgliedsunternehmen des Verbandes. Die Leser werden über lokale und regionale Ereignisse an wirtschaftspolitische Themen herangeführt, also vom Bekannten und durch eigene Anschauung praktisch Erfahrbaren hin zum Grundsätzlichen der Wirtschafts- und Sozialpolitik. Diese Vorgehensweise ist – salopp gesagt – durch den Gedanken bestimmt: Je komplizierter die Welt ist, um so wichtiger ist der eigene Kirchturm. Das hat nichts mit einer bewußt geförderten Kirchturmspolitik zu tun. Denn auch Globalisierung, Lean-Production, internationale Wettbewerbsfähigkeit, Arbeitsplatzverlagerung sind an der Region nicht vorbeigegangen. Die M+E-Industrie der Pfalz verlor mit den jüngsten Rezessionsjahren rund 28 Prozent aller Arbeitsplätze. Erst das Jahr 1997 brachte den Stillstand beim Arbeitsplatzabbau und einen ersten Beschäftigungsaufbau von 2,2 Prozent.

»Kirchturm« als Orientierungs-punkt Der bewuß gepflegte regionale Bezug hat einen gewichtigen Hintergrund. Die Beschäftigten in den pfälzischen M+E-Industrie, die Zielgruppe der Zeitschrift, kennen die Unternehmen und die handelnden Personen. Dies bedeutet, Aussagen und Handlungen sind nachprüfbar, sei es im Gespräch mit Kollegen, Bekannten oder Freunden, sei es durch eigene Beobachtungen. So wird es leichter, bestimmte Ereignisse und Tatsachen in das persönliche Meinungsspektrum zu integrieren. Siehe Epiktet: Nicht die Tatsache, sondern die Meinung der Menschen sind von entscheidender Bedeutung.

Die Bindung an die Region, das ergab sich aus der bereits zitierten Akzeptanzuntersuchung, ist einer der wichtigen Pluspunkte von FERRUM. Denn ganz allgemein finden 73,5 Prozent der Leser den Bezug zu ihrer pfälzischen Heimat wichtig. Dort kennen sie sich aus. Sie stehen sozusagen auf gesichertem Boden und können von dort aus Ereignisse, Veränderungen und Entwicklungen besser einordnen. Der Kirchturm markiert deshalb nicht die Grenze der Welt, er ist vielmehr Orientierungspunkt für den Leser.

Das Porträt eines Unternehmens von PfalzMetall, in jeder Nummer der zentrale Beitrag, wird von 69,9% »mit großem Interesse« gelesen. Insgesamt gesehen ist der Regionalbezug ein entscheidender Erfolgsfaktor von FERRUM.

20.4 Standpunkt und Zielrichtung

Die überbetriebliche Mitarbeiterzeitschrift des Verbandes der pfälzischen M+E-Industrie versteht sich als ein Angebot zur Meinungsbildung der Mitarbeiter in den Unternehmen. Dabei bilden für die Redaktion die journalistischen Grundsätze der Berichterstattung den Handlungsrahmen. Dies hat nicht zuletzt seinen Grund darin, daß der FERRUM – Chefredakteur, der zugleich als Geschäftsführer die Öffentlichkeitsarbeit des pfälzischen M+E-Verbandes verantwortet, aus dem Journalismus kommt. So ist es wohl nicht verwunderlich, daß selbst in ganz heißen Tarifrunden von gewerkschaftlicher Seite nie die journalistische Korrektheit von FERRUM angezweifelt wurde.

Angebot zur Meinungsbildung

Ehe nun die Frage der Akzeptanz dieses Konzeptes einer überbetrieblichen Mitarbeiterzeitschrift näher beleuchtet werden soll, noch eine kurze Bemerkung zum Vertrieb. FERRUM erreicht etwas mehr als 60 Prozent der Arbeitnehmerhaushalte der pfälzischen M+E-Industrie. In der Einführungsphase, also vor jetzt 20 Jahren, gaben die Verbandsunternehmen – entsprechend den gesetzlichen Bestimmungen – die Adressen der Mitarbeiter, die FERRUM erhalten sollten, an den Verlag. Dabei war sichergestellt, daß die Adressen der Beschäftigten, die die Zeitschrift nicht wünschten, sofort in der Bezieherkartei gelöscht wurden.

Versand frei Haus

Heute kommt FERRUM zu 80 Prozent über den Postzeitungsdienst zum Leser. Größere und Großunternehmen haben andere Vertriebsformen entwickelt. Wichtig noch: Der Bezug ist kostenfrei. Der Verband finanziert aus seinen Mitteln sowohl den Druck als auch den Versand.

20.5 Akzeptanz bei den Lesern

der Kommentar kommt gut an Die Redaktion wollte es genau wissen, wie ihre Zeitschrift von ihren Lesern eingeschätzt wird, und welche Erwartungn sie an das Blatt stellen. Professor Klöfer, Fachhochschule Mainz, erstellte eine Akzeptanzuntersuchung auf der Grundlage eines Fragebogens, der einer FERRUM-Ausgabe beigelegt war, ergänzt durch Einzel- und Gruppeninterviews, in die auch Konkurrenzprodukte einbezogen wurden. In der Bewertung der Rubriken, die gerne gelesen werden, liegen »Nahaufnahme«, Kommentar und Firmenporträt an vorderster Stelle. Die Redaktion ging jahrelang davon aus, daß ein großes Kreuzworträtsel ein »Muß« sei, doch mußte es nach den Befragungsergebnissen im Rahmen eines Relaunch einer informativen Grafik zu Wirtschaft und Sozialpolitik weichen. Der Kommentar als Namensbeitrag des Chefredakteurs zu brisanten wirtschafts- oder sozialpolitischen Themen wird von 26,5 Prozent der Befragten als »immer gut« bewertet, von weiteren 56,6 Prozent als »manchmal gut«. Hier wird die dezidierte Arbeitgebermeinung von FERRUM durchaus beachtet. Bei den Lesern besteht eine Bereitschaft, sich mit den Argumenten der mit klarer Absenderangabe vorgebrachten Argumente von PfalzMetall auseinanderzusetzen.

Regionalbezug gefragt PfalzMetall geht mit FERRUM als einer überbetrieblichen Mitarbeiterzeitschrift einen ungewöhnlichen Weg, auf dem sich der Verband durch die Reaktionen der Leser bestätigt fühlt. Das Blatt kommt einem Informationsbedürfnis von Mitarbeitern der vorwiegend mittelständisch orientierten Metall- und Elektroindustrie der Pfalz entgegen. Wenn der einzelne Leser aus vielerlei Gründen schon von seinem eigenen Unternehmen keine eigene Mitarbeiterzeitschrift erhalten kann, so schätzt er FERRUM vor allem wegen des regionalen Bezugs zum heimatlichen Wirtschaftsraum der Pfalz.

Verzeichnisse

1 Literaturverzeichnis

Armbrecht, Wolfgang: »Innerbetriebliche Public Relations«. Grundlagen eines situativen Gestaltungskonzepts, Opladen 1992

Becker, Fred G.: »Lexikon des Personalmanagements«, München 1994

Dietgarten, Dagmar: »Der Betrieb als soziales System«, in: Gros, Eckhard(Hrsg.): »Anwendungsbezogene Arbeits-, Betriebs- und Organisationspsychologie«. Eine Einführung, Göttingen 1994

Drumm, Hans-Jürgen: »Personalwirtschaftslehre«, Berlin, Heidelberg, New York 1989

Eckardstein, Dudo von, und Franz Schnellinger: »Betriebliche Personalpolitik«, München 1978, 3. Auflage

Flügge, Gerd: »Mitarbeiterführung im Betrieb«, in: Gros, Eckhard(Hrsg.): »Anwendungsbezogene Arbeits-, Betriebs- und Organisationspsychologie«. Eine Einführung, Göttingen 1994

Fröhlich, W. D.: »Wörterbuch der Psychologie«, 1987

Gutenberg, Erich: »Grundlagen der Betriebswirtschaftslehre, Bd. 1 Die Produktion«, Berlin, Heidelberg, New York 1979, 23. Auflage

Gutmark, Jakob: »Zwischenmenschliche Kommunikation«, in: Gros, Eckhard (Hrsg.): »Anwendungsbezogene Arbeits-, Betriebs- und Organisationspsychologie«. Eine Einführung, Göttingen 1994

Hahne, Anton: »Kommunikation in der Organisation.« Grundlagen und Analyse – ein kritischer Überblick, Opladen/Wiesbaden 1997

Heintel, Peter, und Ewald E. Krainz: »Projektmanagement.« Eine Antwort auf die Hierarchiekrise? Wiesbaden 1994, 3. Auflage

Hesse, Konrad: »Grundzüge des Verfassungsrechts der Bundesrepublik Deutschland«, Karlsruhe 1980

Hill, Wilhelm, und Raymond Fehlbaum, Peter Ulrich: »Organisationslehre 1.« Ziele, Instrumente und Bedingungen

271

der Organisation sozialer Systeme, Bern und Stuttgart 1989, 4. Auflage

Kellner, Hedwig: »Projekte konfliktfrei führen.« Wie Sie ein erfolgreiches Team aufbauen, München 1996

Klöfer, Franz (Hrsg.): »Der MAZ-Redakteur 1995«. Eine Umfrage der Arbeitsstelle für innerbetriebliche Kommunikation (AIK), Mainz 1995

Klöfer, Franz: »Die Mitarbeiterzeitschrift - bewußt, gekonnt und erfolgreich gestaltet«, in: Weidner, Lutz E. (Hrsg.): »Kommunikationspraxis«, Landsberg 1994

Klöfer, Franz: »Mitarbeiterkommunikation 1996«. Auf der Grundlage einer Erhebung bei Unternehmen mit mehr als 500 Mitarbeitern, Mainz 1996

Klöfer, Franz: »Neue Medien in der Mitarbeiterkommunikation.« Status quo und Chancen in deutschen Unternehmen, in: Krzeminski, Michael und Ansgar Zerfaß (Hrsg.): »Interaktive Unternehmenskommunikation«. Internet, Intranet, Datenbanken, Online-Dienste und Business-TV als Bausteine erfogreicher Öffentlichkeitsarbeit, Frankfurt am Main 1998

Krähe, Horst, und Klaus Koeppe: »Kommunikationstraining und Persönlichkeitsentwicklung«, in: Voß, Bärbel: »Kommunikations- und Verhaltenstrainings«, Göttingen 1996, 2. Auflage

Litke, Hans D.: »Projektmanagement.« Methoden, Techniken, Verhaltensweisen, München 1995, 3. Auflage

Mehrmann, Elisabeth, und Thomas Wirtz: »Effizientes Projektmanagement.« Erfolgreich Konzepte entwickeln und realisieren, Düsseldorf 1996

Paris, Hanns Joachim: »Die Arbeitsgemeinschaft der Deutschen Werkredakteure«. Ihre Entstehung und ihr Wirken seit 1952, Kassel 1995

Staehle, Wolfgang H.: »Management«, München 1980

Wöhe, Günter: »Einführung in die Allgemeine Betriebswirtschaftslehre«, München 1996, 19. Auflage

Zerfaß, Ansgar: »Unternehmensführung und Öffentlichkeitsarbeit«. Grundlegung einer Theorie der Unternehmenskommunikation und Public Relations, Opladen 1996

Behrenroth, Hans-Rainer (1944), Leiter Qualitätsmanagement und KVP-Koordinator des Lurgi-Konzerns in Frankfurt. Zuvor war er lange Jahre Quality-Manager der Deutschen ICI GmbH mit Schwerpunkt Vertrieb und Service. Der Kontinuierliche Verbesserungsprozeß (KVP) mit Fokus TQM wurde dort bereits 1989 eingeführt. Behrenroth war bei zahlreichen Unternehmen als Externer bei der Implementierung von KVP beteiligt. Er beschäftigt sich insbesondere mit der Schaffung von Akzeptanz und Motivation für Veränderungsprozesse.
Anschrift: Lurgi AG, Abt. Qualitätsmanagement, Lurgiallee 5, 60295 Frankfurt, Tel.: 069–5808 2989, Fax: 069–5808 1011

Bredemeier, Heinz Udo (1954), Ausbildung zum Industriekaufmann, dann bei einer Tageszeitung Volontariat, Redakteur, stellvertretender Lokalchef; Pressestelle der Bauindustrie in Düsseldorf. Seit 1986 bei der Melitta Beratungs- und Verwaltungs-GmbH & Co KG, Abt. »Innerbetriebliche Information und Kommunikation«, seit 1986 als Gruppenleiter, seit 1989 als Abteilungsleiter.
Anschrift: Melitta Beratungs- und Verwaltungs-GmbH & Co KG, Stab Öffentlichkeitsarbeit, Marienstraße 88, 32425 Minden. Tel.: 0571–4046 285, Fax: 0571–4046 272.

Dudel, Harald (1952), Studium in Literatur- und Theaterwissenschaft an der FU Berlin abgeschlossen, während des Studiums im Rahmen eines Projekts »Mattscheibentraining, Bürger machen Fernsehen« praktische Medienpädagogik. Nach Aufträgen für Hörfunk und Fernsehen beim Sender Freies Berlin fünf Jahre in der Video-Redaktion bei der Motorpresse Stuttgart tätig, dann bei Schering AG in Berlin, dort seit 1988 Chefredakteur der Scheringblätter, die 1996 von der gik als beste deutsche Mitarbeiterzeitung prämiert wurden.

Seminare zum Thema »Redaktionsmanagement« und »Low Budget Communications«. Besonderes Interesse an der integrierten Mitarbeiterkommunikation unter dem Aspekt von Globalisierung und elektronischen Nutzmedien.
Anschrift: Schering AG, Redaktion Schering-Blätter, Müllerstr. 178, 13342 Berlin. Tel.: 030–46812959, Fax: 030–8212082

Eichmeier, Jens Peter, Dr., (1938), seit 1992 Leiter der Zentralstelle Mitarbeiter-Information der Robert Bosch GmbH in Stuttgart und in dieser Position auch Chefredakteur der Mitarbeiterzeitung Bosch-Zünder. Der gelernte Historiker war Redakteur der Neuen Ruhrzeitung in Essen, ging von dort zu den Stuttgarter Nachrichten, wo er ins Wirtschaftsressort wechselte, dessen Leitung er 1984 übernahm. Er war Lehrbeauftragter an der Universität Stuttgart-Hohenheim, war in der Juristenausbildung tätig und hat an mehreren Büchern zum praktischen Journalismus mitgearbeitet. Daneben arbeitete er beim Rundfunk.
Anschrift: Robert Bosch GmbH, Abt. ZOI, Postfach 106050, 70049 Stuttgart, Tel.: 0711–8116703, Fax: 0711–8117612

Fey, Jens-Georg (1965), 1988/90 Volontariat und 1990/91 Redakteur bei der Landshuter Zeitung, 1991-1995 Studium der Politischen Wissenschaften, Amerikanistik und Germanistik in München, Abschluß M. A. 1995-1997 Texter und Konzeptionierer bei der Werbeagentur Borsch, Stengel & Partner, Frankfurt/Main, seit 1997 Redakteur und Berater für Mitarbeiterkommunikation der BASF AG, Verantwortlicher Redakteur für »BASF information online«.
Anschrift: BASF AG, ZOA/MM-C 100, 67056 Ludwigshafen, Tel.: 0621–60 99197, Fax: 0621–60 21133

Fielsstette, Jürgen (1941), Pädagogikstudium, Volontariat beim Hessischen Rundfunk, anschließend Hörfunkredakteur. Wechsel zum Fernseh-Regionalprogramm des Senders, Schwerpunkte in der aktuellen Berichterstattung, u. a. für die ARD-Tagesschau. Es folgen zwei Jahre in der

Pressestelle des Bundesverbandes des Deutschen Güterfernverkehrs und freie Mitarbeit für Fachzeitschriften sowie Tageszeitungen zu verkehrspolitischen Fragen. Ab 1970 Aufbau der Informationsstelle der Rheinland-Pfälzischen Unternehmerverbände (LVU). Damit verbunden ist die Mitgliedschaft in der Geschäftsführung der LVU und im Verband der Pfälzischen Metall- und Elektroindustrie (PfalzMetall). 1978 Konzept und Entwicklung von FERRUM, einer überbetrieblichen Mitarbeiterzeitschrift von PfalzMetall, bis heute deren Chefredakteur.
Anschrift: Landesvereinigung Rheinland-Pfälzischer Unternehmerverbände e. V., Hölderlinstraße 1, 55131 Mainz. Tel.: 06131–557530, Fax: 06131–557539

Franz, Manfred (1941), ein Jahr Mitarbeiter einer Lokalzeitung, seit 1964 Rechtspfleger in der hessischen Justiz, seit 1973 Geschäftsleiter des Amtsgerichts Groß-Gerau, seit 1978 Herausgeber der »Gerichtsnotizen«; Dozent für Kommunikation (VHS, Industrie), seit 1994 Lehrauftrag an der Fachhochschule für Rechtspflege und Verwaltung in Rotenburg a. d. Fulda.
Anschrift: Amtsgericht Groß-Gerau, Europaring 11, 64521 Groß-Gerau, Tel.: 06152–170 458, Fax: 06152–53536

Klöfer, Franz, Prof., (1932), Studium der Wirtschaftswissenschaften, Pädagogik und Zeitungswissenschaften an der Universität München, Mitbegründer der Fachhochschule Mainz, Professor für Betriebswirtschaftslehre, über mehrere Jahre Dekan des Fachbereichs Marketing, Personal- und Ausbildungswesen. Schwerpunkte in Lehre und Forschung waren Fragen der Personalführung, insbesondere der Mitarbeiterkommunikation. Einschlägige Zeitschriftenaufsätze und Buchveröffentlichungen, Beratung von Unternehmen und Verbänden bei Problemen der Mitarbeiterkommunikation, mehrere Akzeptanzanalysen von Mitarbeiterzeitschriften auf der Basis von Leserbefragungen, Vorsitzender des »Arbeitskreises für innerbetriebliche Kommunikation e. V. (AIK)« in Mainz, Ehrenmitglied der Bundesvereinigung für innerbetriebliche Kommunikation e. V.

Anschrift: Gottlieb-Daimler-Str.15, 55131 Mainz, Tel.: 06131–507921, Fax: 06131–507922

Knappe, Manfred (1951), Studium der Volkswirtschaftslehre und Politischen Wissenschaften, Mitarbeiter der Wirtschaftsredaktion Hörfunk des Bayerischen Rundfunks, Wirtschaftsredakteur von »Dokument + Analyse« (München) und Chefredakteur des Fachmagazins »eisenbahnkurier« (Freiburg). 1981-1985 Pressesprecher des Bundesverbandes Glasindustrie, 1985-1990 Abteilungsleiter Allgemeine Interne Information der BMW AG. Ab 1990 bei Daimler-Benz Aerospace AG (Dasa,München) als Bereichsleiter Interne Kommunikation, seit 1995 Bereichsleiter Publikationen (Vice President Publications) mit Verantwortung für interne und externe Periodika, Internet und Intranet sowie interne Kommunikationsprojekte. 1994-1996 Erster Vorsitzender der Gesellschaft für innerbetriebliche Kommunikation e. V.
Anschrift: DaimlerChrysler Aerospace AG, Bereich Publikationen, Postfach 801109, 81663 München, Tel.: 089–607 34650, Fax: 089–607 34655

Krooß, Cordelia (1968), Studium der Biologie in Erlangen, währenddessen Praktika und freie Mitarbeit bei Tageszeitungen, Radio, Fernsehen und bei der Pressestelle der Universität. 1993 Abschluß als Diplom-Biologin, 1994/95 Volontariat bei der BASF AG, seit 1996 Redakteurin für Mitarbeiterkommunikation bei der BASF AG, verantwortlich u. a. für Forschungs- und Asienthemen.
Anschrift: BASF AG, ZOA/MM-C 100,67056 Ludwigshafen, Tel.: 0621–60 42010, Fax: 0621–60 21133

Mertins, Petra (1960), Grundstudium Evangelische Theologie, Studium der Anglistik, Romanistik und Pädagogik an der WWU Münster, Praktikum bei einer Tochterfirma von Bertelsmann in London, Studium am Malaca Instituto in Malaga, Spanien; 1988/89 Volontariat im Bereich Unternehmensverbindungen und PR der Bertelsmann AG, Etatdirektorin bei Reporter PR (PR-Agentur) in Frankfurt, 1991-1993 Leiterin ÖA bei der Bertelsmann Distribution in Gütersloh, 1993-1995 Referentin ÖA im Vor-

standsstab der Bertelsmann AG, von 1995 bis 1998 Leiterin PR und Stv. Leiterin Konzernkommunikation der Hüls AG, Marl. Inzwischen ist sie Ressortleiterin Öffentlichkeitsarbeit bei Vorwerk & Co.
Anschrift: Vorwerk & Co.; Ressortleiterin Öffentlichkeitsarbeit, Petra Mertins, Mühlweg 17-37, 42270 Wuppertal, Tel.: 0202-564-1221, Fax: 0202-564-1812

Nies, Ulrich (1957), Studium der Publizistik, Rechtswissenschaft und Politik an der Universität Mainz, 1985 Abschluß M. A. 1985-1987 Volontariat bei der BASF AG in Ludwigshafen, 1987-1988 Redakteur für Zielgruppenmedien bei der BASF AG, ab 1989 Redakteur für Mitarbeiterkommunikation bei BASF Lacke + Farben AG in Münster, 1990-1994 dort Leiter Öffentlichkeitsarbeit, 1994-1996 Verantwortlicher Redakteur bei BASF information der BASF AG in Ludwigshafen, seit 1996 Leiter Mitarbeiterkommunikation der BASF AG.
Anschrift: BASF AG, ZOA/MM-C 100, 67056 Ludwigshafen, Tel.: 0621–60 99995, Fax: 0621–60 21133

Rieser, Klaus-Peter (1958), nach Abitur und Wehrdienst bei der BASF in Ludwigshafen Ausbildung zum Wirtschaftsassistenten, ab 1981 in der Pressestelle der BASF in den Gruppen Technische Presse, Audio-Video-Fachpresse und Regionalpresse. Während eines mehrmonatigen Aufenthalts bei der BASF Großbritannien war er für das Arbeitsgebiet Kunststoff-Fachpresse tätig, ab 1989 für die Elastogran GmbH, BASF-Gruppe, in Lemförde Öffentlichkeitsarbeit. Seit Ende 1994 Leiter der Öffentlichkeitsarbeit bei der BASF Coatings AG in Münster.
Anschrift: BASF Coatings AG, Münster-Hiltrup, Glasuritstraße 1, Tel.: 02501–143160, Fax: 02501–143750

Rochow, Detlef (1953), mit dem Thema Mitarbeiterkommunikation seit 20 Jahren in Theorie und Praxis verbunden. Studium der Kommunikationswissenschaften an der Universität München (»Die Mitarbeiterzeitschrift«); Untersuchungen für das Bundespresseamt (1981) sowie für die Industrie- und Handelskammer (1984), freie Mitarbeit für Tages- und Wirtschaftspresse. Seit 1986 in unterschied-

lichen Positionen bei der Siemens AG tätig (Mitarbeiterzeitschrift, Presse- und Öffentlichkeitsarbeit, Gesell-
schaftspolitische Öffentlichkeitsarbeit). Seit der Gründung von Siemens Nixdorf 1990 Mitglied im Team der Internen Kommunikation.
Anschrift: Siemens Nixdorf AG, Abt. Interne Kommunikation, Otto-Hahn-Ring 6, 81739 München. Tel.: 089–
63643420, Fax: 089–636 43412

Schmidt, Robert G. (1937) ist geschäftsführender Gesell-
schafter der Schmidt Consult Breidenstein GmbH, Gesellschaft für Finanzkommunikation in Frankfurt am Main.
Der gelernte Wirtschaftsjournalist mit Zeitungs-, TV- und
Großbankerfahrung berät heute Unternehmen unterschiedlicher Größe und aus unterschiedlichen Branchen
in allen kommunikativen Belangen. Er ist in journalistischen Gremien tätig und lehrt an mehreren Akademien
und Hochschulen über PR und neue Medien.
Anschrift: Schmidt Consult Breidenstein GmbH, Stuttgarter Str. 18-24, 60329 Frankfurt/Main. Tel.: 069-2600451

Sturm, Claudia (1963), sammelte nach Abitur und Studium
in München Erfahrungen in unterschiedlichen Unternehmen und Branchen (Heidenheim/Traunreut, Marketing
Löwenbräu, Vertrieb Rosesmount Analytik). Seit 1991
bei Siemens Nixdorf (Presseabteilung), seit 1994 Mitglied
im Team der Internen Kommunikation.
Anschrift.: Siemens NixdorfAG, Abt. Interne Kommunikation, Otto-Hahn-Ring 6, 81739 München, Tel.: 089-
63643420, Fax: 089-63643412